中国人戦後補償裁判の記録

JUSTICE

中国人戦争被害賠償請求事件弁護団 編著

高文研

JUSTICE　中国人戦後補償裁判の記録◉目次

II 南京虐殺・無差別爆撃・731部隊事件

Ⅲ　遺棄毒ガス・砲弾被害事件

Ⅳ　中国人「慰安婦」訴訟

V 強制連行・強制労働事件

本書関連略図①

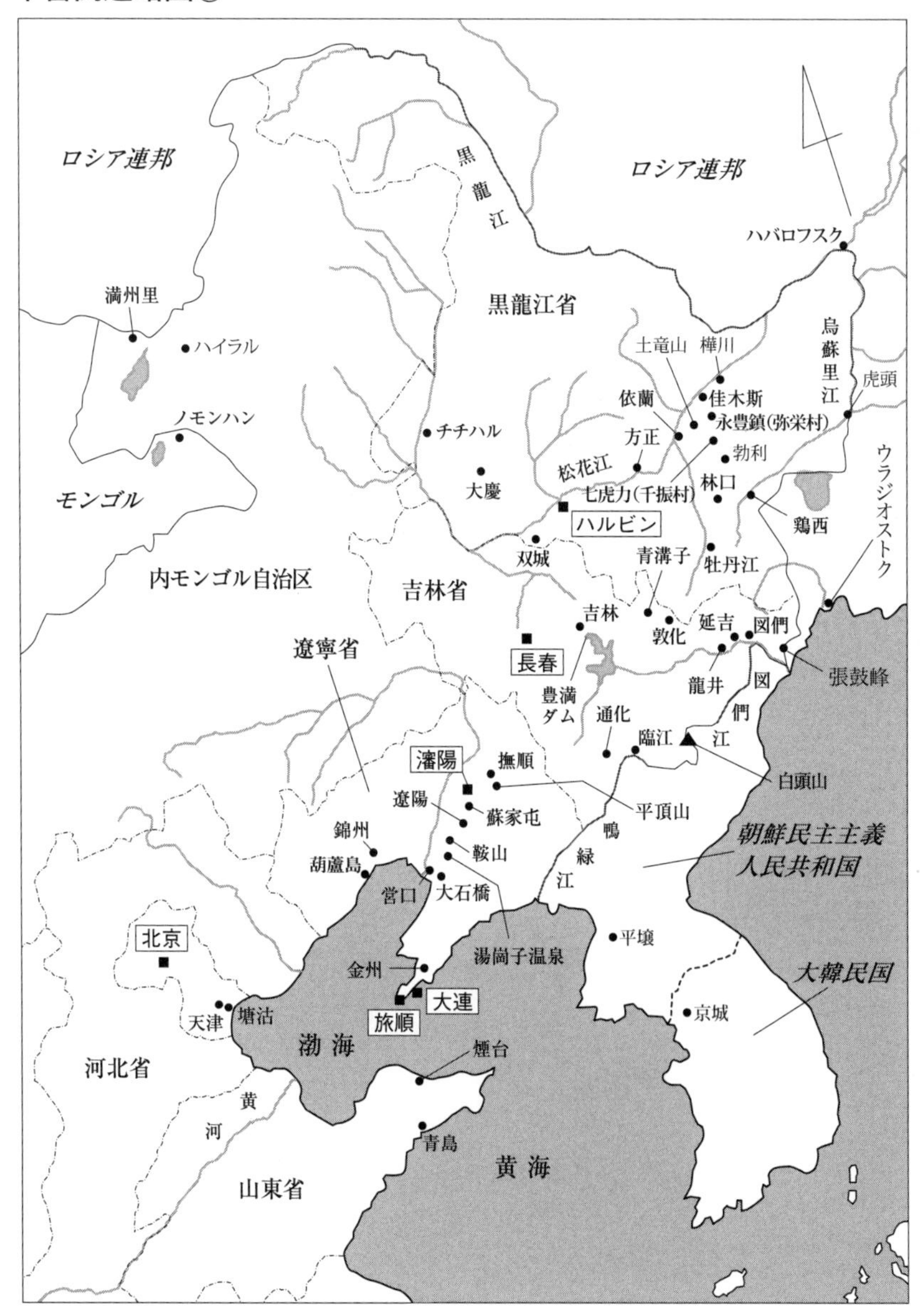
ロシア連邦
黒龍江
ロシア連邦
ハバロフスク
満州里
黒龍江省
ハイラル
土竜山
樺川
烏蘇里江
佳木斯
依蘭
虎頭
永豊鎮(弥栄村)
ノモンハン
チチハル
方正
勃利
松花江
大慶
七虎力(千振村)
林口
ウラジオストク
モンゴル
ハルビン
鶏西
双城
青溝子
牡丹江
内モンゴル自治区
吉林省
吉林
敦化
延吉
図們
遼寧省
長春
龍井
張鼓峰
豊満ダム
図們江
通化
臨江
瀋陽
撫順
白頭山
遼陽
平頂山
蘇家屯
鴨緑江
錦州
朝鮮民主主義人民共和国
鞍山
葫蘆島
営口
大石橋
北京
湯崗子温泉
平壌
金州
大韓民国
大連
旅順
天津
塘沽
京城
渤海
煙台
河北省
黄河
青島
黄海
山東省

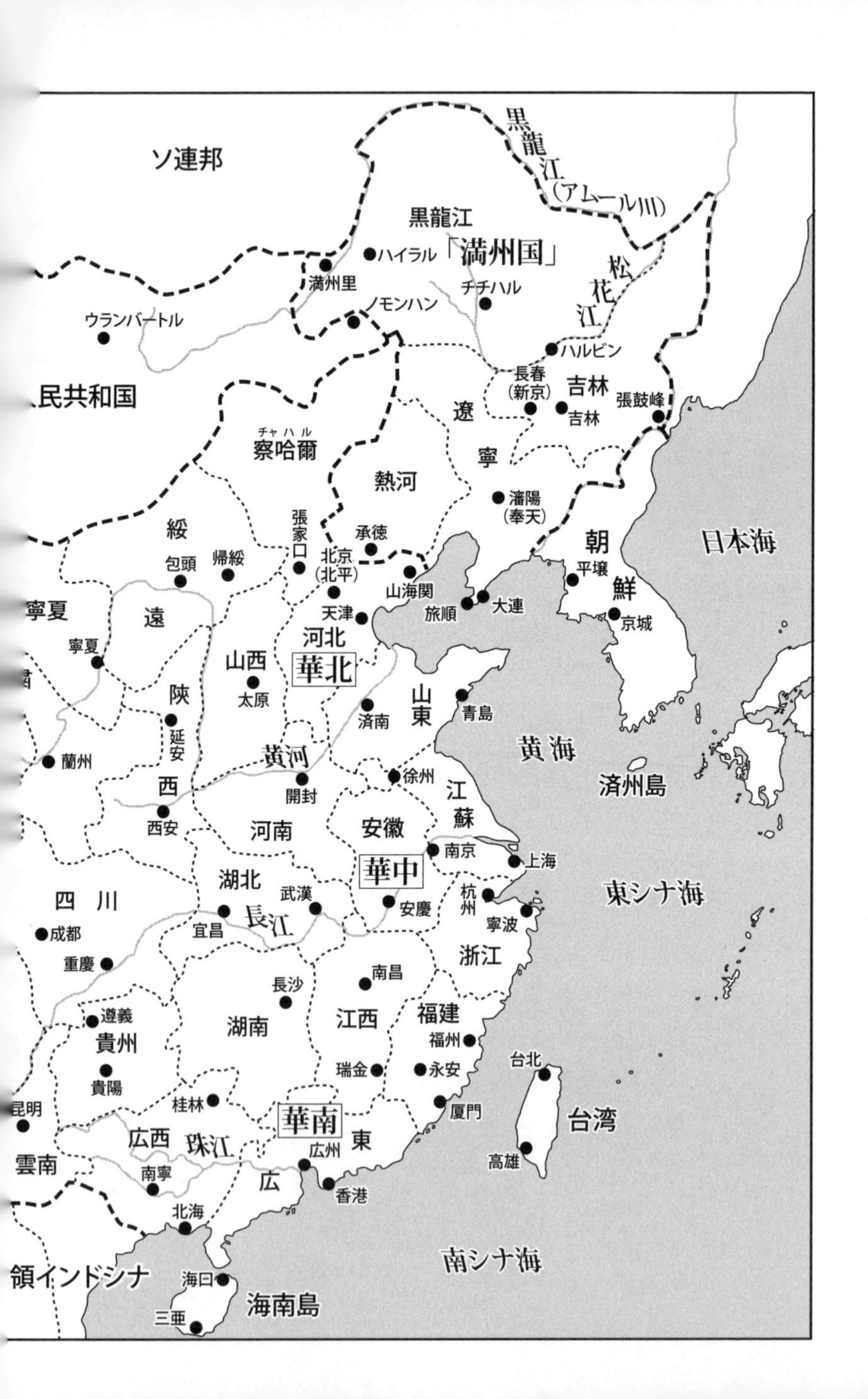
ソ連邦
黒龍江（アムール川）
黒龍江
「満州国」
ハイラル
満州里
ノモンハン
チチハル
松花江
ハルビン
ウランバートル
民共和国
長春（新京）
吉林
吉林
張鼓峰
遼寧
察哈爾
熱河
瀋陽（奉天）
綏遠
張家口
承徳
北京（北平）
包頭
帰綏
山海関
朝鮮
平壌
日本海
寧夏
旅順
大連
京城
天津
河北
寧夏
山西
華北
太原
陝西
延安
済南
山東
青島
蘭州
黄河
開封
徐州
黄海
江蘇
済州島
西安
河南
安徽
南京
上海
華中
湖北
武漢
杭州
四川
長江
安慶
寧波
東シナ海
成都
宜昌
重慶
浙江
南昌
長沙
湖南
江西
福建
遵義
貴州
福州
瑞金
永安
台北
貴陽
桂林
厦門
台湾
昆明
華南
広東
広西
珠江
広州
高雄
雲南
南寧
香港
北海
南シナ海
領インドシナ
海口
海南島
三亜

本書関連略図②
ソ連邦
モンゴル
ウルムチ
新　疆
寧夏
甘
青　海
西寧
西　蔵
（チベット）
ラサ
拉薩
西　康
康定
英領インド
雲南
英領ビルマ
ベンガル湾
シャム
（タイ）
仏

カバー写真・ジャン松元
装丁・中村くみ子

序 なぜ弁護士たちは立ち上がったのか

中国人戦争被害賠償請求事件弁護団の責任体制

	団　長	団長代行	幹事長	副幹事長	事務局長
1995年8月創設時の責任体制	尾山　宏		小野寺利孝		渡辺彰悟
2005年時点の責任体制	尾山　宏	小野寺利孝	南　典男	渡辺彰悟 川上詩朗	山田勝彦

各事件弁護団の責任体制（東京地裁提訴）

	団　長	事務局長
平頂山事件弁護団	環　直彌	泉澤　章
南京虐殺・無差別爆撃・731部隊事件弁護団	尾山　宏	渡辺春己
遺棄毒ガス・砲弾被害事件弁護団	及川信夫	南　典男
チチハル遺棄毒ガス被害事件弁護団	小野寺利孝	南　典男
中国人「慰安婦」訴訟弁護団	大森典子	坂口禎彦
海南島戦時性暴力被害事件弁護団	小野寺利孝	坂口禎彦
中国人強制連行・強制労働事件弁護団 (劉連仁事件を含む)	髙橋　融	森田太三

中国人強制連行・強制労働事件弁護団（全国各地裁提訴）

	団　長	事務局長
北海道訴訟弁護団	三津橋　彬	田中貴文
山形訴訟弁護団	加藤　實	外塚　功
新潟訴訟弁護団	中村洋二郎	金子　修
群馬訴訟弁護団	広田繁雄	金井厚二
長野訴訟弁護団	富森啓児	村上　晃
京都訴訟弁護団	畑中和夫	藤浦龍治
福岡訴訟弁護団（第1陣訴訟弁護団） （第2陣訴訟弁護団）	立木豊地 小野山裕治	松岡　肇 稲村晴夫
宮崎訴訟弁護団	成見幸子	中島多津雄

「侵略戦争はなかった」——永野法相発言

一九九四年五月だった。当時の羽田内閣法務大臣永野茂門（ながのしげと）は記者会見し、「南京大虐殺など、私はでっち上げだと思う」と述べ、その理由として「直後に私は南京に行っている」と説明した。また、太平洋戦争について「あの戦争は侵略戦争というのは間違っている。侵略を目的にやったかといえば違う。植民地解放、（大東亜）共栄圏解放ということをまじめに考えた」と語った。

この発言は、その前年八月、細川護熙（もりひろ）前首相が、歴代内閣で初めて「先の戦争について侵略性を認め、反省と謝罪を表明」していただけに、日本国の歴史認識の大きな後退を示すものとして、中国政府・国民の猛烈な反発を招いた。

折しもこのとき、この永野発言を北京で受け止めたのが、後に中国人戦争被害賠償請求事件弁護団の中心となる小野寺利孝だった。小野寺は、日本民主法律家協会（日民協）が初めて中国の招待を受けて派遣した「中国司法制度調査団」の副団長として、現地にいた。調査団の目的は、文化大革命終息後再構築されつつある「中国の司法制度研究」と文化大革命で失った「日中法律家の交流」を復活し、日中友好の一翼を担うことにあった。

調査団は、四月二八日北京に到着し、翌日には北京郊外にある盧溝橋抗日戦争博物館、五月一日には南京大虐殺記念館を訪問していた。両館では、日本の侵略戦争の加害・蛮行の数々の告発と中国国民の悲惨な被害の実相が展示されていて、調査に参加した一人ひとりが胸を痛め、改めて日本国と日本国民の歴史認識が鋭く問われる思いを深めていた。それだけに、永野発言に危機感を抱いた調査団は深夜に及ぶ討議の末、全員一致で、調査団としての声明を起草して日本大使館に届け、抗議すべきだという結論に達した。このとき、これを取材すると共に声明を内外のメディアに配布する手助けをしてくれたのが、北京駐在の日本人記者だったKである。

K記者とのやりとり

仕事を終えたKは、歴史認識問題や日中関係に強い関心を持つ者同士として語り合おうということになり、公害事件やじん肺事件等の小野寺がそれまでかかわった人権裁判について質問した。小野寺は日本の民主的法律家による人権と平和のための活動について、問われるままを語った。するとKは、中国人戦争被害者の訴えをきちんと受け止めていないままの日本側の姿勢に対する危惧を強調し始めたのである。中国の多くの人々は、単に歴史教育のためだけでなく、自らや親族の体験に基づいた被害感情を根強く持っており、国交回復時に賠償請求権を放棄し円借款を供与しているとして被害者の補償要求に頬かむりをしたままの日本の姿勢に対する不満をくすぶらせている。日本側がこの問題に正面から向き合わず、人々の心に届く真の謝罪や補償がなされないままでは、中国の民衆の中に対日不信の巨大なマグマが蓄積されていくばかりだ。率直に言えば、一遍の声明だけでは中国の人々に日本人の良心は伝わらないのではないか、と。

小野寺は、この指摘を日本の弁護士たちへの批判と受け止めた。青年時代から日中戦争と戦後の日中関係に関心が強く、いかなる意味でも批判される立場にないと思っていただけに、厳しい指摘に困惑した。「中国の戦争被害者たちは、中国の国内事情から、日本国や加害企業を相手に戦争被害賠償請求訴訟を日本で提起することができないでいるのではないか。日本の弁護士が逃げているわけではないと思う」と反論した。

しかしKは続けた。これまで少なからぬ記者が戦争被害者たちの動きを取材して記事にしてきたこと、童増（トンザン）という青年法律研究者が戦争被害者個人には日本国に対し損害賠償請求権があるとの研究論文を発表し、一九九一年には全人代（全国人民代表大会＝日本の国会に当たる）に対日賠償を求める意見書を提出したこと、日本国に対し賠償を求める中国人戦争被害者からの手紙は一万通を超えたこと、童増はその中から主なものを選び、賠償要求書を繰り返し日本政府に送ってきたこと、この民間の動きは中国当局によって押さえ込まれる一方で時には対日圧力の材料に利用されることもあり、日本側は官も民もこれらの要求を無視し無関心であることを、よどみなく語った。そしてさらに踏み込んだ。日本の法律家が戦争被害の問題に本当に向き合おうとするのなら、中国の被害者らに直接会い、その要求を受け止めることが必要ではないか、と。

このやりとりには、調査団の一員であり小野寺の法律事務所で事務局を担う安田三恵子も同席していた。安田は、二〇年以上事務所と小野寺の活動を支えてきただけに、小野寺の性格とこれまでの人権問題への対応を知っている。それだけに、この二人のやりとりを聴いて「危ない」という予感がした。事案は、先の日中戦争下での中国人戦争被害者たちの日本国と加害企業に対する損害賠償請求事件。これまで小野寺はいくつもの困難な人権裁判をたたかってきたが、戦争被害者たちの裁判を日本でたたかうとしたら、その数倍もハードルは高い。それでなくとも、現に幾つかの大型人権裁判を抱えたうえ日民協の事務局長という重責を負っているのだから、ここは慎重に構えるべきと安田は思った。しかし、小野寺は引かないのではないか——安田は黙って長い二人のやりとりを聞いていた。

このとき小野寺は、現代の人権問題に取り組む日本の弁護士なら、戦争犯罪の被害者たちに会う機会さえ作れば、その多くがきっと中国人戦後補償裁判をたたかう弁護団に参加するに違いないと考えていた。しかし、まずは自分自身が被害者に会ってみてからのことだと考えていた。【注1】

再度の訪中準備

小野寺は帰国後早速、日民協の事務局メンバーで、家永教科書訴訟[注2]弁護団の一員でもある渡辺春己弁護士に智恵と力を借りるべく相談した。さらに、同弁護団の中心を担った尾山宏弁護士に会って、今後の活動への助言を求め、中国人戦後補償裁判弁護団結成のあかつきには団長を引き受けてほしい旨を要請した。この過程で小野寺は、家永教科書訴訟を担い日中戦争をめぐる歴史認識問題に詳しい弁護士や歴史学者たちであれば、このたたかいを「我が事」として受け止め、活動を担ってくれるに違いないとの確信を深めていった。小野寺は、日民協の事務局メンバーで国際人権問題に詳しい渡辺彰悟弁護士に訪中への同行を依頼し、七月一七日再び訪中した。

北京ではこの間、Kが童増（トンザン）に小野寺の意向を伝えていた。童増は日本政府宛の要求書を送り続けてきたが、一切応答のない現状に手詰まり感があり、小野寺の提案を積極的に受け止め、一〇数名の戦争被害者の集まりを準備した。

北京の青年法学徒の提言

日本ではほとんど知られていないが、中国では一九九〇年代に入って戦争被害者たちによる対日民間賠償の動きが急速な高まりを示し、日中の新たな政治課題として浮上し始めていた。その口火を切ったのが童増である。彼は、北京化工管理幹部学院で経済法を教えていたとき、欧州で戦争賠償問題が提起されている報道に接し、中国人戦争被害者に対する日本の賠償責任に強い関心を抱き、研究を始めていた。彼は、戦勝国が敗戦国に対し請求する「戦争賠償」と、民衆がその被った損害を侵略国に請求する「民間賠償」との違いを指摘し、一九七二年九月の日中共同声明で中国政府が放棄したのは前者であり、後者は放棄していないことを論証した。彼によれば、他国を侵略した国が、戦争中に戦争法規に違反したり人道原則を無視したりして一般市民や捕虜を虐殺するなどの重罪を犯した場合、被害者に対して必ず支払わねばならないのが「民間賠償」であるという。

彼の論文は多くの中国の新聞に掲載され、瞬く間に全国的に報道された。「戦争被害者たちには賠償を請求する法的権利がある」という童増の提示は、日中共同声明以来抑え込まれていた被害者たちのもやもやとした気分を一掃し、一気に本音を吐き出す勇気を与えた。その結果、童増が予期しなかった事態が生じた。彼の執務する研究所には、全国各地の被害者たちからの手紙が続々と届き、一九九三年にはその数一万通を超えたのだ。遠方から彼を訪ねて来る被害者たちもいた。手紙はいずれも自らの被害事実を訴え、童増論文に支持と感謝を表明し、日本に「謝罪」と「賠償」を要求する内容である。また、その多くは、政府が要求してくれないのなら民間が要求すべきだと主張し、どうしたら日本政府に対し「民間賠償」を請求できるか支援してほしいと訴えるものであった。【注3】

民間対日賠償請求に対する中国の対応について

中国政府は、一九七二年の日中共同声明で、国際法上日本に請求できる「戦争賠償」を放棄している。子々孫々に至る日中友好を築くため、戦後復興の途についた日本国民に対し負担を強いないために戦争賠償を放棄するという、中国政府の寛容な精神を示したとされる。放棄の恩恵を受けて戦後復興を遂げた日本は、経済が高度に発展し、日米安保条約の下で強大な軍事力を保持し、政治大国化を目指すに至った。日本は発展途上国を支援する立場になり、ＯＤＡ（政府開発援助）の最大額を中国に対し支援している。

中国には、いまだに侵略戦争の被害に苦しんでいる人々がたくさんいる。しかし、日本は被害者たちに対して「謝罪」とその証としての「補償」を一切行おうとしない。被害者たちにとっては、泣き寝入りを強いられたという想いがある。また、日中共同声明で日本は侵略戦争を心から反省して「謝罪」し、歴史の教訓を学んで再び軍国主義を復活させないことを誓約した。しかし、その後の日本の在り様を考えると、日本がこの基本精神を裏切ったのではないか、という被害者たちの疑念は強い。全国的に広がった「民間賠償」を求める被害者とこれを支持する民間の声は、中国政府が無視できないほどまでに高まっていった。

継続的に戦争被害者の要求を支援する組織の結成も試みられた。しかし、中国には結社の自由はなく、政府に公認されない以上表立った活動をすることもできず、寄付も集められずに、資金が枯渇し、その活動は次第に勢いを失っていった。彼らが最後の望みを託したのが、日本の裁判所への提訴だったのだ。

中国人戦争被害者たちとの出会いの衝撃

小野寺は、渡辺彰悟とともに九四年七月に再度訪中し、戦争被害者たちとの初めての出会いを果した。童増(トンザン)が、主に北京在住の多様な被害を体験した人々を選び、小さな会議室に集まってもらった。戦後四九年を経ているので当然ながら多くは老人であったが、中には中年の男性も幾人かいた。

小野寺らは自己紹介し、一人ひとりの被害体験を語ってもらった。多くが、日本軍による「三光作戦(奪い尽くし、焼き尽くし、殺し尽くす)」の被害体験を切々と語った。小野寺らは、書物で知っているつもりではあったが、被害のすさまじさに声を失った。被害者たちは、日本軍が進軍の途中で食糧を奪うため村落を襲い、抵抗する村民は老若男女問わず次々と全て殺害し、食糧のみならず目ぼしい財物も奪い尽くし、全ての家屋を焼き尽くしといったその状況を、まるで昨日のことのように語る。ある被害者はかろうじて殺害を免れたが、その後、後遺症と働けないがゆえの貧困に苦しんできた。「三光作戦」の中で多くの婦女子が犯され殺されたことを目撃した当時の少年は、その家族のことを涙ながらに訴えた。ある男性は、少年のとき、幾人かの子どもが行軍中の日本兵に出逢っただけでまるで動物を刺すように次々と銃剣で傷つけられていった恐怖の体験を、身体に残った傷を見せて訴えた。ある被害者は、日本に強制連行され奴隷労働を強いられて今も後遺症に苦しんでいることを、怒りに身体を震わせて訴えた。731部隊事件の被害者の遺族は戦前の日本国の蛮行を告発し、未だに加害と被害の事実それ自体を認めない日本国と日本国民に対する怒りを露わにした。

小野寺らは、これらのすさまじい人権侵害の告発を必死に受け止めようと努めた。同時に、日本で人権侵害の被害者と向き合うときとの決定的違いを感じていた。自分が、戦争責任を負う日本国の国民の一人であるからというだけでなく、戦後の日本社会の一員、日本の法曹の一人としてこの間、数多くの中国人の戦争被害事実を知る機会を得ていたにもかかわらず、どこか自分を第三者の立場に置いて、客観的に加害と被害を認識してきたことに思いが至ったからである。日本国と日本人による加害の人権侵害事実に向き合うとき、被害者に寄り添うことをしなかっただけでなく、戦後五〇年近くこの事実を我が事として受け止めて来なかったことに気付かされ、心が痛んだ。

小野寺の決意

このとき、小野寺のたたかう腹は決まった。小野寺は、これまで担った全ての人権裁判がそうであったように、人権侵害を訴える当事者との出会いを大切にし、その被害体験に基づく悲しみと加害に対する怒りに共鳴する自分の心に素直に対応しようとしてきた。それ以上に、人権のためのたたかいこそ、社会を変え、人間の尊厳が実現される世の中を創り出す原動力になると考え、弁護士として、たたかう被害者と協働できることを自らの使命と受け止めてきた。それだけに、戦争被害者たちの訴え、告発、要求を聞きながら、この新しい人権裁判に挑む決意を固めていったのである。さらには、誰かが今このたたかいをしなければ、民衆の被害事実を踏まえた加害の歴史認識が欠落したまま推移することになり、将来の真の日中友好は実現しないのではないかという問題意識の高まりもあった。

他方で、訪中前に渡辺春己らから家永教科書訴訟の経験を踏まえて受けていたアドバイスが、とても重要な問題であることを強く意識させられた。五〇年以上前に日本軍が犯した数々の蛮行のうち、被害当事者の供述を裏付ける加害の事実を日本の裁判所で立証できるか否かが、事実認定で最大の難点になるという指摘である。

新たな中国人戦後補償裁判を立ち上げるには、まず何よりもこのたたかいを担うにふさわしい強力な弁護団を立ち上げなければならない。そのためにはできるだけ多くの弁護士に訪中してもらい、原告となりうる戦争被害者に会ってヒアリングする機会を重ねることが求められると小野寺は思った。考えてみると、童増(トンザン)へ訴え出た一万人という膨大な被害者の中から、原告にふさわしい戦争被害者を選定するのは容易なことではない。さらには、この戦後補償裁判は、日本と中国の両国民による合作が不可欠であり、中国と日本にこの裁判を支援する市民組織づくりも同時並行で進める必要がある。

小野寺は初めて会った童増に対しこれらの問題意識を伝えたが、すぐには理解してもらえなかった。そこで再度の中国での打合せを九四年八月四日と五日に設定し、その間童増には、この裁判の原告＝主人公にふさわしい被害者選定の検討を求めた。

「中国人戦争被害法律家調査団」の戦略方針

小野寺は、帰国後、尾山ら家永教科書訴訟弁護団はじめ、日民協等の各法律家団体及びびじん肺弁護団等の全国的人脈を活かして、新たに「中国人戦争被害法律家調査団」を立ち上げ、その積み重ねの活動の中で、代表原告らの選定と各訴訟を担う弁護団結成準備を進めることにした。

小野寺ら弁護団発起人団が中国人戦争被害賠償請求事件訴訟の戦略方針を描くことができたのは、一九九四年一〇月から翌年七月にかけての四次に及ぶ訪中調査団活動で具体的に検討を重ねてのことであった。発起人団は、日本で比較的広範な人々に認知されている「南京事件」、「731部隊事件」、「慰安婦事件」の被害者や遺族、裁判の全国展開を可能とする「強制連行・強制労働事件」の当事者たちを調査活動の中で見出し、具体的に訴訟戦略方針を練り上げて事実論・法律論の検討を深めていった。

発起人団が立脚したのは、二千万とも言われる犠牲者を出した日中戦争の加害の事実と被害の事実に基づく歴史認識を形成することこそ、真の日中和解に不可欠であるという前提である。被害当事者を原告として日本の裁判所に提訴し、加害と被害の事実を司法の場で明らかにしてこれを裁判所が証拠にもとづいて「認定した事実」としてしっかり記述させることは、歴史の不動の事実となる。加えて、これらの日中戦争における著名な事件の裁判を機に、裁判を支持する市民の手による法廷外の活動を通じて加害と被害の事実を広範な国民に知ってもらい、正しい歴史認識の形成に貢献することができる。さらには、これらの事実を踏まえ、日本国（強制連行・強制労働事件では加害企業も）の法的責任を明らかにし、戦争被害者に対し真摯な謝罪と賠償を行うことによって戦後補償問題の解決の一翼を担うことができる。かくして、未来志向の真の日中友好を実現する事業に大きく貢献するというのが、発起人団の目指した裁判の目標であった。

先行事件の弁護士からの助言

この訴訟戦略構想は、小野寺にとっては、尾山に教えを請う中で、さらに渡辺春己ら調査団に参加した多くの弁護士たちと話し合う中で、徐々に明らかになったことである。また、この過程で、先駆的に戦後補償問題を手がけていた高木健一弁護士を幾度か訪ね、示唆に富むレクチャーを受けたことが大きい。戦後初めての戦後補償裁判であるサハリン残留韓国人問題、一九九四年からのフィリピン従軍慰安婦裁判、香港軍票問題など同弁護士の担った貴重な実践経験に学ぶとともに、新たな中国人戦後補償裁判に対し激励を受けた。

さらには、強制連行事件弁護団を立ち上げる過程で、一九四五年六月に秋田県の花岡鉱山で中国人労働者が蜂起した「花岡事件」のたたかいを担ってきた新美隆弁護士と話し合いを重ねることで、裁判の戦略についての認識を深めることができた。新美からは「花岡事件」での鹿島建設との和解協議の経過、一九九五年に中国の銭其琛外相が中国人の被害者の民間賠償請求を容認する発言に至った背景の説明などを受けた。小野寺らの訪中の数年前から、花岡事件被害者が日本で訴訟提起する条件を中国で整えるため日中間で多くの人たちが努力してきたこと、それが銭其琛外相の発言につながったのである。加えて新美弁護士は、この間の鹿島建設との交渉経過と中国側と折衝し

てきた事情を考慮し、花岡事件訴訟では日本国を被告としない旨を小野寺に告げている。[注4]

全国弁護団構想

尾山を代表とする弁護団発起人グループは、先の中国人戦後補償裁判の戦略方針から、南京事件など著名事件の数件を東京地裁で、強制連行・強制労働事件は、可能な限り全国各事業所所在の各地裁で訴訟提起する方針を確認している。同時に、全事件を通しての戦略目標を、次の三点に定めた。

第一、提訴した事件で日本国（加害企業）の法的責任を明らかにし謝罪と賠償を実現すること。

第二、法廷内外のたたかいを通して加害と被害の事実に基づく正しい歴史認識の形成に貢献すること。

第三、日中両国民の真の和解の実現を目指すことを通して両国間の友好を確立すること。

この三つの課題の実現を目指すため、全国統一弁護団を組織し、そこに結集した弁護団員が各事件ごとに個別弁護団を構成して裁判を担うという組織方針も決定した。かくして、まず全国統一弁護団組織として「中国人戦争被害賠償請求事件弁護団」を結成し、次いで個別事件弁護団を組織するという経過をたどったのである。この構図を示しているのが二ページの「中国人戦争被害賠償請求事件弁護団の責任体制」である。

全国支援組織構想と「支える会」

人権回復を求める裁判で勝利するためには、原告と弁護士が法廷内で奮闘するのはいうに及ばず、裁判の意義に賛同し、たたかう主人公＝原告らを支援する人々の存在と法廷内外の活動が不可欠である。裁判に要する経費などの財政支援、裁判官が事件に真摯に向き合う意識を喚起するための裁判傍聴、法廷外で原告の要求とたたかいを支持する市民集会や公正判決要請署名活動などの世論作り。どれ一つとっても、支援者と支援組織の活動なくしては成り立たない。加えて、「中国人戦後補償裁判」が、日本国の戦争責任を踏まえた戦後責任を問い、戦後五〇年経ても国として（強制連行・強制労働事件では企業としても）人権侵害事実と加害責任を認めず謝罪も賠償も拒否するという政策を抜本的に改めさせるには、国民の歴史認識を高め、中国人戦争被害者との和解と真の日中友好を求める国民世論の構築が不可欠である。まして、日本国の従来の姿勢を変えるには、国会議員に対する働きかけの中で、歴史認識と政治責任についての自覚を高めてもらうことも不可欠な課題となる。

しかし、弁護団が担うこととなった「中国人戦後補償裁判」を支援する組織は、まだどこにも見あたらず、新たに支援の基盤を築いていくことは、過去の人権裁判以上に超困難であった。そもそも裁判の被害者原告は中国人であり、またその被害事実も五〇年以上前に発生したものである。各事件の加害事実は、日本の侵略戦争によって惹起されたものであるが、戦後五〇年を経て、改めてこれらを日本社会で浸透させることには大きな壁が立ちはだかっていた。

そこで弁護団は、家永教科書裁判支援全国連絡会、弁護士仲間、731部隊展実行委員会、韓国「慰安婦」問題に携わる支援者、法律家、作家、歴史学者、ジャーナリストなどに、中国人戦後補償裁判支援の賛同人になってもらえるよう呼びかけた。かくして一九九五年八月、「中国人戦争被害者の要求を支える会」(以下、「支える会」)が正式に発足した。発起人となった家永三郎、大田堯(おおたたかし)(教育学者)、中坊公平(なかぼう)(元日弁連会長)、藤原彰(歴史学者)、本多勝一(ジャーナリスト)、松井やより(ジャーナリスト)、森村誠一(作家)の各界の著名人七人は、戦後五〇年を迎えて戦後補償を求めるアピール「中国人戦争被害者に正当な補償を!──人間の尊厳を回復するために」を発表した。

裁判に不可欠な市民の支援

賛同者の約五〇〇人がまず「支える会」の会員となったが、十分な活動のためには会員数が全然足りず、組織の拡大が重要課題となった。原告たちは皆高齢であるうえ、海の向こうの中国大陸にいる。しかし、被害事実を明らかにするためにも、また被害者本人自らが怒りや苦しみを裁判官の目の前に突きつけるためにも、どんな困難があろうとも原告本人に法廷に立ってもらうことが不可欠であった。原告の証言を実現できるか否かは、裁判の勝敗を大きく左右する。だが、原告の来日には多額の費用が必要となる。弁護団だけでは到底支えきれない。高齢の被害者が来日するとなれば、付添いも必要である。また、原告によっては必要に応じ複数回来日することが要求される。一人でも多くの人にこの裁判の存在と意義、被害者の訴えを知ってもらい、また協力を要請しなければならなかった。

これまで、多くの人々による真心のカンパが、原告来日のため、裁判での勝利を目指すため、大きな力となったことは言を俟たない。もちろんカンパのためだけに会員拡大を推進したのではない。「正当な歴史認識を日中両国民が共有し、両国間に真の友好と信頼関係を築く」という目的は、いわば会の魂であった。誰もがこの目的を見失うことはなく、活動に参加していった。

「支える会」は、家永教科書訴訟を支えた日教組などの労働組合にも協力を求めた。大分県教組のように七〇〇人もの会員を組織してくれたことは、その後の活動にとって大きな支援の力となった。そうした協力を得られたのも、家永教科書訴訟を通じて、加害事実を認識することの重要性を会員となった人たちが深く理解していたからである。

その後、「支える会」は、原告らの裁判を支援する団体として会員を拡大し、全国的な活動を強め発展させていった。この「支える会」の存在を抜きにしては、戦後補償裁判の全ての活動があり得なかった。法廷で証言する数多くの原告を日本に迎え帰国するまでの世話から始まり、法廷外における戦争被害者の証言を聴く会などを全国各地で数多く開催し、裁判闘争と歴史認識に関する世論の理解・支持を拡げ、裁判に不可欠な重要な活動を担ったのである。

各事件弁護団による訴訟提起と全国展開

四次にわたる訪中調査活動で第一弾訴訟の原告団が選定され、同時に各事件ごとに独自の弁護団も結成され、訴訟遂行の体制が整った。一九九五年八月七日、東京地裁への南京虐殺・無差別爆撃・731部隊の各事件及び中国人「慰安婦」訴訟の提訴を皮切りに個別事件の提訴が続き、たたかいの火ぶたは切られた。東京以外でも一九九七年一二月提訴の強制連行長野訴訟に始まり、二〇〇四年一二月の山形地裁への酒田港強制連行事件の提訴まで、裁判は全国的なたたかいへ発展した。

国のみを被告として提訴する場合、管轄は東京地裁となる。しかし強制連行・強制労働事件については、中国人被害者は全国一三五カ所の事業所で強制労働に従事させられていたため、事業所の所在地を管轄する全国の裁判所へ、国と企業を被告として訴訟を提起することができた。

弁護団は、全国弁護団結成準備時から、強制連行事件の特徴を活かした全国各地裁における統一訴訟を構想し、法律家団体やじん肺弁護団連絡会など人権擁護裁判をたたかう弁護団の全国ネットワークを用いて、共感する全国の弁護士に弁護団への参加を呼びかけた。当初から、全国的・統一的にたたかうことがこの超困難な裁判に勝利するうえで有益と考えていたからである。その結果、全国各地の弁護士が早くから弁護団に名を連ねることとなった。この段階で、各地でたたかうことになる具体的な中国人の原告が確定していたわけではない。しかし弁護団には、被害者が約三万九千人にも及ぶ中国人強制連行事件を、裁判を活用して全面解決するには、一三五事業所のうち主要な事業所のあった各地で裁判を起こし、全国的に統一した力強いたたかいを展開することが不可欠であるという確信があった。

今も続く全面解決への努力

強制連行訴訟は、一九九六年三月、被告国に対し東京地裁へ提訴した「劉連仁訴訟」を皮切りに始まった。強制連行訴訟は、「強制連行され奴隷の如き労働を強制された事業所のある土地で裁判をやりたい」という被害者たちの訴えを受け止めることのできる各地の弁護士たちによって担われる必要があった。弁護団は各弁護士の個人的人脈、他の人権擁護裁判の弁護団活動や法律家団体での人脈などを通して、全国各地の弁護士に「あなたの地元に強制連行された当事者と、訪中して会ってほしい」と数年にわたり要請し続けた。[注5]

このようにして生み出された東京と全国各地の弁護士の協働は、札幌・山形・新潟・長野・群馬・東京・京都・福岡・宮崎の各裁判所への訴訟の提起に結実した。これらの訴訟は「中国人強制連行・強制労働事件弁護団全国連絡会」(森田太三事務局長)を通じ、法廷内外のたたかいを全国的に連帯して行っている。連絡会は、各地の裁判についての情報交換と共同研究から始まり、全ての訴訟を統一的にたたかうまでに結束を強めた。さらに連絡会は、中国人強制連行事件を全面的に解決する構想として「中国人強制連行・強制労働補償基金」を提言し、全ての訴訟が最高裁判決で終了した後も、全国弁護団体制を維持し、今日もなお引き続き、政府と企業に対し全ての強制連行被害者たちとの和解による政治的な解決を働きかけ、後記のように幾つかの加害企業との和解を実現している。

(小野寺利孝)

【注】

〈1〉今振り返ると、一九九一年から三次に及ぶ日本の法律家の訪中活動と、それを継承した一九九四年の「司法制度調査団」の活動こそが、永野法相発言を機に小野寺と中国人戦争被害者との出会いを創り出し、「中国人戦争被害賠償請求事件弁護団」を誕生させたといえる。調査団活動は一九九七年まで続き、裁判に不可欠な中国の法律家・歴史研究者等の理解と支持を拡げる役割を果たした。

〈2〉家永教科書訴訟は、家永三郎元東京教育大学教授が教科書検定の違憲違法を主張して始まった一連の裁判。第一次訴訟は一九六五年に提起され、九七年第三次訴訟の上告審判決により終結するまで、裁判は三二年間に及んだ。戦争についての記述を理由とする家永教科書の検定不合格処分が憲法の禁止する検閲に当たるか否か、子どもの教育権を有するのは国家か国民か、などが激しく争われた。

〈3〉一九九〇年代に入り中国国内で日本国に対する謝罪と賠償を求める中国人戦争被害者たちの声が一つの大きなうねりになりつつあっただけに、永野法相発言は戦争被害者たちの激しい憤怒をまき起こし、中国国内で新しい反日国民感情の高まりをもたらした。永野法相の罷免を求める声は、中国のみならず日本国内世論にも及び、羽田内閣は永野法相の更迭を決定するに至った。

〈4〉「花岡事件」は、すでに加害責任を認め謝罪までした鹿島建設（事件当時は鹿島組）を被告として、一九九五年六月に提訴した。この年の八月に南京虐殺・無差別爆撃・731部隊事件及び中国人「慰安婦」訴訟を東京地方裁判所に提訴できたのは、裁判にとって最大の障害になると危惧されていた中国政府の態度が、同年三月の銭其琛外相発言によって明らかとなったことが大きい。同外相は、全人代の非公開グループ会議で「中日共同声明で中国は国家賠償を放棄したが、これに個人の賠償は含まれない」と指摘し、「中国政府は、個人の賠償要求を阻止しない」と述べた。
　当時、弁護団は一九九四年一二月には劉連仁氏と会ってすでに訴訟委任も受けていたが、その提訴が一九九六年三月になったのは、一つには、一九九五年八月一五日戦後五〇周年記念に発表された村山談話を踏まえて、劉連仁氏に対し国としての謝罪と賠償を求める書簡を村山首相に届け、訴訟外の政治解決の可能性を追求するという方針があったからである。
　中国人強制連行事件の象徴ともいえる花岡事件は、鹿島建設との数年に及ぶ交渉を経て、国は提訴せず鹿島建設のみを提訴している。しかし、中国人戦争被害賠償請求事件弁護団は、国と加害企業の両方を提訴する方針であった。劉連仁事件をはじめとする強制連行事件においては、中国人強制連行を閣議決定して強行した国を主たる被告とすべきであり、合わせて、国策を奇貨として中国人に奴隷労働を強いた加害企業の犯罪行為も追及するという方針をとったためである。花岡事件弁護団と中国人戦争被害賠償請求事件弁護団は、互いの違いを認め合いながら、それぞれのたたかいで勝利を目指すことを合意した。

〈5〉当初の強制連行弁護団立ち上げの時点では各地の訴訟の原告は特定されていなかったが、例えば、北海道から参加した田中貴文弁護士、あるいは長野の富森啓児弁護士などのように、呼びかけに賛同し、支援の立場で自発的に弁護団に加入した人も少なくなかった。その後、訪中調査が進展し、中国での弁護士や研究者を含む市民の支援活動に励まされて中国における強制連行事件の全国統一被害者組織も結成され、徐々に全国主要事業所での被害者が訴えを決意する進展が見られた。

一方東京の弁護団では、全国展開が不可欠ではあるが、原告となる被害者が現れても自然発生的にたたかいは生まれないし、やはり自分たちもそうであったように、日本各地の弁護士が訪中し、被害当事者と会うよう申し入れることが肝要という結論に至った。そこで一人ひとりの弁護士の人間関係で迫ってみることになり、強制連行事件弁護団団長の高橋融弁護士をはじめ各弁護団員が各地の弁護士へ、同期の絆、他の弁護団の絆、法律家団体の絆など総動員して、参加してくれる弁護士の確保に努めた。呼びかけを受け止めた各地の弁護士が、地元でさらに自分の周りの弁護士に働きかけ、訪中の準備に着手し、中国側とも協働して一つひとつの調査活動を成功させていった。全国各地でたたかいが続々と拡がったのは、弁護士たちによる地道なネットワークづくりの賜物だったのである。

各訴訟の経過一覧表

平頂山事件					
	東京地裁	96.8.14	提訴	02.6.28	棄却
	東京高裁		控訴	05.5.13	棄却
	最高裁		上告	06.5.16	棄却
南京虐殺・無差別爆撃・731部隊事件					
	東京地裁	95.8.7	提訴	99.9.22	棄却
	東京高裁		控訴	05.4.19	棄却
	最高裁		上告	07.5.9	棄却
遺棄毒ガス・砲弾被害事件					
第1次訴訟	東京地裁	96.12.9	提訴	03.9.29	**勝訴**
	東京高裁		控訴	07.7.18	棄却
	最高裁		上告	09.5.26	棄却
第2次訴訟	東京地裁	97.10.16	提訴	03.5.15	棄却
	東京高裁		控訴	07.3.13	棄却
	最高裁		上告	09.5.26	棄却
チチハル訴訟	東京地裁	07.1.25	提訴	10.5.24	棄却
	東京高裁		控訴	12.9.21	棄却
	最高裁		上告	14.10.28	棄却
敦化訴訟	東京地裁	08.1.17	提訴	12.4.16	棄却
	東京高裁		控訴	13.11.26	棄却
	最高裁		上告	14.10.28	棄却
中国人「慰安婦」訴訟					
第1次訴訟	東京地裁	95.8.7	提訴	01.5.30	棄却
	東京高裁		控訴	04.12.15	棄却
	最高裁		上告	07.4.27	棄却
第2次訴訟	東京地裁	96.2.23	提訴	02.3.29	棄却
	東京高裁		控訴	05.3.18	棄却
	最高裁		上告	07.4.27	棄却
海南島戦時性暴力被害事件訴訟	東京地裁	01.7.16	提訴	06.8.30	棄却
	東京高裁		控訴	09.3.26	棄却
	最高裁		上告	10.3.2	棄却

8　新潟訴訟（新潟港での港湾荷役、連行被害者は901人）
被告：国、新潟臨港開発（現・リンコーコーポレーション）
原告：12人
1999年8月31日　提訴（新潟地裁、3回に分けて提訴）
2004年3月26日　新潟地裁勝訴（1人800万円）
2007年3月14日　東京高裁敗訴
2008年7月4日　最高裁敗訴

9　福岡第一陣訴訟（炭鉱労働、事業場は三井三池炭鉱、田川炭鉱など多くに分かれている）
被告：国、三井鉱山（現・日本コークス工業）
原告：15人
2000年5月10日　提訴（福岡地裁）
2002年4月26日　福岡地裁、三井鉱山に勝訴（1人1100万円）
2004年5月24日　福岡高裁敗訴
2007年4月27日　最高裁敗訴

10　群馬訴訟（利根川の水力発電所工事など）
被告：国、間組（現・ハザマ）、鹿島組（現・鹿島建設）
原告：48人（被害者・遺族）
2002年5月27日　提訴（前橋地裁）
2007年8月29日　前橋地裁敗訴
2010年2月9日　東京高裁敗訴
2011年3月1日　最高裁敗訴

11　福岡第二陣訴訟（炭鉱労働）
被告：国、三井鉱山（現・日本コークス工業）、三菱鉱業（現・三菱マテリアル）
原告：45人
2003年2月28日　提訴（福岡地裁）
2006年3月29日　福岡地裁敗訴
2009年3月9日　福岡高裁敗訴
2009年12月24日　最高裁敗訴

12　長崎訴訟（三つの炭鉱での強制労働）
被告：国、長崎県、三菱鉱業（現・三菱マテリアル）、三菱重工
原告：10人
2003年11月28日　提訴（長崎地裁）
2007年3月27日　長崎地裁敗訴
2008年10月20日　福岡高裁敗訴
2010年1月6日　最高裁敗訴

13　宮崎訴訟（三菱槙峰銅鉱山での強制労働、連行被害者は250人）
被告：国、三菱鉱業（現・三菱マテリアル）
原告：13人
2004年8月10日　提訴（宮崎地裁）
2007年3月26日　宮崎地裁敗訴
2009年3月27日　福岡高裁宮崎支部敗訴
2010年5月27日　最高裁敗訴

14　山形酒田訴訟（山形県酒田港での港湾荷役、連行被害者は338人）
被告：国、酒田港湾運送（現・酒田海陸運送）
原告：12人
2004年12月17日　提訴（山形地裁）
2008年2月12日　山形地裁敗訴
2009年11月20日　仙台高裁敗訴
2011年2月18日　最高裁敗訴

15　石川県七尾訴訟（七尾港での港湾荷役）
被告：七尾海陸運送（国は被告でない）
原告：4人
2005年9月・2006年12月　提訴（金沢地裁）
2008年10月31日　金沢地裁敗訴
2010年3月11日　名古屋高裁金沢支部敗訴
2010年7月21日　最高裁敗訴

※1・5・12・15は中国人戦争被害賠償請求事件弁護団以外の弁護団が提起
※太字強調部分は、勝訴した裁判

強制連行・強制労働事件の経過一覧表

1　花岡事件（秋田県花岡鉱山の河川改修工事、連行被害者数は986人）
被告：鹿島組（現・鹿島建設。国は被告でない）
原告：11人（生存者）
1995年6月28日　提訴（東京地裁）
1997年12月10日　東京地裁敗訴
2000年11月　東京高裁で和解成立
※和解内容：連行被害者986人が対象。鹿島建設は中国紅十字社に5億円拠出、信託。被害者への支払い、遺族の慰霊、追悼等に当てるとする。

2　劉連仁訴訟（東京第一次訴訟、北海道明治鉱業・昭和鉱業所に連行され、脱走して13年間、北海道で逃亡を続けた事件、連行被害者は200人）
被告：国
原告：1人（劉連仁本人）
1996年3月25日　提訴（東京地裁）
2001年7月12日　東京地裁勝訴
※賠償額2000万円を認める。ただし戦時中の強制連行については国家無答責を理由に認めず、戦後の国の対応について認める。
2005年6月23日　東京高裁敗訴
2007年4月27日　最高裁敗訴

3　東京第二次訴訟（全国各地で使役された事件）
被告：国、間組（現・ハザマ）、古河鉱業（現・古河機械金属）、鉄道建設興業（現・鉄建建設）、西松組（現・西松建設）、宇部興産、藤田組（現・同和ホールディングス）、日鉄鉱業、飛島組（現・飛島建設）、日本鉱業（現・新日鉱ホールディングス）、三菱鉱業（現・三菱マテリアル）
原告：42人
1997年9月18日　提訴（東京地裁）
2003年3月11日　東京地裁敗訴（国家無答責は否定）
2006年6月16日　東京高裁敗訴
2007年6月12日　最高裁敗訴
2010年4月26日　和解成立
※和解内容：広島安野訴訟に関連し、西松建設との間に信濃川作業場に関する連行被害者全員183人について和解が成立。和解金1億2800万円。

4　長野訴訟（長野県木曽谷などの水力発電所工事）
被告：国、鹿島建設、熊谷組、大倉組（現・大成建設）、飛島組（現・飛島建設）
原告：7人
1997年12月22日　提訴（長野地裁）
2006年3月10日　長野地裁敗訴
2009年9月17日　東京高裁敗訴
2010年2月24日　最高裁敗訴

5　広島安野訴訟（広島県安野水力発電所工事、連行被害者は360人）
被告：西松組（現・西松建設。国は被告でない）
原告：5人（被害者・遺族）
1998年1月16日　提訴（広島地裁）
2002年7月9日　広島地裁敗訴
2004年9月29日　広島高裁勝訴（1人550万円）
2007年4月27日　最高裁敗訴（付言がつく）
2009年10月23日　和解成立
※和解内容：最高裁付言に基づき、被害者全員360人を対象とする和解が成立。和解金2億5000万円。

6　京都大江山訴訟（大江山ニッケル鉱山での強制労働、連行被害者は200人）
被告：国、日本冶金（現・日本冶金工業）
原告：6人
1998年8月14日　提訴（京都地裁）
2003年1月15日　京都地裁敗訴
2004年9月29日　大阪高裁で原告6人につき企業とのみ和解成立（1人350万円）
2006年9月27日　大阪高裁、国に敗訴
2007年6月12日　最高裁、国に敗訴

7　北海道訴訟（各地炭鉱労働）
被告：国、三井鉱山（現・日本コークス工業）、住友石炭鉱業（現・住石マテリアルズ）、熊谷組、新日本製鐵（現・新日鉄住金）、地崎組（現・岩田地崎建設）、三菱鉱業（現・三菱マテリアル）
原告：43人
1999年9月1日　提訴（札幌地裁）
2004年3月23日　札幌地裁敗訴
2007年6月28日　札幌高裁敗訴
2008年7月8日　最高裁敗訴

Ⅰ 平頂山事件

撫順炭鉱(本章掲載の写真はすべて平頂山事件訴訟弁護団提供)

一九三〇年代初期、中国東北地方の都市撫順において、日本の国策会社である満鉄(南満州鉄道株式会社)は露天掘りの撫順炭鉱を経営し、大勢の中国人労働者を働かせていた。一九三二年九月一五日深夜、中国人が組織した抗日義勇軍による撫順炭鉱襲撃事件が発生する。翌日、日本軍は、義勇軍の通り道となった平頂山の村民を「徹底的に殺しつくし、焼きつくす」ことを決めた。これにより住民三千人余りが崖下の窪地に追い立てられ、機銃掃射により虐殺されたのが「平頂山事件」である。

遺体はガソリンがかけられ燃やされたうえ、ダイナマイトで爆破した崖の土砂により完全に隠蔽された。事件後四〇年ほどたった一九七〇年になって、中国政府により遺体が掘り起こされた。撫順市内にある「平頂山惨案紀念館(遺骨館〈併設〉、以下「平頂山紀念館」)」には、虐殺された住民たちの遺骨が、今もそのまま保存されている。

被害者たちの証言

✴方素栄（ファンスーロン）——弟が銃剣で刺されるのを目撃

方素栄さん

私は方素栄です。いま七一歳です。事件当時四歳だった私は、両親と父方の祖父母、二人の弟、父方の叔母の八人で、平頂山にある狭い家に住んでいました。

その日の朝、道で遊んでいた私は、村のはずれの方に日本軍のトラックが来たのを見ました。私は走って家に行き、祖父に日本兵が来たことを言うと、祖父は扉を閉め、父に逃げろと言いました。そのころ、中国人が日本兵に連れ去られるというとがしょっちゅうあって、まだ若い父が日本軍に捕まるのが怖かったからです。でも日本兵はすぐ家の中に入ってきて、家の後ろの土塀を登ろうとしていた父を、銃で撃ちました。父は下に落ちて、全く動かなかったので、死んだと思いました。私が父を見たのはそれが最後です。

日本兵は中国語で「写真を撮る」と言って、私たちを家から追い出しました。家族はみんな泣きながら、住民たちが集まっていた窪地に追いやられました。そこには、黒い布をかぶせた写真機のようなものがありました。日本兵は住民たちに「座れ」と言った後、黒い布を取り払いました。布の下にあったのは写真機ではなく、機関銃でした。日本兵はすぐに機関銃を発射しました。周りの人たちはみな叫んだり、悲鳴を上げたりしていました。祖父はすぐ私を抱きかかえ、そのまま倒れました。私は頭や首、腕、お腹に弾を受け、気を失いました。意識を取り戻したとき、「アイヤー」という叫び声、「助けて」という悲鳴、「痛い、痛い」という声が聞こえました。

チワッ、チワッと誰かが歩いてくる足音が聞こえました。上の弟がはい出てきて「お母さん」と叫びました。日本兵は銃剣で弟を突き刺し、そのまま弟を振り上げて、どこかに投げ捨てました。すぐそばで見ていた私は、再び気を失ってしまいました。

意識を取り戻したとき、もう叫び声や悲鳴などは聞こえず、小さなうめき声が聞こえるだけでした。私は起き上がり、家族を引っ張ったりつかんだりしてみましたが、誰も動きませんでした。祖父も動きませんでした。母の頭からは、脳みそのような、白い豆腐のようなものが噴き出ていました。母の胸元にいた下の弟も動きませんでした。銃剣で刺された上の弟はどこに投げられたのかわからず、見つかりませんでした。家族全員が死んでしまいました。私は家に帰って、父が本当に死んだのか確かめようと思いました。しかし近づくと、家は全部燃えてしまっていました。ほかにどこに行けばいいのかわからなかったので、祖父のところに戻ることにしました。死んだ人たちばかりの中でひと晩過ごしましたが、祖父の胸の中で眠ったので、怖くはなかったです。

翌日、祖父の知り合いがいる炭鉱労働者の宿舎に行きました。血だらけの私を見て、労働者たちは私を、母方の祖父母のところへ送り届けてくれました。それから私は小学校に通い始めました。捕まって連れ去られるのが怖くて、自分が平頂山の人間であることを言えず、あまり誰とも話ができませんでした。両親がいなくなってしまい、ほかの友達はみんな親がいるのに、私だけがいなかったのがつらかったです。

（二〇〇〇年二月二五日　東京地方裁判所）

✴楊宝山（ヤンバオシャン）――母の血が口に入ってきた

私は楊宝山、七七歳です。事件の起きた日、もうすぐ一〇歳になる私は、両親と弟の四人家族で暮らしていました。父は撫順炭鉱で炭鉱夫を務め、母は炭鉱労働者の服の縫い繕いなどの仕事をしていました。

事件の前日、深夜に家の戸をノックする音が聞こえました。外でワーワーという声、ターン、ターンという銃の音も聞こえました。でも私は、外で何が起きているのかわかりませんでした。

その日はいつもどおり、七時に起きて朝ご飯を食べ終わった後、父が炭鉱から帰ってきました。外で遊んでいた私は、北から日本兵のトラックが来たので、それを告げに家に戻りました。すると自宅に中国服を着た男が来て、「外に逃げろ」というふうに言っていました。日本軍が射撃訓練をするので危ない、写真を撮る、ということも穏やかに言っていました。その話を聞いて、私はとてもうれしく思ったのです。

楊宝山さん

かったです。射撃訓練というのを見たことがなかったし、写真を撮ることに対してもうれしく思ったのです。

外に出ると道は住民でいっぱいでした。崖の下にある広場には、たくさんの人が集まっていました。多くの日本兵が住民を取り囲むように立っていました。私が写真機と思ったものには、黒い布がかぶされていました。私はそこから一〇メートルくらいしか離れていなくて、私の前には誰も人がいなかったので、よく写るだろうと、とてもうれしく思いました。しかし布が取られたとき、そこにあったのは機関銃でした。タッタッタッタッタッという音で掃射が始まりました。

父は、弟を連れて逃げようとしました。母は、私を自分の体の下にかくまうようにして押し倒しました。母の体の下にいた私は、母を呼びましたが、返事がありませんでした。母の血が口から鼻から流れてきて、私の口に入ってきました。なめると塩辛かったので、血だとわかったのです。そのときの感触は今も鮮明に覚えています。私は右の腰に被弾し、弾は太ももの方から抜けました。痛くて、そのうち気を失ってしまいました。

機銃掃射が終わった後、「逃げろ」という声がして、私は意識を取り戻しました。日本兵が寄ってきて母を銃剣で動かし、私は頭を軍靴で踏みつけられました。日本兵に見つかったら殺されると思い、痛かったんですが、動く勇気はありませんでした。日本兵がほかの倒れている住民に、銃剣でとどめを刺している音が聞こえました。子どもが「お母さん」と泣いている声が聞こえましたが、後になって、聞こえなくなりました。

日本兵が去った後、私は起き上がりました。死んだ母は体中血だらけで、どこを撃たれているかわかりませんでした。父も体中血だらけで、弟も近くにいました。みんな死んでおりました。私が起き上がったとき、ほかに立って歩いていたりする人は見かけませんでした。そこら中で煙が上がり、平頂山の家はすべて燃やされたと、後でわかりました。私は一人で、コウリャン畑でひと晩泣き明かしました。父は日本人のために炭鉱労働者として働いていて、何の罪もないのに、日本人によって殺されたのです。

平頂山の集落の跡には、現在紀念館と遺骨館が建っています。遺骨館にある骨の中には、両親と弟の骨もあるはずです。それを見ると、とても辛いです。

（二〇〇〇年二月二五日　東京地方裁判所）

＊莫徳勝（モーダーシャン）――目を見開いたまま動かなくなった父

私は莫徳勝です。いま七六歳、事件当時、七歳でした。

当時私は、父と母、母方の祖父母、三歳の妹と一緒に平頂山に住んでいました。父は炭鉱の労働者、母は火薬工場の労働者でした。祖父は漢方医をして三人の収入がありましたから、生活はよその家庭と比べても良い方だったと思います。父は私をとてもかわいがってくれました。夜勤から帰ってきて疲れていても、私がまとわりついてせがむものですから、サーカスとか京劇を見に連れて行ってくれたりしました。母は非常に厳しい人でした。ある日出勤する母をこっそりつけて行って、工場の入り口で守衛さんに見つかったときは、私を家に引っ張って帰って、部屋に閉じ込めてしまいました。でも私は、ガラスを割ってその部屋から逃げ出したんですけれども。

事件の年の二月からは私塾に通い、孔子や孟子の教えを習っていました。平頂山には仲の良い友達が二人いて、劉二（リウアル）と李少林（リシャオリン）という名前でした。ビー玉を蹴ったり、スズメを捕まえたりして遊んでいました。三人で爆竹に火を点けて、よその家の庭に放り込んで逃げたりして遊んだこともあります。でも事件の日、二人とも日本軍に殺されました。

事件の前の日は、家族そろってお月見をする中秋節でした。私たちは中庭に集まり、父が月餅（げっぺい）を六個、梨を一キロ半くらい、葡萄を一キロくらい買ってきてくれました。祖父がいろいろお話をしている間に、私が手を伸ばして月餅を口に入れようとしたら、母にすごくしかられ、たたかれました。祖父母はかわいそうだからと、私と妹に自分たちの分をくれました。そうすると母がまた怒って、おじいちゃんの分をもらうわけにはいかないと言って、母と父の分を私と妹にくれました。私は今、非常に後悔しています。これが家族と過ごした最後の中秋節になるんだったら、父や母の月餅を食べるべきではなかったのです。悲しい思い出として残っています。

莫徳勝さん

その日の夜中、撫順市内にある炭鉱を中国人の抗日義勇軍が襲撃し、銃撃戦の音が聞こえました。翌朝、さっき言った友達二人と丘の上から見てると、北の方から日本兵を乗せたトラックが四台やって来ました。トラックは牛乳屋の前で停まり、日本軍は三人一組になって動き始めました。私はあわてて家に帰って母に、日本兵が村を取り囲んでると伝えました。夜勤をやっていた父が急いで帰ってきて、平頂山で何が起こったんだと聞きました。父が村に入ろうとすると身体検査を受け、村から外へ出ることは一切禁止だということだったそうなのです。

その後、三人の日本兵がやって来て、家の表門を銃で叩き壊して、非常に荒々しく部屋の中に飛び込んできました。一人の日本兵が中国語で、匪賊(ひぞく)が来たぞ、大事なものをまとめて外へ出ろ、おまえたちは私たち皇軍が守ってやる、と言いました。父が、ここは自分の家なんだから出ていくわけにはいかないと言うと、残りの二人の日本兵が、出て行かないと殺すぞと、父を銃床で滅多打ちにしました。そのようにして、私たちは家を追い出されたのです。

大通りはもう人でいっぱいでした。住民は西の方にある窪地に集められ、東側と南側に日本兵がいました。いろんな人が抗議を始め、何でこういう所に閉じ込めるんだとか、なぜこういう仕打ちを受けなくちゃいけないのかという声が上がっていました。その後、日本軍の将校が通訳を通じ、皇軍が君たちを集めたのは、君たち中国人の生命、財産を守るためだ、匪賊はまだここから去っていないと言って、東の山の方角に軍刀を上げました。その途端、東の山にいた日本兵が銃を二、三発撃ったので、みなそっちの方を注目しました。その隙に機関銃の一斉掃射が始まったのです。前列の人からバタバタッと倒れていきました。

私は、父の西側に伏せました。母は妹を抱き、祖父母と一緒に父の東側に伏せていました。機関銃の弾がピューピュー飛んできて頭の上をかすめて、すぐそばに労働者が伏せていたのですが、お尻に弾が当たって、綿入れのズボンから白い綿が飛び出したようになって、足をピンと伸ばしました。その上に集中掃射が加えられ、労働者はもう動かなくなってしまいました。ものすごく大きな音がして、銃声とか、悲惨な叫び声や泣き声などが耳に入ってきました。祖父が、私たち中国人が何の罪を犯したというんだ、と言いました。おばあちゃんが足を撃たれた、妹も死んでしまった、日本人はひどい、とも言いました。父は私に、心配するな、大丈夫だと言って麦わら帽子をかぶせてくれて、私はそこでワーっと泣き出してしまいました。

銃声と泣き叫ぶ声は、だんだんと小さくなっていきました。麦わら帽子を上げて周囲を見ると、日本兵が北と南から一列に並んで、倒れた村の人たちの体に銃剣を突き刺しながら歩いてきました。少しでもまだ息がある人を見つけると、何度も何度も銃剣でとどめを刺していました。ちっちゃい子どもが身を起こして、お母さん、お母さんと泣き叫んでいるのが見えました。日本兵が飛んで行って、その子どもめがけて銃剣をぐさっと突き刺しました。子どもはすごく激しい悲鳴を上げて、動かなくなりました。二度とそのような光景を見たくなくて、私は麦わら帽子を深くかぶり直しました。

一人の日本兵が私に近づいてきて、軍靴のかかとで私の右の腰骨を蹴飛ばしました。その勢いで仰向けになった私の左肩を、日本兵は銃剣でガッと刺しました。氷が体の中を走ったような非常に恐ろしい気持ちに陥りましたが、歯を食いしばって我慢しました。私自身、生きているのか死んでいるのか、わからないような状態でした。日本兵が去った後、気が付くとさっき殺された労働者が横にいて、もう周りは血の海と化していて、ああ自分は生きていたんだとわかりました。傷痕は今も左肩に残っています。

日本兵がいなくなった後、あたりはものすごく静まり返っていました。父の様子を見ると、目を見開いたまま、じっと私の方を見ていましたが、起き上がろうとしません。どうしてしまったんだろうと、引っ張ったりつねったりしたのですが、よく見ると、首のところから血が噴き出ていました。そこで初めて父がもう亡くなったと思い、私は父にしがみついて、お父さん、死んじゃだめだ、死んじゃだめだ、と呼びかけました。

お父さんが死んだとわかって、母はどうなったんだろうかと見ると、妹と一緒に地面に伏せて布団をかぶっていました。布団をめくると、妹は血まみれになって母の懐に抱かれ、二人とも息が途絶えていました。母の横にいた祖父母も亡くなっていました。祖父の手が土の中にめり込んだ形で亡くなっているのが、強く印象に残っています。家族がみんな亡くなったということがわかって、どうしていいのかわからなくて、呆然と立ち尽くして、ずっと泣いていました。

その後、まだ生きてる中国人は逃げろ、また日本兵が戻ってくるぞ、という声が伝わってきました。やっと我に返ると、周囲は血の海で、死体でいっぱいでした。肉親がみんなそこで亡くなっていたので後ろ髪を引かれる思いでしたが、生きていかなくてはならないとその場を離れました。途中で見ると、平頂山の村全体が火の海になっていました。辛い気持ち、悲しい気持ち、日本兵に捕まる恐怖感でいっぱいでした。

何日かたって、父方の祖父母の家にたどり着きました。みんな平頂山の事件のことを知りませんでした。事件を知った祖父母は、私を抱きしめて泣き、その日は夕食もとることができませんでした。祖父母の家は生活が非常に苦しく、私は牛飼いの手伝いをするようになりました。牛飼いをしていても虐殺事件のことが頭を離れず、非常に毎日悲しい思い、辛い思いをして泣いていました。夜寝ていても、平頂山の現場の夢にうなされ目を覚ますということが何回もありました。遺骨のある現場にはなかなか行くことができなくて、初めて見に行ったのは四〇年後のことです。そのときは七歳のときの体験をもう一度見るような気持ちになって、声も出せず、泣きました。

（二〇〇一年一二月一九日　東京地方裁判所）

平頂山惨案紀念館（遺骨館）内に累々と横たわる遺骨

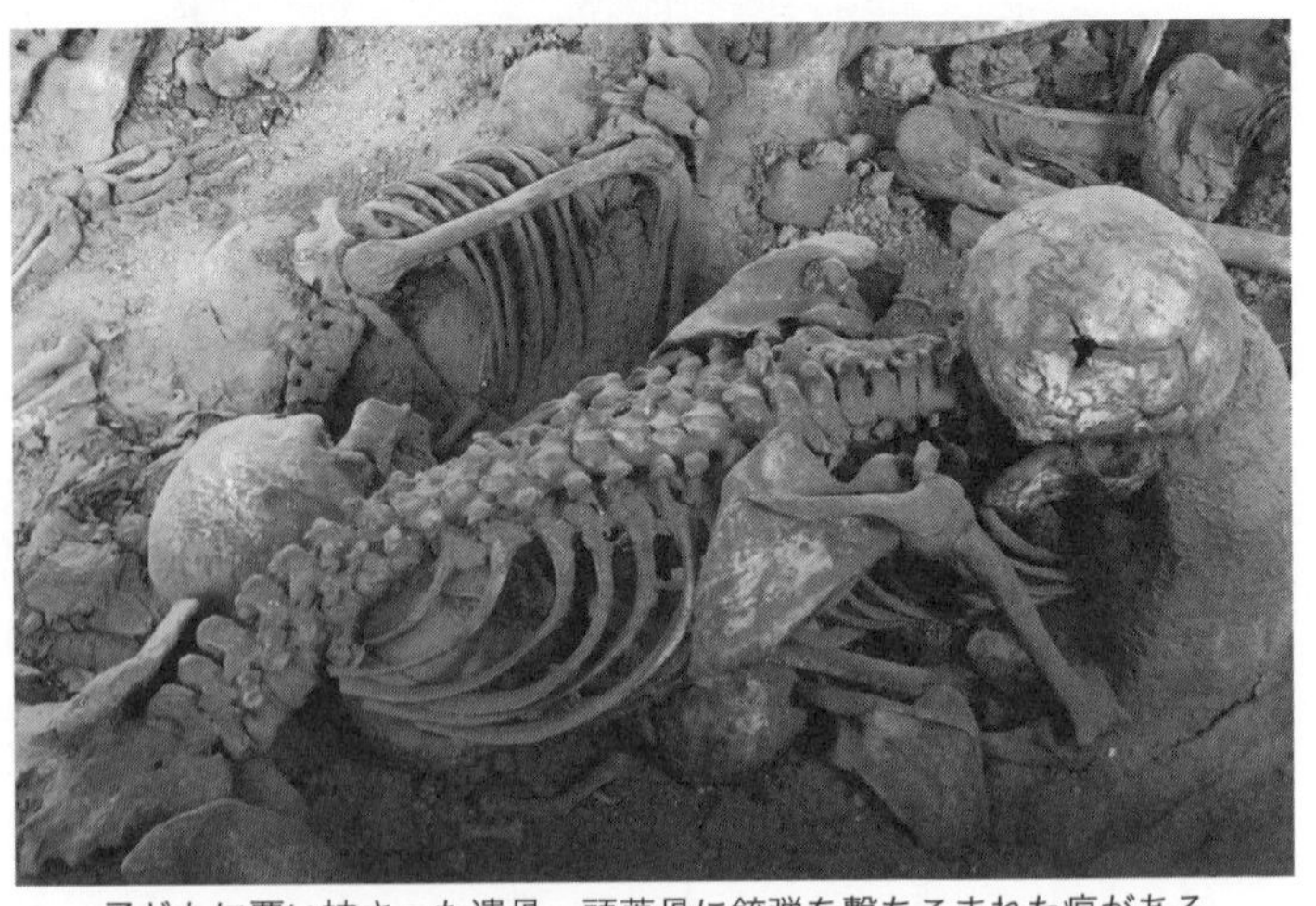

子どもに覆い被さった遺骨。頭蓋骨に銃弾を撃ちこまれた痕がある

裁判の経過

✴中国人戦争被害賠償請求事件弁護団の結成

「中国人戦争被害賠償請求事件弁護団」の結成は、一九九四年にさかのぼる。同年五月、当時の法務大臣永野茂門は、就任記者会見で「南京大虐殺はでっちあげだ」と述べて、アジア太平洋戦争の侵略性を否定する発言を行い、中国をはじめとするアジア諸国から激しい批判を招く事件が起きた。これを受けて、中国の司法制度の調査に来ていた日本の法律家の一団は、北京で記者会見を開き、永野法相発言に対する抗議声明を発表した。そのメンバーの中に、後に中国人戦争被害賠償請求事件の全体弁護団幹事長に就任する小野寺利孝弁護士がいた。

小野寺が事務局長を務めていた日本民主法律家協会（日民協）は、全国の弁護士に呼びかけて同年七月から一年間に及ぶ数次の被害調査を行い、翌九五年八月には、中国人戦争被害賠償請求事件弁護団（全体弁護団）が結成された。日本軍による、中国全土に及ぶ戦争被害を明らかにする裁判の幕開けである。

＊平頂山事件の幸存者・方素栄（ファンスーロン）の不安と期待

一九九六年一月、全体弁護団幹事長の小野寺らは、平頂山事件の幸存者（中国語で「生存者」の意味）方素栄と、北京のホテルで初めて顔を合わせた。方素栄は、平頂山事件の被害者として日本国に対し損害賠償を請求する訴訟の委任状を小野寺に手渡し、小野寺が全体弁護団を代表して、訴訟提起と遂行を約束した。

後に方素栄は、日本の弁護士に初めて会ったときの不安と期待をこう語っている。

> 北京に行くときの気持ちは複雑でした。早く日本人の弁護士に会って、長年持ち続けてきた言いたいことを話して恨みを晴らしたいという気持ちと同時に、本当に、日本人が自分たちの力になって、裁判を本気でやってくれるのかという疑念の気持ちがありました。私は、すべての日本人をずっと恨んできた。教育を受けて日本人を憎むべきではないと教わったが、それでも不安があった。期待と不安の入り混じった複雑な気持ちでした。

＊平頂山事件弁護団の結成

小野寺が方素栄と北京で会い、訴訟委任状を受け取っていたそのころ、後に平頂山事件弁護団をはじめとする戦後補償裁判弁護団の中心となっていく泉澤章、川上詩朗、大江京子などのメンバーは、司法研修所で二回試験（司法修習生の卒業試験）の真っ最中であった。

彼らはそのころはまだ弁護士になっておらず司法修習生の身分であり、青年法律家協会（青法協）の会員として、戦後補償裁判をテーマとして共同研究を重ねていた。メンバーの一人が、「今度面白そうな裁判（南京虐殺・無差別爆撃・731部隊事件）が始まるらしい」との情報を得て、何人かで集まって勉強会などを始めたのがきっかけだった。そもそも五〇年以上も前に日本軍が中国で行った非人道的な犯罪行為について、いまさら損害賠償請求を申し立てるなど、「まともな」法律家であれば最初から手を出さないであろう。しかし、そんな途方もないことを本気でやろうとしている弁護士がいるんだぁと半ば感心し、半ばあきれながら、当時はみな修習生の気楽さで、なんとなく興味をひかれて、勉強を始めたのである。

後述する「国家無答責」や国際法についての理論研究など始めてはみたものの、なじみのない論点であり、頼りないこと甚だしい。それならば、弁護団会議を見学させてもらい、勉強してこようということになり、修習生何人かが、まだ提訴前で訴状についての議論をしていた中国人戦争被害賠償請求事件弁護団合同会議に参加させてもらった。ところが、どうも弁護団で議論しているレベルは、修習生とたいして変わらないという驚きの事実が判明するに及んで、弁護団の無謀さ、よく言えば旺盛なチャレンジ精神に対し新鮮さを覚え、妙に感心したものである。後に自分たちが代理人となり苦労することになるとは、考えもしなかった。彼らは一九九六年四月、そろって弁護士となった。

一方、方素栄から委任状を受け取ったものの、小野寺は内心あせっていたことだろう。前年の一九九五年八月には、中国人戦後補償裁判のトップを切り、南京虐殺・無差別爆撃・731部隊事件、中国人「慰安婦」の訴訟が提起されていた。また翌年三月には、東京強制連行第一次訴訟〈劉連仁訴訟〈二四七・二六一ページ参照〉〉の提訴が決まっていた。既存のメンバーが新たに平頂山事件を担当する余裕などない。全体弁護団幹事長として多忙を極めていた小野寺は、早急に平頂山弁護団を組織する行動に出た。まず、南京虐殺事件に深い関心を持ち、中国での被害調査活動に参加していた高和直司（こうわただし）弁護士に白羽の矢を立て口説き落とした。日民協の活動などで行動をともにし、かねてより深く尊敬していた環直彌（たまきなおや）弁護士以外に平頂山事件の団長はいないと考えていた小野寺は、環に対して、中国人戦後補償裁判の意義を語り、「実働はすべて他の若い弁護士が行います。環先生は、団長としてどんと構えていてくださるだけで結構です」と力強く訴えた。戦後補償裁判の意義については自身の信念から確信をもっていた環は、どんと構えてさえいればいいという小野寺の言葉を信じて、弁護団長となることを快諾した。後に、弁護団員が高和を除き、右も左もわからない新人弁護士ばかりであることを知った環は、ひそかに「どうも話が違う」と頭を抱えたという。

残された問題は、平頂山事件弁護団の実働弁護士を増やすことだった。小野寺は、新人弁護士が集まる集会に顔を出し、中国人戦争被害賠償請求事件弁護団への加入を訴えた。「皆さんには、経済的な負担をかけない」。小野寺はそう言い切った。参加した新人弁護士の中に前述の泉澤らがおり、すでに中国人戦争被害賠償請求事件弁護団へ加入することを決意していた。彼らは「経済的負担をかけない」という言葉を初めから信用してはいなかった。それでも提訴から十数年たって、経済的負担がこれほどかさむことになるとは、そのときは誰も（小野寺自身も）思っていなかったことだけは確かである。

環団長、高和副団長以下、弁護士一年目の三人（泉澤、川上、大江）が加わり、平頂山事件弁護団は、なぜかあらかじめ一九九六年八月一四日と、提訴（裁判所に対する訴えの提起）の日取りまで決められていた訴訟目前に、なんとか結成にこぎつけたのであった。

✴緊張の初訪中——厳寒の撫順へ

弁護団としての初訪中は、第一回口頭弁論期日も迫る一九九七年の一月であった。泉澤、川上、高和の三人は、原告らとの感動の初顔合わせを期待しながら、厳寒の撫順に降り立ち、平頂山紀念館で原告の莫徳勝（モーダーシャン）、楊宝山（ヤンバオシャン）らと面会した。

ところが、莫の顔にも、楊の顔にも、笑顔はない。弁護団からの説明をじっと聞いていた莫の口から出た言葉は、弁護団が期待していたねぎらいや感謝の言葉とはほど遠いものであった。

「いま説明してもらった『訴状』の内容について聞きたいことがある。請求金額が日本円で一人当たり二千万円となっているが、納得できない」と、弁護団に詰め寄ったのである。

請求金額については、事前に小野寺らが統一的に原告らの了解を取ったと聞いていた泉澤らは、莫の言葉に意表を突かれ狼狽した。当時、弁護団は裁判の目的は、平頂山事件という事実を裁判を通じて日本政府に認めさせること、賠償よりも歴史認識の共有にこそ力点があると先輩らには言われていたし、また、自身でもそのように思っていたので、なぜ二千万円なのかと詰め寄られても、返答のしようがない。「全体弁護団では二〇万米ドルが……。為替レートが……」などと必死に言っては見るが、全然説得力がない。また、同席していた平頂山紀念館の館長は、「証拠を貸すことはできない。ここにいる幸存者が何よりの事件の証拠だ。日本人はそれでもまだ、事件がなかったと言うのか」などと言う。泉澤らは、裁判所での事実認定はそれほど簡単ではなく、客観的な資料が必要であること、貸出しではなく謄写をさせてほしいと必死に説いたが、話し合いは進まなかった。

自分の肉親を殺した日本人。その日本人が、自分の苦しみを本当に理解してくれるのかと、莫は初めて会った日本人弁護士たちを信用できなかったのだろう。賠償金額にこだわったのは、信頼できない日本人弁護士たちから一方的に評価されたくないとの思いがあったのかもしれない。貴重な歴史資料を簡単に見せるわけにはいかないというのも、中国政府としては当然の反応である。しかし、当時はそのような事情も莫の心の内も理解できず、弁護士たちは、前途を思って暗澹たる気持ちになった。

追い打ちをかけるように、弁護士たちに不運が待ち受けていた。帰途の瀋陽空港で有無を言わさずバスに乗せられて、どこかわからない建物に収容されてしまった。実は、単に帰国便が遅れたため待合場所に移動させられただけであったのだが、三人の弁護士は恐怖に震えた。瀋陽空港で初めて買った中国のお土産は泥人形セットで、当時の中国人の平均月収の半分にも及ぶ四五〇元。だまされたようにしか思えない値段だった。

✴ないことづくめで始まった裁判支援

衝撃の初訪中のショックもさめやらぬまま、弁護団は、第一回口頭弁論で来日する莫徳勝の費用の捻出や全国の証言集会の準備に追われることとなる。南京虐殺などの著名な事件とは異なり、提訴当時、平頂山事件は、日本ではほとんど知られていなかった。弁護団が知りうる限り、既存の支援組織や専門の研究者などは見当たらない。莫徳勝の来日を実現し、全国各地で証言集会を開催して平頂山事件と裁判のことを広げなければならない。そのためには、市民の応援が不可欠である。莫の来日まで二カ月を切った一九九七年一月末、平頂山事件についての勉強会が開催され、参加してくれたメンバーが中心となって、「証言を聞く会実行委員会」が発足した。支援者や研究者がいないのであれば、自分たちでやるしかないというのが、平頂山弁護団の今に続くモットーとなっている。

弁護団と実行委員会のメンバーは連日、労働組合や裁判に賛同してくれる民間の各種団体や個人を回り、原告の来日費用についてこつこつとカンパを集めていった。中国人戦争被害賠償請求事件の裁判は、裁判費用はもとより、原告の来日費用や日本滞在費用等のすべてを日本側が用意することが当然とされていた。当時は日中間の経済格差が大きく、原告やその関係者に来日費用や弁護士費用を負担するだけの経済力がないことは、初めから明らかであった。また中国では、裁判支援のための市民による寄付や民間人の活動などは、発想自体が存在しなかった。この点は、今も基本的には変わっていない。

余談であるが、国民総生産（ＧＤＰ）で中国が日本を抜いて世界第二位になったのは二〇一〇年のことであった。また、日本における一九九九年以来のいわゆる司法制度「改革」により、弁護士は経済的な余裕を失ってしまい、以前のように費用を持ち出しで人権課題に取り組める人間は減った。平頂山事件提訴からおよそ四半世紀の内外情勢の変化は、驚くばかりである。

＊原告が来日できない!?

原告の来日準備に追われる中、弁護団にはまたしても心休まらない情報が入ってきた。来日予定の莫徳勝のパスポートの申請を、中国の公安（警察のこと）が受け付けようとしないらしい。

中国では、一九八六年まで一般国民の海外渡航は認められていなかったし、その後も、パスポートの発給を許すかどうかは、政府の裁量に委ねられていた。裁判が中国の国益を損なう危険があると判断されれば、原告らは渡航不可能である。実は、前年の九六年一二月にも、方素栄（ファンスーロン）の来日が突然中止となる出来事があった。日本の民間人ら主催の「多田謡子反権力人権賞」に選ばれた方素栄らが来日することになっていたのに、結局、公安当局がパスポートの支給を認めず中止となったのである。

方素栄の件があっただけに弁護団も気を揉むばかりだったが、莫徳勝は裁判直前の三月四日にパスポートを取得することができ、一二日に予定どおり成田に到着した。何故パスポートの取得に時間がかかったのか、本当のところは今もわからない。

＊第一回口頭弁論　莫徳勝意見陳述

一九九七年三月一四日、満員の東京地裁一〇三号法廷で、平頂山事件の幸存者・原告莫徳勝の意見陳述が始まった。後の二〇〇一年の本人尋問でも繰り返すことになる、自身の悲惨な体験の証言である。

「平頂山虐殺事件は、日本軍国主義が中国を侵略し中国人民を虐殺した動かぬ証拠です。私は被害に遭って六五年、家族や同胞たちのことを片時も忘れたことがありません」

「銃声が一段と激しくなったとき、父は、自分の麦わら帽子を私の顔にかぶせてくれ、『心配するな。大丈夫だよ』と言ってくれました。私は胸がいっぱいになって、涙がとめどなく流れました」

「私は顔にかぶっていた麦わら帽子を上げました。周囲は静まりかえっていました。父は目を見開いたまま、じっと私の方を見ていましたが、身動きひとつしませんでした。よく見ると、首に穴がひとつ開いていて血の泡が吹き出していました。父さんはもうだめだとわかると、急に悲しくなって、『父さん、父さん、死んじゃだめだ。僕はひとりでどうやって生きていけばいいんだ』と叫びました。さっき、私の頭に麦わら帽子をかぶせてくれた父さん。あんなに元気だった父さんが、日本軍に殺されてしまうなんていやだ！　頼むから起きて！　どんなに泣き叫び、どんなに引っ張っても、父は起きてくれませんでした」

✴莫の証言の反響

莫徳勝の証言は、法廷を傍聴した人や、証言集会に来た多数の人たちに大きなインパクトを与えた。第一回口頭弁論を終えて、団長の環直彌は、記者の質問に、弁護団全員の思いを代表して以下のように語った。

莫氏の陳述は必ずや裁判所に深い感動を与え、また、長い間本件を闇に埋もれさせてきた日本政府と国民にも、誤りのない歴史認識と責任感を抱かせて、本件を良識的な処理に向かわせるのに大きな効果があったと確信する。

法廷の翌朝のＮＨＫニュースでは、一五分間にわたり平頂山事件が取り上げられ、加害兵士の貴重な証言も流され衝撃を与えた。同日、東京の豊島区民センターでは「莫さんの証言を聞く会」が開催された。主催者側の心配をよそに、二五〇〇人もの市民が足を運んだ。証言を聞く会第一回実行委員長の永村誠朗（ながむらまさお）は、以下のように感想を語っている。

私が莫徳勝さんの証言を聞いたのは三度目ですけれども、莫さんは、この裁判を何よりも日本と中国の子々孫々の友好のためにと位置づけられているようでした。平頂山でお会いしたとき、「日本政府は、嘘でもいいから謝罪することが利益となるだろう」とおっしゃいました。心から謝罪すべきだと思っていた私たちは戸惑いましたが、それほどにこの重たい過去を過去として清算するために、日本政府の謝罪を必要としているのだと思います。「日本と中国は一衣帯水」と法廷での陳述は堂々としたものでした。しかし、殺された父母や妹の話になると耐えきれずに泣いてしまうのです。死んでしまった妹は、六〇年経っても三歳だからです。まるで昨日の出来事のように話す莫さんの証言は、集会参加者の胸を打ちました。

✴各地の証言集会へ

実行委員会の呼びかけに応え、日中友好協会の会員をはじめ戦後補償問題に関心を寄せて活動する人たちが、準備期間の短さにもかかわらず、各地で莫徳勝の証言を聞く会を開いた。群馬県伊勢崎市の集会参加者は、以下のような感想を寄せた。

「中秋の月を見るたびに私は泣けてたまりません。母の亡きがらにしがみついて死んでいた小さい妹の手、血溜まりの地面に爪を突きたてて死んでいた祖父、機関銃を掃射する日本兵に素手で立ち向かい殺されていった炭鉱夫たち。皆殺しにされ、ガソリンで焼かれ、崖の下に埋められた村の人たち。これらを思い出し、涙が止まらないのです」。莫さんは、とつとつと語りました。(略)莫さんの証言は約一時間続き、参加者は身じろぎもせずに聞き入りました。六五年前の話ですが、今起こったと錯覚するような現実感あふれる歴史証言でした。戦後半世紀たってもまだ謝罪もせずにいる日本政府。そして私たち国民の大半は、その事実さえ知らないのです。

どの集会でも、平頂山事件を初めて知ったという人が多かった。

＊本人尋問を前に撫順・昆明へ

二〇〇〇年二月に実施されることが決まった原告楊宝山と方素栄の本人尋問準備のため、弁護団七名全員が揃って一九九九年一一月、撫順と雲南省昆明に飛び、強行日程で朝早くから夕方遅くまで聞き取りを行った。訪中調査はこれが三度目だったが、弁護団が原告の体験を直接聞き取る機会は極めて限られている。事実上、この回がじっくり原告と向き合い、事件とその後のことを聞き取れる最初の機会でもあった。

撫順は寒かった。一一月という時期に、ろくに暖房も効かない古い平頂山紀念館の一室を借り、弁護士は震えながらそれぞれの役割を担って原告からの聞き取りを続けた。細かなことであっても矛盾点や疑問点があると、遠慮なく彼らにぶつけて、納得できるまでしつこく質問を繰り返した。平頂山事件の事実関係についてあいまいなまま公表して、それが右翼からの攻撃対象となったり、裁判所の事実認定に悪影響を与えることだけは避けなければならなかったからである。何としても裁判所の認定に耐えうるだけの事実を明らかにしなければという思いが、経験の浅い弁護団の気負いとなって現れていた。

莫徳勝、楊宝山、方素栄の三人は、ときにもどかしく、腹立たしく感じたこともあったろう。しかし、彼らは一度もそのような態度を表に出さなかった。聞き取りは連日長時間に及んだ。七〇歳を過ぎた老人たちは、弁護団が納得し理解するまで、辛抱強く、最後まで真剣に答えようとしてくれた。今思えば、原告たちの裁判にかける驚くほど強い使命感と覚悟が、そうさせていたのだと思う。その気迫と真剣さに触れるにつれて、弁護団もますます本気になって裁判にのめりこんでいった。

✴楊宝山、方素栄の原告本人尋問と全国証言集会

平頂山の原告三名は、申し分のない優秀な原告であった。驚くほど鮮明に事件当時の記憶を、具体的な表現で語ることができた。そのうえ彼らは皆、誇張や感情を交えて事実を表現することをしなかった。肉親が虐殺されるまさにその瞬間を語るとき、思わず気持ちが激昂して涙を流し、声を詰まらせることはあっても、口から出る言葉は驚くほど客観的であり、体験したものでなければ語れない、生々しく具体的な事実そのものであった。

二〇〇〇年二月二五日、東京地方裁判所一〇三号法廷で実施された楊宝山、方素栄の原告本人尋問は、傍聴をしていた人々に深い感銘を与えて終了した。

休む間もなく二人は弁護士らに付き添われて全国各地で証言を行い、暖かく迎えられた。法廷の翌日に行われた東京集会には、一九五六年に撫順戦犯管理所に収容され、「満州国」戦犯の溥儀らとともに方素栄の話を聞いたという元日本兵が出席していた。彼は、方の今日の証言が何十年も前に聞いた内容と全く同じであったと述べ、改めて方に謝罪した。そのとき、突然楊宝山が立ち上がり、「悪いのはあなたではない、自分の罪を認めたことであなたは罪を償ったのだ」と大きな声で発言した。会場は一瞬静まり返り、その後徐々に深い感動に包まれていった。

岐阜の集会でも、撫順戦犯管理所で方の話を直接聴いた元兵士二名が駆けつけた。「この機会を逃したら一生会えない。ぜひお目にかかり戦犯管理所で真人間に生き返らせていただいたお礼をしたい一心で来ました」という。戦後五五年経っても、戦争中に自分が犯した罪を忘れずに今も悔い続ける老いた元兵士たちと被害者である方は、岐阜の地で「再会」を果たしたのだった。

楊の素朴で実直な人柄は、どこでも人々を魅了した。その証言が努めて冷静・客観的で抑制されているだけに、かえって生々しい現実が浮かびあがり、楊の深い悲しみが伝わるのであった。

＊莫徳勝の本人尋問

二〇〇一年一二月、莫徳勝が法廷証言のために来日した。事前に弁護団から今回の尋問の意義と目的、尋問の内容などを詳細に書いて手紙で送り、莫は十分にこれを理解し、中国で準備をしてから日本に来た。丸々三日間かけて弁護団と真剣な打ち合わせを行い、本番を迎えた。
尋問はすばらしいものであった。裁判官三人の中で一番若い左陪席裁判官が、尋問の途中から最後まで裁判官席から身を乗り出し、莫を食い入るように見つめ、我を忘れたようにその一言一言に聞き入っていた姿が印象的だった。

✴「国家無答責」の壁に挑む

「国家無答責の法理」とは、国の権力的行為により生じた損害について、国は賠償責任を負わないとする考え方をいう。戦後、国の責任を問う国家賠償法が制定されるまでは、国家無答責の法理により国の賠償責任は否定されていたというのが、いわば「常識」としてまかり通っていた。中国人戦争被害賠償請求事件弁護団では初の判決となった南京虐殺・無差別爆撃・731部隊事件判決は、国家無答責を理由に訴えを退けている。その後、弁護団は行政法の芝池義一京都大学教授とめぐり合い、十数回にわたる勉強会と飲み会のすえに、遂に戦前の亡霊「国家無答責の法理」の正体を暴く意見書が完成した。骨子は以下のとおりである。

国家無答責の法理は確固不動の法理などではなく、明治憲法下の判例の積み重ねにより徐々に形成されたものである。したがって、裁判所は戦前の判例に絶対的に拘束される理由はなく、現行憲法に従って解釈を行うべきである。仮に国家無答責（無責任）の法理を認めるとしても、それは国の権力的公務（強制執行処分、徴税処分など）が法律により許されている場合に限られる。また、そもそも外国人には適用されない。

裁判所は渋りながらも弁護団の説得に応じ、莫徳勝の本人尋問とともに、芝池教授の証人尋問を認めた。尋問は、提出していた意見書をさらに補強する形で行われた。それまで誰も疑わず、戦後は研究もなされていなかった国家無答責の法理の虚偽のベールをはがし、その正体を白日の下に曝したといえる画期的な内容であった。中国人戦後補償裁判では、それまで被告の国の代理人（検事か裁判官がなる）はほとんど事実を争わず、原告側の証人に反対尋問をしたことはなかった。しかし、この日は違った。国の代理人は攻撃的な反対尋問を行った。芝池教授がひとつひとつことをもなげに切り返すため、国の代理人はますます感情的になって執拗な反対尋問を繰り返した。それほどに国も危機感を持ったということである。

＊一審判決は「国家無答責」で敗訴

平頂山事件第一審は二〇〇二年六月二八日、判決の日を迎えた。東京地方裁判所は、弁護団が提出した証拠に基づき、平頂山事件の事実については原告の主張どおりの内容を認めた。しかし、

一審判決の日、東京地方裁判所前で。左から泉澤章弁護士、環直彌弁護士、楊宝山さん、大江京子弁護士

日本軍による住民虐殺の事実を認定したが、「国家無答責」の法理で原告の請求を棄却した一審判決

損害賠償請求については、国家賠償法が制定施行される以前におけるわが国の法制度は、「権力作用に基づく損害について国又は公共団体は賠償責任を負わないとする国家無答責の法理が採用されていた」として、原告らの請求を棄却した。

三日後、弁護団から泉澤らが撫順に赴き、平頂山紀念館元館長や莫徳勝らに対し、一審敗訴判決の報告を行った。中国側の評価は概して厳しいもので、勝敗はともかく事実が認められたことは「一里塚」であり感謝するとの発言があった一方、判決や日本政府の対応に対する怒りと批判が集中し、また、裁判については、初めから期待していなかった等の醒めた発言も多かった。報告会の雰囲気は全体として暗く、希望を感じさせないものだった。その中で莫一人は、「日本も若者は新しい意識が芽生えている。この前の訪日のときに大学で講義をしたが、私の話は若者にショックを与えた」と自らの経験を話し、他の中国側出席者の発言に異を唱えた。また、中国側出席者が日本人の道徳観を批判し、日本の発展は見込めないと激しく攻撃する中、莫はそれを遮って、ただ一人矢面に立たされた泉澤をかばった。泉澤にとって生涯忘れられない思い出である。

＊平頂山事件七〇周年記念大会と広がる支援組織

平頂山事件訴訟を応援する市民グループは、それまで原告の来日に合わせてそのつど、「証言を聞く会実行委員会」を結成するスタイルをとっていたが、二〇〇一年の莫徳勝来日後から、

「平頂山事件の勝利を目指す実行委員会」として恒常的に活動をすることとなった。翌〇二年九月、実行委員会のメンバーら八〇名以上が平頂山事件の現場で挙行された平頂山殉難七〇周年記念大会式典に参加した。

午後は平頂山事件七〇周年シンポジウムが開催された。事件について日中の合同シンポジウムが開催されたのは初めてである。記念大会への参加は、その後の日中相互の信頼関係構築に計り知れない多くの成果をもたらした。とりわけ、平頂山紀念館や撫順市社会科学院（市の設置する社会科学研究機関）との間で協力関係を築けたことが大きかった。日本側参加者を驚かせたのは、紀念館館長から、中国国内で平頂山事件裁判の支援団体を結成したいという話が出たことである。

731部隊裁判には、中国でも支援団体が結成されている。平頂山の場合も同様に支援団体を結成したいと考え、すでに民間団体の結成を上層部に申請している。必ずやりましょう。撫順市側ももっと頑張らなくてはならない。中国政府が賠償を放棄していることもあり、民間でやっていかなくてはならない。個人的には、この件に関する要請を中国政府に対して強く言うことはできない。だから、民間運動が基本です。

✴控訴審・最高裁のたたかい

二〇〇三年二月、控訴審が始まった。平頂山事件の事実の持つ重大性を、裁判所が真摯に受け止めたならば、国の責任を認める解釈を模索するのが司法の任務ではないか。国家無答責や除斥（一定の時間経過による権利の喪失）などの理由で原告らの正当な権利を退けることは、法の目的である正義公平の理念に反し許されないはずだ。平頂山事件は「旧日本軍の中国における戦争行為・作戦活動に付随する行為」（東京地裁判決）として、戦争だから仕方がなかったと片付けられる性質のものではない。「戦争行為」の枠外で民間人を虐殺した特異な事件であり、戦争賠償一般の問題と同列には論じられない事件であることを訴えなければならない。

控訴審裁判の目標が定まっていった。

✴莫徳勝再び

満員となった東京高等裁判所の法廷に、間もなく八〇歳になるとは思えない莫徳勝の力のこもった声が響く。

平頂山事件からすでに七〇年が過ぎ去りました。この不幸な歴史を振り返ると、心を痛め、涙せずにはいられません。

静まり返った法廷の中で、怒りと深い悲しみをたたえて、莫の渾身の訴えが続く。

匪賊（ひぞく）に通じているという汚名を着せられたまま、平頂山の住民が虐殺されてから七〇年が経ちました。平頂山の生存者である私は、日本軍が行った住民虐殺を目撃した証人です。私の家族、そして三千人余りの同胞に思いを馳せない日はありません。血と涙が残るこの歴史、動かぬ証拠が山ほどあるこの虐殺事件。私は被害者たちのために正義を申立て、公正な道理ある判決を求めます。これは歴史が私に与えた使命です。この使命を果たすために、私は裁判を起こしました。

莫の来日は、これで最後となった。まもなく莫は、病を得て入退院を繰り返すようになる。口頭弁論の翌々日、「平頂山事件の政治的解決とは何か。莫さんの考えを聞かせてください」と聞いてみた。

それまでくつろいで談笑していたのだが、莫は、表情を厳しくして居住まいを正した。莫は静かに、一言ずつ力をこめて語りだした。

第一に、日本政府の名義で、かつ、日本政府の費用で、謝罪の碑を建ててほしい。侵略の事実・平頂山住民虐殺の事実を認め、それが間違っていたということを、碑に銘記してほしい。日本に本当の真摯な反省の気持ちがあるなら、行動で示してほしい。

私は、一九九七年三月、日本から帰った後、中国で、自分が日本で体験したことを何回も講演した。大多数の日本人は友好的であると私は話したが、聞いている中国人は、すんなりと信用しようとはしない。もし、日本が謝罪の碑を建てるという行動を起こせば、アジア全体にも影響を与えると思う。みんなが、日本は、口先だけでなく本気だとわかる。小泉首相が靖国神社に参拝している。日本の軍国主義の体質や野心は消えていないと中国人はみんな思っている。もし、日本政府が、この具体的な行動をすれば、こういう問題も解決するだろう。

第二に、三千人の亡くなった同胞のために、償いを態度で表明してほしい。謝罪をしても賠償をしても、亡くなった人にそれを届けることができない。亡くなった人に対する一番の供養として、日本国の費用で陵苑を建ててほしい。

三番目は、以上の最終解決にあたっては、（原告である）我々三人以外にも、ほかに生存者がいるのなら、是非、その人たちの意見も尊重してほしい。

帰国した莫は、その後病に倒れ、病床から手紙をくれた。そこには、平頂山大虐殺事件が私たち両国人民を再び結び付けてくれました。弁護団そして支持者の皆様方が、正義を広く訴え、日中両国人民の友好、世界平和、そしてかつての歴史の悲劇を再び繰り返さないために、ありとあらゆる苦労をいとわず、両国人民の心と心を近づけてくれました。その行動は両国人民の敵対感情とわだかまりを取り除き、友誼と連帯をさらに一歩促進させました。あなた方の尽くされた全ての行為に対し、私たちは心から敬意を表します。

と書かれていた。

＊「除斥」の壁に挑む

控訴審で弁護団は、国家無答責について民法学者の立命館大学松本克己教授と勉強会を重ねた。松本教授は膨大な文献調査により、国家無答責の法理が確立したとされる明治期においても、国家の行為には原則として民法が適用され国家の責任を問うことができたとする意見書をまとめ、弁護団はこれを証拠として裁判所に提出した。各地の戦後補償裁判においても、国家無答責の法理を否定ないし適用しない判決が相次ぐようになり、残された最大の課題は「時の壁」である「除斥」に絞られていた。

平頂山事件が起きたのは、七〇年以上も前である。裁判での原告たちの請求の根拠となったのは「不法行為」責任であるが、この請求権は事件のときから二〇年経つと「除斥期間」という「時間の壁」によって、問答無用で消滅してしまうと解釈されるおそれがある。そこで弁護団は、原告たちが一九九六年に提訴するまでは、そもそも裁判を起こすこと自体が不可能であったこと、そうした困難な状況にありながらも、原告たちは最大限の努力を尽くしてようやく裁判に漕ぎつけたことを証明する必要があった。こうして、訴訟を起こすことができるようになった経緯を改めて聞き取るため、二〇〇四年一〇月、弁護団は方素栄の住む昆明に向かった。

✴方素栄が裁判を提起するまでの長い道のり

聞き取りを通じ、方が提訴を実現させるため、早い段階から必死になって動いていたことが初めてわかった。

発端は、冷戦終結直後の一九九二年五月の新聞に、北京の童増（トンザン）という学者についての記事が出ていたことだった。このとき童増は、一九七二年の日中共同声明で放棄されたのは中国政府の賠償請求権だけであって、中国国民の日本に対する賠償請求権は放棄されていないから、個人の賠償請求は可能であり中国外交部もそのことを認めている、と主張していた。

方はこの記事を見て初めて、自分が日本政府に損害賠償請求できるかもしれないと考え、まずは童増に手紙を書いた。八月には撫順に行き、莫徳勝と楊宝山に接触することができた。二人とも、平頂山事件の幸存者として、日本政府に損害賠償請求を一緒に行うことを賛同してくれた。そして一九九五年の年末に来た童増からの手紙には、「慰安婦」問題と強制連行問題ですでに日本で裁判を起こしたこと、翌年一月に日本の弁護士が北京に来て平頂山事件についての聞き取り調査を行う予定であることが書かれてあった。こうして、方素栄はようやく日本の弁護士と会うことができたのである。

＊控訴審最終弁論

二〇〇五年二月一八日、東京高等裁判所で平頂山事件の最終弁論が始まった。弁護団団長の環直彌が、本件訴訟の意義と裁判所の任務について弁論した。

人権の固有性に鑑みるとき、たとえ明治憲法下であっても、人間の尊厳は尊重されなければならない。本件訴訟は、国内はもとより国際的にも注目されている裁判である。裁判所が本件事件の事実と日本国の責任を明確に認め、日本国に賠償責任を負わせることは、控訴人らの人権の回復のみならず、日本の司法の良識を国際社会に知らしめることになる。さらに、事件後一貫して国際社会を欺いていた日本政府の態度を改めさせ、国際社会における日本国への信頼を築かせる契機となるものであり、それは未来の平和の礎になるものである。裁判所が、司法の果たすべき役割や本件が国際的にも注目を浴び、歴史的にも重要な意義を有することを十分に自覚したうえで、控訴人らの人権救済に適う判決を下されることを強く願うものである。

控訴審は結審した。その映像はＣＣＴＶ（中国中央電視台）を通じて中国全土に放送された。平頂山事件は一躍中国でも有名となった。四月には、撫順で裁判の支援団体「平頂山惨案在日訴訟撫順市民声援団」が結成された。

＊またしても国家無答責で敗訴

事件から七三年、最後の望みを裁判に託した原告たちの痛切な願いと、これを支援した日中の人々の期待は、東京高裁判決により打ち砕かれた。またしても国家無答責の法理による敗訴であった。「本件各控訴を棄却する。控訴費用は控訴人らの負担とする」。あまりにも短すぎる言葉。傍聴席から怒りの声があがる。しばらく呆然として立ち上がれない。たった数秒の言葉で、何年間もの裁判への思いが断ち切られていく。何十年も苦しんできた原告の気持ちが宙にさまよう。渡っていたつり橋の向こう側から切り落とされたような感じがした。

しかし、原告の楊宝山は気丈だった。判決後の報告集会、記者会見をこなし、落ち込んでいる支援者や弁護士たちを慰める。

日本政府は頑固だ。しかし、この事件のことは多くの日本人に知ってもらえたからそれでいい。これからも広く知らせていってほしい。最後の勝利は私たちにあると確信している。

二〇〇六年五月一六日、最高裁判所は原告らの上告を棄却し、受理しないとの決定を行った。あっけなく、平頂山事件の裁判は終結した。

＊一〇年間の裁判が残したもの

二〇〇六年六月、弁護団は報告のため昆明と撫順を訪ねた。方素栄は、こう語った。

私はもともと、国を越えて、国境を越えて裁判を起こせるとは思っていなかった。しかし弁護団と出会い、国境を越えて裁判を起こす希望が見えてきた。

日本の支える会を始め、実行委員会、日中友好協会が陰で弁護団を支え、見えないところでお金を、体力を使って裁判を支援してくれたことについて、心から感謝を申し上げます。日本にこれまで三回行ったけれど、忙しいのに日本の皆さんが自分たちのために集まり、支援したりカンパしてくれることについて、私はとても深い感動を覚えます。皆さんがこれだけのたくさんの苦労をしてくれたという事実は、生涯、永遠に忘れないと思う。それは私だけでなく、私の夫も私の子どもたちもです。

自分は日本人を憎んでいました。戦犯管理所の所長には「日本人と日本軍国主義は違う」と諭されても、自分は日本人を憎んでいました。しかし、この裁判で市民や弁護士と知り合って、私の心も氷解したのです。

この二日間、日本からの弁護団を待ちわびて、居ても立ってもいられませんでした。とても嬉しくとても会いたくて。私は日本人を恨んでいたけれど、弁護団と日本の市民と知り合ってとても幸せです。この気持ちを心の中で、大切にずっと持ち続けていきたいと思っています。本当にありがとうございました。

弁護団は辛い思いをして裁判をやっているのに、報いられるものもない。その姿を見て、私はとても感動しています。一〇年間ずっとそうだったけど、(弁護団は)渡航費を負担し、他の仕事もできないし、経済的負担もあると考えると、とても心苦しいのです。私が直接知っているのは平頂山弁護団であり裁判なのでそれについて言っていますが、他の事件もきっととてもたいへんなんだと思います。この事件でも、いろんな資料を調べたくさんの書面を書いてくれたことについて、とても感謝しています。

一〇年といっても、最近よく考えます。人生に何回の一〇年があるのか。その一〇年を捧げてくれたことについて、感謝したいです。私一人の力は限られていますが、弁護士や市民の力を借りて、こんなに多くの人に事件の事実を知らせることができました。

心配をしないでほしいのは、私たちはそんなに心が暗くなっていないということです。私は今回の結果は、勝訴ではなかったが勝利だった、裁判所が事実を認めたことは決して小さなものではないと思っています。最後に、弁護団から、これで決して活動は終わらないし最後の解決まで頑張ると言ってくれたことは、とても嬉しかったです。事実が認定されたことは嬉しいことですが、さらに今後も活動を一緒に続けていけることはもっと嬉しいのです。これからも力を貸してください。

（大江京子）

Ⅱ 南京虐殺・無差別爆撃・731部隊事件

一九九五年八月七日、日中戦争の被害者が日本国を被告として、東京地方裁判所に損害賠償請求訴訟を提起した。原告は、南京虐殺事件のときに強姦未遂に遭い、殺害されかけて一命をとりとめた李秀英(リシュウイン)、福建省永安市で母親とともに無差別爆撃に遭い、片腕を失った高熊飛(ガオションフェイ)、夫や父親を731部隊の人体実験によって殺された敬蘭芝(ジンランジー)、王亦兵(ワンイービン)らである。原告は、次々に被害の実態、その後の困難な人生を法廷で証言した。一九九七年一〇月には、王亦兵の父親を731部隊に送致した元憲兵・三尾豊氏も証言台に立ち、自らの経験を語った。

中華人民共和国は一九四九年に建国されたが、その後の中国国内は文化大革命などの混乱が続き、中国人被害者は対外的に自らの被害を訴える方法がなく、半世紀にわたり沈黙を強いられてきた。日中戦争の被害者、さらには加害者が初めて日本の法廷で証言するという歴史的な裁判の幕開けであった。

被害者・加害者たちの証言

＊南京虐殺事件

一九三七年七月七日、盧溝橋事件が勃発した。北京郊外の盧溝橋で軍事演習をしていた日本軍が発砲を受けたとして中国軍との軍事衝突に発展、日中戦争が本格化する。

八月には日本軍が上海に上陸、当時の中華民国の首都南京の攻略を目指した。一二月一三日、南京に入城した日本軍は、中国軍兵士や民間人に対し略奪、虐殺、強姦などの行為を繰り返した。これが世に言う「南京虐殺」である。日本人研究者による少ない見積もりでも犠牲者数は四万人、中国政府はその数を三〇万人としている。極東軍事裁判（東京裁判）の判決では二〇万人以上、とされた。

いっぽう日本では中国の首都陥落を祝って全国規模の祝賀行事が行われ、皇居の周囲は市民のちょうちん行列で埋め尽くされた。

＊李秀英（リシュウイン）——全身二九カ所を刺された一九歳の妊婦

李秀英と申します。一九三七年一二月に南京で起きたことについて話します。

日本軍が上陸する直前までは夫とともに上海に住んでいましたが、戦争で危険になり、夫と離れもともと住んでいた南京に戻ったのは、三七年の九月のことです。戻ってみると日本の飛行機が毎日飛んできて爆撃をしており、たくさんの人が避難していた南京は混乱状態でした。一二月の初めには、各国の大使館が設置したという国際安全区に、私は避難しました。まさか日本軍が南京まで入って来るとは思っていませんでした。

避難したのは、外国人の子どもたちのために作られた小学校の地下室です。およそ七〇人くらいの人が避難していて、女性はそのうち二、三〇人だったと思います。手前に大きめの部屋があ

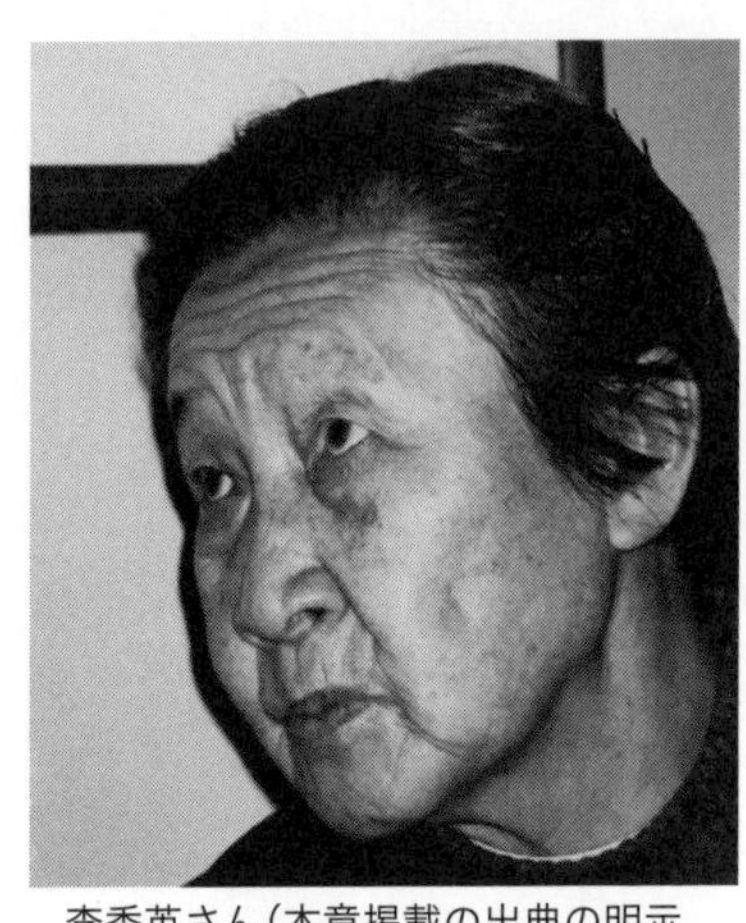
李秀英さん（本章掲載の出典の明示のない写真はすべて、南京虐殺・無差別爆撃・７３１部隊事件弁護団提供）

り、奥には小さめの部屋があって、女性は奥の部屋に隠れていました。地下室から地上に出ることは危険ということで、女性や子どもは地上に上がることはなかったのですが、地下室には炊事場がないため、食事を作るときは、年寄りの男性たちが地上に上がっていました。

日本兵が南京に入城したことは、食事を下に持ってきた年寄りの話で知りました。十字路のところに日本兵が機関銃を据えていて中国人を見たらすぐ発射して殺したりするので、絶対地上に上がってはいけない、と言われました。

一二月一八日の朝、食事を作った年寄りの人たちが、たぶん玄関を閉めるのを忘れてしまったのだと思います。その日の午後、日本兵がやって来ました。日本兵は、手前の大きな部屋から、若い男性たちだけを連行しました。中国兵だと言われて連れ出されたのですが、彼らは兵ではありません。ただの市民です。奥に隠れた女性たちの息子や夫、お父さんです。自分は兵ではない、と弁解しても通じません。彼らは二度と戻ってこず、町で会うこともありませんでした。

翌一九日の午前中、日本兵は女性目当てに、直接部屋に入ってきました。女性目当てと思ったのは、その前に年寄りから、避難した場所の向かいにある建物の中で、毎日日本兵が女性を連れ込んで輪姦しているとの話を聞いていたからです。部屋に入って来た日本兵は、年寄りと子どもを押し分けて若い女性に向かって来ましたから、すぐそれだと思いました。

日本兵は女性を連れ出そうとしました。女性たちは泣いたり叫んだりして、ドアの枠をつかんだりして抵抗しました。家族は怖くて、皆一緒に泣きました。私は当時まだ一九歳で、夫の子を妊娠していましたから、強姦されるよりは自殺した方がいいと、頭を壁にぶつけました。貞操は中国の女性にとって、命の次に大事なものです。連行されたら暴行されると思い、自殺することを決めたのです。私が死ねばお腹の子も死にますが、他のことは頭にありませんでした。私は気を失い、日本兵が他の女性を連れ出した後、残った人に介抱されて低いベッドに寝かされました。連れて行かれた女性たちは戻ってこず、その後会ったこともありません。

午後になって、三人の日本兵が再び部屋に入ってきて、女性の叫び声で意識が戻りました。二人の兵が、抵抗する女性二人を連れ出しました。残った一人が私のベッドの前に来て、他の人たちを外へ追い出しました。私のかけていた布団をはぎ、服を脱がそうと、綿入れの中国服のボタンをはずそうとしました。

私は、右手で日本兵の剣を取り上げました。兵は両手で私の右手をつかんでしまいましたから、私は左手で兵の襟をつかみ、勢いで立ち上がって、兵の両手をかんだりして抵抗しました。日本兵が叫ぶと、聞きつけた二人の兵が戻ってきました。

日本兵は銃剣で、私を刺しました。背中に壁がありましたから、襟をつかんだ日本兵を盾にしていましたので、まず左足の外側を刺されました。次に顔を刺されました。右を見せたら右、左を見せたら左の方を刺されました。右の頬骨が今もずれています。左の頬がへこんでいるのは、そのときの傷です。鼻、首、目の下も刺され、後でわかったのですが、全部で二九カ所を刺されました。顔は血だらけで、最後にお腹を刺されて、私はうつぶせにそのまま倒れ、気を失いました。

そのとき父は食料を探しに外に出かけていたのですが、私のことを聞き、あわてて駆けつけてくれました。私の顔は血だらけで、どこが目か鼻かまったくわからない状態で、びっくりしたそうです。父が鼻のところに手を当てても息がなく、呼んでも返事をしなかったことから、父は私がもう死んだと思いました。避難しているもう一人の人と一緒に、外で私を埋める穴を掘りました。で、板で私を運んでいたときに、一二月の寒い時期ですから、冷たい空気に触れた私の鼻の穴から血混じりの泡が出てきて、それで私がまだ生きていることに気が付きました。それから病院に運んだのです。

病院で撮影された動画（米国人牧師ジョン・マギーが撮影した映像）に映っていた一九歳の妊婦は、私です。顔が非常に膨らんでいて、血で髪の毛が固まっていたので全部短く切られています。入院の翌日、お腹の赤ちゃんを流産してしまいました。二カ月間の入院の間、目は何も見えない状態で、退院してからも、はっきりとは見えません。雨の日、天気が崩れる前は必ず目に兆候が現れて、涙が流れます。左頬の骨は欠け、右の頬の骨はずれていて、今も顔を洗うときに痛みます。顔は女性にとって命です。そういうひどい顔になってしまい、退院しても外出もできない状態でした。若いころは傷は特に目立ちました。元々は肌が白くて、美人だと言われるくらいだったのが、外出もできませんし、どこに行っても変な人だと、気味が悪い、気持ちが悪い人だと思われました。仕事にはとても就けない状態で、日本が中国から撤退した後も、後ろ指をさされるのがいやで、ずっと仕事はできませんでした。中国では共働きが原則なのに、普通の家の半分しか収入がなかったのです。

子どもが生まれてからだんだん生計が苦しくなって、友達に助けてもらったり、古着をもらったりして何とか生活してきました。一番苦しかったのは、出血多量で体質が弱ってしまい、病気になっても病院に行けなかったことです。中国では働かないと医療保険がもらえませんから。子どもたちは、少し大きくなってから、落花生やそら豆の皮をむく作業を家でやって、収入を助けてくれました。子どもたちは幼稚園にも行けず、組合からお金を借りて小学校の学費を払ったりしました。流産した子どものことはよく思い出します。その子がいてくれれば、家計をどんなに助けてくれたかと思うと、本当にむなしいです。

日本では、南京事件はなかった、大虐殺はなかったという話があるそうですが、それを聞いて怒りを感じます。何と言おうと、事実は事実です。私の被害もそのなかで起き、私の命は、お腹の赤ちゃんと引き換えに残ったのです。

もう事件から六〇年が経って、やっと今日法廷に立つことができました。この六〇年間、私はずっと不自由を背負ってきました。他の家庭を見て、子どものことを思い出します。人の働く姿を見てもうらやましかったです。公正な裁判官たちに私の苦しい体験を理解して、公正な判決を下してほしいと強く希望しています。


（一九九七年二月一二日　東京地方裁判所）

＊日本軍の無差別爆撃

戦時における無差別爆撃は、一九三七年四月にドイツ空軍が行ったゲルニカ爆撃が最初とされる。南京を占領した日本軍は、臨時首都となった重慶はじめ中国の各都市に、執拗に爆撃を繰り返した。中国側のまとめでは、日本軍が一九三九年から四一年にかけて重慶周辺で行った空爆は二百回以上にわたり、直接の死者だけで一万人を超える。訴訟の原告となった高熊飛（ガオションフェイ）は、一九四三年に福建省永安市で爆撃を受け、右腕をなくした。

都市に対する無差別爆撃は非戦闘員を殺戮の対象にする行為として、国際法に違反する戦争犯罪である。しかしアメリカ軍が日本の各都市に対し無差別爆撃を行ったこともあり、戦後の極東軍事裁判では、日本軍の無差別爆撃が加害行為として追及されることはなかった。

✴高熊飛(ガオションフェイ)――母子で片腕に、困窮を極めた戦後

高熊飛、五九歳です。中国の大学で数学の助教授をしています。私は四歳のとき、日本軍の爆撃により右腕を失いました。

爆撃があった一九四三年一一月四日午後一時ごろ、私と母、二人の妹は、福建省永安市の自宅で、昼ご飯を食べていました。爆撃が始まり、母は子どもを食卓の下に隠し、その上を布団で覆いました。母も全身を食卓の中に隠して、右手で布団の端を押さえていました。爆弾は中庭の隅近くの道路上に落ちました。爆撃を受けて、私の右手が飛んで行ってなくなりました。母の右手もなくなり、血が流れて、天井や壁、床に血が付きました。私は翌日の朝、病院のベッドの上で、麻酔が切れて激痛で目を覚ましました。のどが渇いてたまりませんでした。目まいもしました。右手の支えがなくなりましたから、起き上がることができませんでした。母は同じベッドに寝ていて、私は母の足元のところで寝ていました。母も昏睡状態で、私が呼んでも反応がなくて、泣きました。

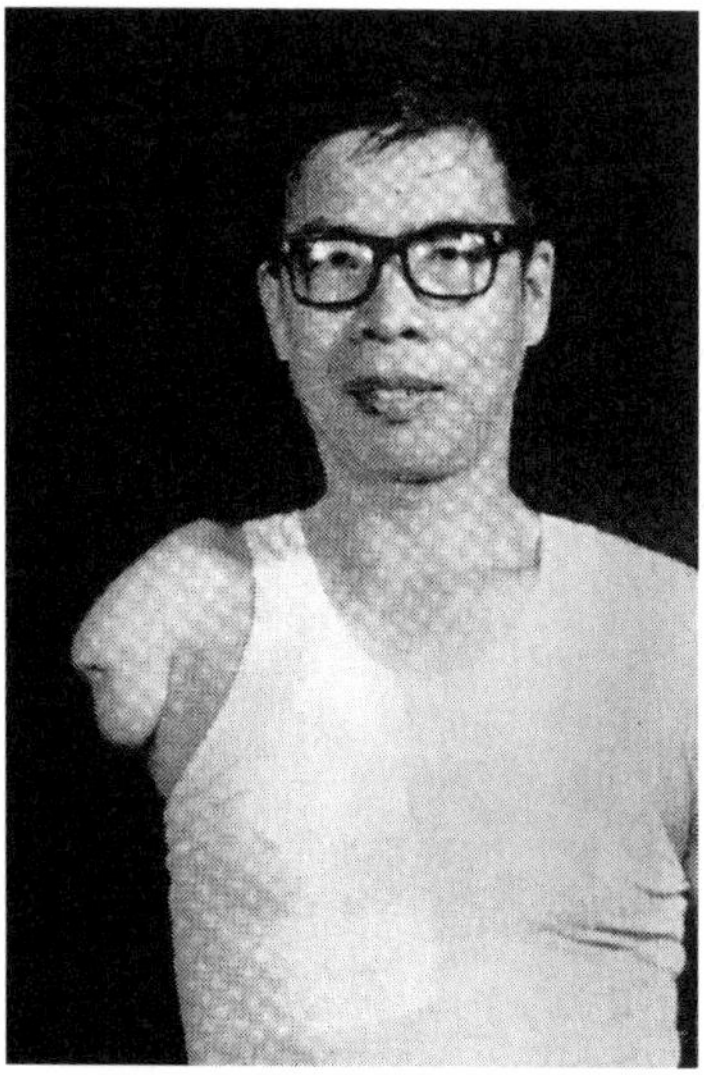

後から聞いた話では、その日、一六機の日本軍機が

高熊飛さん

永安市を爆撃しました。人口の密集したところにまず焼夷弾を投下し、人々が火を消したり家財を持ち出したりしているところに、さらに爆弾を落としたり、機関銃で掃射したりするというやり方でした。爆弾の数は二百発余りになります。九七八棟、部屋の数にすると一万部屋くらいが被害を受けました。木の上や電線に内臓や手足が引っかかっていて、あらゆるところに生臭いにおいや焼けただれたにおいが立ち込めていたそうです。永安市は三万人の人口があったのですが、罹災者は一万人で、死傷者の数は千人を超え、大火事は三日三晩続きました。爆撃から半月たっても、五百体余りの無縁仏がまだ異臭を放っているという状態でした。

これも後から聞いた話では、近所の人たちが私たちを救急所に運びました。医者は私たちの傷の具合を重いとみて、それぞれに強心剤を打ち、それから私たちは、日本軍の空襲を避けるため町の中心部を離れ山間に作られた福建省の病院に運ばれました。病院の前には重症の患者が長い列をなし、私たちを戸板で担いできた人は、私たちが動かないのを見て、もうすぐ死ぬと思い病院の前の畑に放置しました。そこへ院長が町から帰ってきて、私たちを見つけ、傷が重いのではないかと思い、先に診てくれました。まず私の、次に母の手術を行いました。二人の手術の時間は合わせて三時間かかったそうです。

母は当時三〇歳で、病院の看護師長をやっていましたが、その後大変な苦労を強いられました。父が仕事に出かけているときは、一本の腕で自分の身の回りのことをしなければいけませんし、家事をしたり、三人の子どもを養うこともしなければいけませんでした。二人の妹はまだ小さくて、一歳と三歳だったんです。家の中の仕事は、母の一本の手で、私も一本の手で、二人の一本ずつの手を合わせてやっと一人分のことができる状態でした。一人がタオルの一方を持って、もう一人が反対側を持って、二人で絞って顔を洗うとか。野菜を切るときも、一人が野菜を持って、一人が包丁を持って切ります。マッチを擦るときも、服を洗うときも、妹たちの世話をするときも、二人で一人前という形でした。

母は爆撃後体が弱くて、翌年の春に二回意識不明に陥りました。心理的にも非常に大きなショックを受け、元の仕事にも戻れず、中国では当たり前の共稼ぎができなかったため、経済的にも苦しい思いをしました。実家に戻ったときには、ご飯を食べるだけで働かない、みっともない服を着ている乞食だと、祖父から言われました。ショックを受けた母は、何度か自殺を図りました。一九四八年春に村の川で橋の上から飛び降りましたが、私の三番目のおじさんによって救い出されました。救い出されても、母は、生きることも許されないし、死ぬことも許されないと言っていました。そして村の中に行って、日本人が私をこんな苦しい目に遭わせて、私はもう行き場を失ってしまった、これはすべて日本人のせいだというふうに、大きな声で叫んでいました。

村の人たちが同情して、母に、強く生きてください、子どもたちを置いて行ってはダメだというふうに言いました。私たち子どもも、泣いて母の周りを囲んで、強く生きていくように、私たちも支えていくから、というふうに言いました。大きくなったら、きっと私たちが日本政府に対してこの無念を晴らすから、と言いました。

私は右腕を失ってから、バランスを失ってよく転びました。右肩と右肺の発育が不全で、気温がちょっと低くなりますと、切断した部分に鈍痛を感じて苦しい思いをし、ときどき眠れない夜もありました。小さいときは子どもたちによくいじめられました。頭を引っ張ったり、首筋から泥を入れたり、髪の毛に砂をまいたりするのです。手のない私が抵抗できないのを見て、蹴ったり、びんたを食らわせたりもしました。どうして人は私をこうやって差別するのか、いじめるのかとずっと思っていて、誰も人が住んでいないところに住みたいと思っていました。

高校進学のとき、杭州市のどの高校も私の申込みを受け付けてくれませんでした。国が障害者を教育するのは浪費であると言うのです。私にとっては青天の霹靂で、もう私の人生は終わるのではないかと、とても悲しくなりました。私はこの不幸な境遇を、新聞社に投稿しました。反響があり、教育庁長が私に会ってくれました。成績表や卒業証書を見せ爆撃を受けたときの経過などを話すと、庁長は「私の願い」という作文を書くように言いました。私は、一生両親に養われ、社会から救済されるような人にはなりたくない、まして母も障害者なのだからなおさらだ、さらに自分を磨いて、国や社会のためになる有能な人材になりたいと書きました。庁長は受験の機会を与えてくれ、高校に進学しました。私は杭州市の中でも二番目の成績だったそうです。その後も大学進学や結婚、就職、転勤のとき、同じように大変な目に遭いました。

日本政府に対し損害賠償請求をしようと思ったのは、腕を失った小さいときからです。一九九一年に新聞に載った童増(トンザン)氏の文章を見て、日本政府に賠償請求できるのでは、と具体的に思いました。翌年、日本の天皇が訪中した際には、北京の日本大使館に、日本政府の謝罪と賠償を求める要求書を、合わせて三通送りました。反応がありませんでしたので、童増先生にお会いしたところ、日本の弁護士を紹介されたのです。

私たちの被害の事実は明らかです。証拠も確かです。日本政府に謝罪と賠償を求めますが、これは私の家族、友人たちの五〇数年の長きにわたる強い要求と願望でした。私には、普通の、健常者のような幸せな少年時代はありませんでした。日本の軍国主義が、私から幸せな少年時代を奪ってしまいました。そして母の生涯を苦しみと不幸のどん底に陥れ、また私たち一家も苦痛と不幸にさいなまれました。私は中国にいる数多くの被害者の一人にすぎません。私たちは、全世界の多くの人が平和に暮らせるように、日中両国の友好のため新しく素晴らしい二一世紀を迎えられるように、日本の裁判所が、人道、平和、正義、真理と人間の尊厳の立場から、公正で理にかなった判決を下されるよう、心から希望します。

（一九九八年七月二九日　東京地方裁判所）

ハルビン郊外の平房に残る、731部隊が撤退するときに爆破した建物のボイラー跡
（笠原十九司著『日中戦争全史』下巻〈高文研刊〉から転載）

＊731部隊

７３１部隊は一九三六年、国際法で使用が禁じられていた毒ガスや細菌兵器の開発・製造を目的として、満州ハルビン郊外に設けられた。正式名称は関東軍防疫給水部、初代部隊長石井四郎の名前をとって「石井部隊」ともいわれる。中国人やロシア人捕虜をペスト菌やコレラ菌に感染させて生体解剖を行ったり、凍傷実験に用いたりし、三千人以上が虐殺されたといわれる。生きたまま人体実験の材料になった人々は、部隊内では「マルタ」と呼ばれ、生存者は一人もいない。日本の憲兵隊は捕えた抗日戦士らを「特移扱」（「特別移送」として扱う）として７３１部隊に送り込んだ。一九四五年八月の敗戦時、証拠隠滅のため施設は爆破され、監禁されていた捕虜は殺害された。

＊敬蘭芝（ジンランジー）──夫を731部隊に送られ、自身も激しい拷問を受けた

敬蘭芝と申します。夫である朱之盈（ジュージーイン）に起きたことについて話します。

私は一九三九年、一七歳のときに夫と結婚し、黒竜江省牡丹江市に住んでいました。夫は鉄道の工員をやっており、体は健康で性格は温和な、穏やかな人でした。丸顔で、あごがとがっていて、目が大きく、とても元気そうでした。夫婦仲はとてもよく、私は幸せでした。

夫が二七歳だった一九四一年七月一七日のことです。夫は仕事に出かけたまま、帰ってきませんでした。夜七時ごろ、突然、日本の憲兵隊が五人やって来て、家の中をめちゃくちゃにし、私を本部に連れて行きました。憲兵は私に「敬子和を知っているか」と聞きました。敬子和は叔父の偽名です。私が「知らない」と言うと、服をはがされて裸にされ、殴ったり蹴ったりされ、ほとんど半殺しに近い状態まで鞭で打たれました。私は気を失い、外の小屋にある土間の一室に連れて行かれました。

毎日のように鞭で打たれ、拷問を受けました。四日目、鞭で打たれた私が気絶して、また意識を取り戻したとき、憲兵は一メートルくらいの長さの、直径三、四センチくらいの棒を取り出して私を打とうとしました。棒をふせごうとしたら私の左手の手首に当たり、手がだらっと下がりました。骨折してとても痛かったのですが、憲兵は全く構わない様子でした。

突然叫び声を聞きました。とても悲惨な声で、でもその声にはよく聞き覚えがあり、私の心を揺さぶりました。夫の声だったのです。憲兵は私を引っ張って別の部屋に連れて行きました。夫はその部屋にいて、十字状の木に縛られ、頭をだらりと下げていました。服が破れ、顔も体も血だらけでした。私はすぐに駆け寄って彼をゆさぶりました。すると夫は起きたのですが、憲兵がまた彼を殴りました。憲兵は夫にすがった私を捕まえて、下の部屋に連れて行きました。

それから二度と夫に会っていません。七日目に私は釈放されましたが、体中傷だらけで、体を引きずるように帰りました。何十年も前のことですが、自分が経験したことです。永遠に忘れることはありません。

同じころ、父も憲兵隊につかまっていました。七一日後に釈放されたとき、腰も真っ直ぐ立たないし、髭や髪が伸びていて、体中傷だらけでした。ひどい拷問を受けて、唐辛子入りの水まで飲まされたと言っていました。父は家に帰ってから血を吐き、病の床に伏して、一年もたたないうちに死にました。

私は夫と面会するため、憲兵隊に行きましたが、門を通してもらえず、会うことはできませんでした。その後、ハルビンの憲兵隊の通訳から、夫がハルビンの監獄に送られたと聞きました。731部隊のあった監獄です。ハルビンに引っ越した私は、一日中涙に暮れていました。悪夢を見ました。悪夢の中で夫は、木に縛られて血だらけになっていました。

今の私は足が不自由で、しゃがむことができませんし、腰も曲げることもできません。首のところに大きなこぶができて、今も治っていません。左手はほんの軽い物も持てず、左手で仕事をすることはできません。

夫が日本軍に殺害されたと知ったのは、一九五〇年のことです。私の母宛てに手紙が来て、ソ連の戦争の資料から、夫が殺されたことを知りました。一九八六年になって、731部隊陳列館の館長が私を訪ねてきて、初めて夫が731部隊に送られたことを知りました。館長は、夫が細菌生体実験の犠牲になったことを教えてくれました。私は胸が張り裂けそうでした。ひどい拷問を受けただけではなくて、細菌生体実験の犠牲になりました。ひどすぎます。もう二度と私の家族が帰ってくることはないのです。

裁判所には、厳しく法律に基づいて歴史を審判していただきたいです。日本政府は殺したり危害を及ぼした中国の人々に、また、迫害で体に傷を与えたその人たちに、罪を認めて賠償をしてほしいと思います。

（一九九七年一〇月一五日　東京地方裁判所）

＊王亦兵（ワンイービン）――父は人体実験で殺された

王亦兵と申します。父である王耀軒（ワンヤオシュエン）のことを話します。

王亦兵さん

父が逮捕された一九四三年一〇月、私は一〇歳で、父は四五歳でした。家族は天津に住んでいて、父は天津に工場を、北京や瀋陽に店を、農村には耕地を持っていて、比較的豊かな家だったと言えます。

当時私は北京の学校に上がっていましたので、父が逮捕されたときのことは、叔父から聞きました。日本軍が大連から憲兵隊を派遣し、天津警察と組んで、明け方に工場に入りました。ドンドンというノックの音と慌ただしい足音に、父は驚いて起き、慌てて後ろの窓を破って外に逃げました。そのとき、外のブリキ店の屋根の上に落ちてしまいました。その音で憲兵に見つかり、逮捕されてしまったのです。

父は天津の憲兵隊から何日か拷問を受けた後、大連に船で送られました。父は、ひざに棒を挟んで鎖の上にひざまずかされ、棒の上に重い物を載せるとか、無理やり唐辛子入りの水を飲ませるとか、火あぶりとかされたそうです。一九四四年の初めころ、ハルビンの731部隊に送られ、亡くなりました。

父が731部隊の被害に遭ったことを知ったのは、一九五九年になって、長春市の公安局の幹部からです。731部隊というのは石井部隊とも呼ばれ、人体を使って取り出した細菌を用いる細菌戦を行うための部隊であるということでした。生きた人を解剖したり、細菌の実験を行ったりしていて、父たちは人体実験によって殺されたということでした。

私の家では、父が生きて戻ってくることを待ち望んでいました。ほとんど涙も枯れるくらい待ち望みました。父を救い出すために土地を売り、残った土地にすがって、家族は生きてきました。中国の旧社会では女性は纏足(てんそく)です。母は纏足を引きずりながら田畑で農作業を行い、家に帰ると薄暗い明りの下で深夜まで糸を紡ぎ、一家の生活を支えていました。そのうち、売る土地もなくなってしまいました。収穫の時期になると、よその家が刈り終わった田んぼに行って、残って散らかった稲を拾いました。飼料を拾ってきた稲に混ぜて食べたりしました。それでも足りなければ、人に借りるか、物乞いをしていました。私は勉学をあきらめ、一五歳のときに少年工になり、工場で働き始めました。収入はとても少なく、家計を助けることはできませんでした。その後の一生をダメにさせられたのです。

私の一生を振り返ると、また、私の家の変わり方を見ると、裕福で満ち足りた穏やかな家庭が、日本の残酷なファシズムの侵略軍によって、めちゃくちゃに踏みにじられたのです。我が家の誰もが心の中に深い傷を負いました。侵略戦争は人々に災難をもたらします。罪深い戦争など、くたばってしまえ。

（一九九八年三月四日　東京地方裁判所）

＊中国での残虐行為を認罪した元憲兵・三尾豊

三尾豊です。八三歳になります。一九三四年一月に軍隊に入り、一九四三年の今回の事件に関与しました。一九四五年から五六年までは、捕虜としてロシアや中国で過ごしています。

入隊後、非常に苛酷な訓練、古年兵の不条理なリンチで、憧れていた軍隊が嫌になってきました。憲兵は上等兵から営外に住むことができ、給料が非常に高く、また弾の来る第一線に出ることも少ないことから、憲兵を志願しました。一九三六年に憲兵として、チチハル憲兵分隊に配属されました。満州における憲兵の任務は、関東軍の治安工作、特に中国の抗日部隊に対する作戦の情報収集のほか、一般民衆の動向査察、特に中国共産党満州省委員会の策動に対する内偵、などです。

一九三六年の確か五月、部隊が出動した帰りに怪しい朝鮮族の女性一名を連行してきました。私は憲兵の上等兵になったばかりであまり経験はなかったのですが、この女性が朝鮮独立軍のスパイだろうとにらみまして、直ちに取り調べにかかりました。最初は上衣を脱がして竹刀で乱打します。女性はアイゴ、アイゴと言うだけで何も答えません。そのうち背中の皮膚が破れて血が噴き出す。それでも答えない。通訳にたしなめられて一応中止しましたが、翌日さらに激しい拷問をかけました。女性の下衣を脱がし、陰部に竹刀の先を突っ込みました。それでも、何らその女性から独立軍の情報を取ることはできませんでした。一週間ほど後、女性を釈放しました。

三尾豊さん

一九四三年六月、憲兵隊の無電調査班が、大連地区からソ連向けの怪電波をキャッチしました。無電の発信地は、大連市の海岸にある中国人の写真館でした。一〇月になってこの写真館を襲撃し、逮捕したのが朝鮮族の沈得竜です。ソ連の諜報員であったこの沈を、今度は日本側のスパイにしようということで、拷問はせず食事等を優遇するという懐柔工作を行いました。その結果沈が関係者として名を挙げた一人が、天津の王耀軒です。

私は天津で捜査に当たり、一〇月末の早朝、王耀軒の経営する紡績工場の労働者宿舎を襲撃し、門を蹴破りました。宿舎から一人逃げ出した者がいて、その裏へ私が飛び出すと、屋根の方から足を滑らせて一人の男が落ちてきました。これが王耀軒だったのです。私は王耀軒を大連憲兵隊に連行し、取り調べました。中国共産党の相当の地位にあるものだろうと考え、厳しく追及しましたが、私の期待する回答は一向に出ません。そこで拷問を始めました。

特に目新しい拷問ではありません。六尺（約一八〇センチ）机の上に寝かせて、手足を動かせないように縛り付けて、鼻にハンカチを掛けて水をちょろちょろとかけてやる。呼吸ができないので、供述すると言う。そこで水を止めて聞きますが、詳しく知らないと言う。

一向に取調べが進まないので、水拷問をやめて、足の裏をろうそくでじりじり焼く拷問をしました。しかし、結局中国共産党関係の情報を取ることはできませんでした。

検挙から約三カ月捜査が続きましたが、事件は沈得竜らによる国際諜報事件であることがはっきりしましたので、憲兵隊は沈や王耀軒ら四名を「特移扱」として731部隊に送ることにしました。当時、我々は731部隊という呼称を全然知りません。石井部隊と言っていました。石井部隊が何をしているかも、私たちはまったく知りません。ただ、あの部隊に一旦入ったら二度と出てこない非常に恐ろしい部隊であると。もう一つ、家畜に細菌を注射してソ連国境から放し、ソ連側の住民や部隊に伝染させることをやっているといううわさを、憲兵同士が話し合っていました。

王耀軒らのハルビンへの護送の命令は私に下りました。自分が取り調べをしても何も出てこない者を、一旦入れたら二度と出てこれない所に送るという非常に不愉快な命令でしたが、命令である以上これを拒むこともできませんでした。当時、特急アジアという列車が大連からハルビンまで行っていて、私は部下を指揮して、王耀軒らを列車に乗せました。王耀軒には、明らかに不安と焦燥が見えました。ハルビンに着いたのは夜の八時ごろでした。憲兵が出迎え、四人を護送車の鉄の扉から、豚の子を蹴り込むように車両の中に蹴り入れました。当時の状況は今も非常に、後味の悪い印象として残っています。

現在は、７３１部隊がいかにおそろしい部隊であったか、という認識を私は持っています。石井四郎という軍医中将が、細菌兵器を決戦兵器として、対ソ戦の場合、住民を含めて皆殺しをする兵器を造ると。その決戦兵器を造るためには、実験用の生きた人間が必要であると。一九三三年に実験を始めるわけですが、その当時は抗日軍の捕虜を使って実験をしていたので、さほど材料には苦労しなかった。しかし一九三八年ごろになると「満州国」の治安が確立して、戦闘による捕虜を手に入れることができない。そこで「特移扱」という、憲兵による人材確保を決めるわけです。私は資料を整理したのですが、撫順戦犯管理所に拘禁された憲兵、警察の供述によれば、五百人を超える人が特移扱で７３１部隊に送られている。撫順戦犯管理所に送られた憲兵の数は一〇四名、「満州国」全体の憲兵の数は五千名以上と言われていますので、満州全体の憲兵の数を考えれば、特移扱で送られた人の数は相当の数になるはずです。

先ほども申しましたが、私が送った四名、とりわけ王耀軒らについては、全く当時の憲兵の立場からしても、罪行というべきものは何もない。特移扱に該当しない普通の人が犯罪事件の一味として７３１部隊に送られたということです。私がこの四名を実験場に送り込んだこと自体、殺人行為であり、殺人者と言わなければならないと思います。人体実験の材料を運ぶ憲兵がいたからこそ７３１部隊が存立したわけで、このような運び屋がいなければ、石井の細菌兵器生産はできなかったと考えています。私は殺人者であったと、今認識しています。

一九九五年の夏に、王亦兵氏とお会いしました。王氏は、私に会ったとき、しばらく言葉が出ませんでした。おそらく、父親を殺した下手人に会って、気持ちを整理する時間が必要だったんだと思います。最初に言われたのは、君が逮捕したから731部隊で殺されたんだと。もし君が逮捕しなければ、父親は殺されるはずがない、何もしていなかったのだから、と。そうおっしゃったときに、本当に何とも申し上げる言葉もありませんでした。

私は、一九三四年から一一年間、中国大陸とりわけ満州において、731部隊送りといったような問題を含め、さらにそれ以上の大きな罪悪を重ねております。満州における憲兵は、満州全体の治安確立のための権限を持っておりました。憲兵自身、いばりちらして中国人民を弾圧し続けてきました。少なくとも満州における三千万の中国人民は、がんじがらめの状態に置かれたと、大きな監獄の中に置かれたと、客観的にはそのように私は思います。731部隊へ私が送りましたこの四名の被害者はほんの一部分でありまして、大連ほか（部隊の）五つの支部のいずれも人体実験をやっているにもかかわらず、この事実がまだはっきりしません。

さらに731部隊が化学兵器の実験のために、その他の満州の部隊と一体になって、ガス実験、ガス兵器の実施をやって、大変な数の中国人民を殺戮していますが、いまこのガス遺棄弾処理のために、日本政府が非常に困っております。ただ困っているだけでなく、その当時使ったガスの毒によって、二千人の被毒者が今も悲惨な生活にさらされているというのが実情です。これらについても憲兵がかかわっているわけで、憲兵は余りにも膨大な事件を扱っていたのです。

私は、私自身が経験した事実を通じて、もっと多くの国民に過去の侵略戦争の実態を知ってもらいたいし、認識してもらいたい。あまりにもこの過去の侵略戦争が知られていない。確かに南京大虐殺とか、平頂山事件とか、あるいは強制連行だとか、いろいろ出ておりますけれども、それぞれの事件のみであって、７３１部隊が行った細菌戦争という恐るべき皆殺しの戦争の実態が全く隠されていて、被害者の実態もわからない状態です。私は、残された生涯は短いですが、私自身が行った四人の被害者に対する謝罪の償いは、これらの事実を徹頭徹尾追究し、国民に知っていただくことだと考えています。日本政府がこのような事実に対し謝罪をし責任を取ることを、賠償することを願っていますし、そのことが国民全体の声となることを念願してやみません。

（一九九七年一〇月一日　東京地方裁判所）

裁判の経過

＊南京虐殺・無差別爆撃・７３１部隊事件弁護団の結成

「序　なぜ弁護士たちは立ち上がったのか」で述べたとおり、中国人戦争被害賠償請求事件弁護団は、小野寺利孝の呼びかけに応えた弁護士により結成された。弁護団を作るにあたって、小野寺は、中国人戦争被害者の訴訟には歴史認識に対する深い理解が必要であることから、当時家永教科書訴訟（二三ページ「注2」・一八六ページ参照）をたたかってきた弁護団の参加が不可欠であると考え、同弁護団を担った尾山宏弁護士に相談し、多くの弁護士が同弁護団からこの訴訟に参加することになった。弁護団の構成は、主にじん肺裁判等を担ってきた小野寺を中心とする弁護士、家永教科書訴訟を担ってきた尾山を中心とする弁護士、女性の人権問題を担ってきた弁護士、そして当時司法修習生だった新人弁護士など主に四つのグループが結集し、最終的には全体で五〇〇人以上が名を連ねる大弁護団となった。

南京虐殺・無差別爆撃・731部隊の各事件が一つの訴訟で提起されることになったのは、当時それぞれを別々に提訴するほどの弁護団を組織できなかったという物理的な理由があった。一方で南京における大虐殺事件、一般住民が犠牲となった無差別爆撃（日本が米軍の空襲を受ける以前に日本は中国国内で無差別爆撃を行っていた）、731部隊による人体実験は日中戦争における戦争犯罪として極めて重要な意味を有することから、それらをまとめて、家永教科書裁判を通じ歴史認識に造詣の深い弁護士で担うべきだという面もあった。

南京虐殺・無差別爆撃・731部隊事件弁護団は、尾山を弁護団長とし、家永教科書訴訟弁護団の渡辺春己弁護士を事務局長として発足した。

同弁護団に参加した南典男弁護士と中野比登志弁護士には、731部隊との因縁があった。弁護団結成を遡る一九九二年、東京都新宿区内の陸軍軍医学校跡地から発見された人骨を、新宿区が廃棄することとなった。しかし、この人骨については731部隊との関連性が疑われたことから、廃棄に反対する住民運動が起こった。この住民運動は、新宿区に対しては政府による調査が終わるまで当該人骨を保管すべきことを要望し、政府及び厚生省（当時）に対しては、731部隊との関連性が疑われる人骨の調査を行うべきことを勧告するよう求めるべく、日本弁護士連合会の人権擁護委員会へ人権救済の申立てを行った。住民運動団体からの依頼を受けて、人権救済申立てを行ったのが南であり、日本弁護士連合会の人権擁護委員としてそれを担当したのが中野であった。

このように弁護団の結集には、それまでの弁護士としての生き様から何らかの意味で日中戦争被害者の問題に関係していた人々が、引きつけられるように集まったという側面があった。

＊多岐にわたる訴訟活動

弁護団は、一九九四年から中国において数回の調査を行った後、翌年八月七日、東京地方裁判所に訴えを提起したが、弁護団の活動は多岐にわたった。

まず詳細な事実調査が必要であった。特に、731部隊の人体実験の被害については、そもそも原告は、当時人体実験をされた被害者「マルタ」の子孫であり、直接の被害者本人ではなかった。人体実験を受けた被害者は一人残らず殺されていた。

原告敬蘭芝（ジンランジー）の夫、王亦兵（ワンイービン）の父親が実際に731部隊に送られたことの立証はもとより、731部隊がどのような人体実験を行っていたのかを、資料等を分析して立証していかなければならない。日本の歴史学者らの知見を頼り、文献を読み込み、またハルビンの731陳列館に協力を求め、現物の資料等を確認するなどの作業が行われた。さらに、731部隊に関与した加害者側である日本人の証人の調査を行った。

一九九四年当時、まだ中華人民共和国は外国人に対して現在のように開放されていなかった。提訴後の一九九六年五月、弁護団は、現地調査のため北京経由でハルビンに向かった。同年四月から参加した山田勝彦は弁護士になったばかりであり、自分の父親くらい年の離れた大先輩である尾山や他の弁護士と共に、初めて中国に渡った。新人の山田は雑用係的な役割を与えられ、当時訪中のスーツケースの中の半分は、訴訟に関する資料、ヒヤリングのための大量のカセットテープと、訴訟を応援する市民団体「中国人戦争被害者の要求を支える会」が作成した通信『すおぺい』（中国語で「賠償請求」の意味）でいっぱいになっていた。

北京国際空港では、当時は人民警察のような職員が荷物検査を行っていた。約一〇名強の弁護団は順々に荷物検査をクリアしていったが、最後に通ろうとした山田だけが職員によって止められ、スーツケースを開けさせられた。職員は、訴訟資料、テープ、通信等を指さし、大声で何かを言っていた。山田は中国語に通じていなかったことから、つたない英語で説明しようと試みたが、職員に英語は通じない。そのうち、他の職員も集まってきて、七、八人に取り囲まれる事態になった。

山田は、以前に強制連行事件弁護団が北京で被害者を集めようとしたところ、公安（警察）に邪魔をされた話を聞いていたことから、自分はこのまま拘留されるのか、それとも強制送還されるのかと恐怖を感じ、先に入国ゲートを越えた弁護団に目で助けを求めた。しかし、先輩弁護団らはいずれも笑いながら山田を見ており、中には大きく手を振って笑っている者もいる。このとき山田は、弁護士業界の厳しさを身をもって知った。弁護団を迎えに来ていた通訳が機転を利かしてゲート内に入り、職員に対して山田の身分を説明して全員に同人の名刺を渡し、やっと解放されたのであった。

その後も、弁護団は731部隊跡地（731陳列館）の調査は当然のこと、原告である敬蘭芝が夫と共に戦中に活動をしていた黒竜江省牡丹江の当時の家や、日本の憲兵に捕まり、拷問を受けた施設（当時の小学校）なども現地調査し、映像や写真でその経過を立証した。

弁護団会議は、毎週のように行われた。事実関係の確定もさることながら、本件は歴史認識をもとに各事件をしっかりと位置付けることが必要であったことから、弁護団の歴史認識を共有する必要があった。また、法律論についても、これらの事件が中国で行われたことから、そもそもどこの国の法律によって判断するかという問題、国際法上（ハーグ陸戦条約三条）の損害賠償請求権が国家ではなく被害者個人にも認められるのかという問題、すでに提訴時には事件から二〇年以上経っていることから除斥・時効が成立するのではないかという問題（六六ページ参照）、戦争当時、日本は国家の行為に対して責任を負わないとする国家無答責の法理（五八ページ参照）が存在していたことから、その適用の有無の問題など、多岐の法律問題が存在した。

これらの問題は、いずれも先輩弁護士ですらあまり議論してきたものではなかったことから、弁護団会議では、ベテランから新人までがオープンに、対等に議論が行われた。ベテランの弁護士は若手の意見をよく聞き、また若手弁護士もベテラン弁護士の指摘を素直に受け止めた。そして、議論をした後は、必ずと言ってよいほど懇親会を行った。南京虐殺・無差別爆撃・731部隊事件弁護団は、よく調査し、学び、議論し、書面を作成し、そしてよく飲む弁護団であった。若手の弁護士は、この懇親の場で、先輩弁護士から弁護士としての思考、物事の捉え方から、生きるうえでの思想まで多くのことを学ぶことができた。

＊731部隊に所属した元兵士・篠塚良雄の証言

訴訟は事実に基づいて法的な判断をする場である。南京虐殺・無差別爆撃・731部隊事件では、加害の事実も立証をめざした。ここでは二人の「加害者」であった日本人について紹介する。

一人目は「被害者・加害者たちの証言」に登場した三尾豊である（九二ページ参照）。三尾は満州に派遣され、憲兵として活動をした際、王亦兵（ワンイービン）の父親である王耀軒（ワンヤオシュエン）を逮捕し、７３１部隊に移送した。一九九七年一〇月、三尾は東京地方裁判所で日本軍の戦争犯罪を加害者の側から証言した。苦渋と悔恨に満ちた三尾の証言に、法廷は衝撃と沈黙に包まれた。

二人目は、７３１部隊に関与した篠塚良雄である。なお、篠塚は王耀軒が７３１部隊に送られたときはすでに部隊を離れていたため、直接的には王耀軒の事件には関与していなかった。篠塚は以下のように証言している。

私は一九二三年に生まれました。一九三九年に実業学校に在学中、７３１部隊の航空班の班長という人が隊員の募集に来ました。先輩からの勧めもあって私は、これに応募したところ、同年、「軍医学校防疫研究室に来い」との指示を受けました。

一九三九年五月、私は中国に入り、ハルビン市郊外の平房にあった関東軍防疫給水本部特別班において、第四部隊第一課柄澤班に配属され、人体実験に携わりました。

一番印象に残っているのは最初の人でした。顔も白いしインテリ風の人で、私などが睨まれると、もう下を向くより他になかった。私なんか、いつも見られると、「愚か者」といわれているような感じを受けました。その人に細菌（ペスト）の毒力検査をしました。その人にはワクチンを注射しませんでしたので、最初に細菌に感染しました。注射をしてから、そう日にちが経っていなかったと思いますが、人が変わったようになって、人違いじゃないかと思うくらい真っ黒になっていました。

その人が解剖されるときに私は立ち会いました。まず特別班の班員によって瀕死の状態であったその人が解剖専門の場所に運ばれていきました。その場所は、タイル貼りになっていて、水道の蛇口もあるし、全部整っていました。つまり、もし血が出ても、床とかに溜まらずに、全部下に流れるようになっていました。私が最初に命じられたのは、その人の体を洗うことでした。「ゴムホースで水をかけてデッキブラシで洗え」と言われました。私は躊躇しましたが、洗いました。そして「顔はどうするのか」と聞いたところ「顔もそれでやれ」と言われました。目をつぶってやりました。最初のときは、やはり足ががくがくしました。

それから解剖が始まります。一人が聴診器を当てます。心音も確認し、その聴診器を外すと同時に、もう一人が解剖刀をとって、解剖を始めるのです。

私に命じられたのは、まず切り取られた臓器を、臓器ごとに容器に入れることです。私たちの目的は細菌の培養なので、その場で培養すべきものは培養します。まず確認されるのは、ペストによって死亡したかの死因です。そしてこの細菌をつかって次の大量生産に使う菌株にすることです。当時は、人間の体を通せば毒力が強くなる、発症力が強くなるというのが定説でしたから。解剖は三〇分くらいで終わりました。

＊被害者・加害者の壁を越えて

一九九五年七月、ハルビンにおいて「７３１部隊国際シンポジウム」が行われ、弁護団はこのシンポジウムに参加した。弁護団に対し三尾から、自分もそのシンポジウムに参加して被害者の方に会い、謝罪したいとの申し入れがあった。弁護団はその申し入れを受け、王亦兵に打診した。反応はあまりいいものではなかったが、弁護団の仲介ということもあって、王はシンポジウムの前日に会うこととなった。

シンポジウムの前日、宿泊ホテルのロビーで、三尾は緊張しながら、王と正対した。王もかなり緊張し、堅い表情をしていた。三尾は、自分が王の父親である王耀軒を７３１部隊に「特移扱」として護送したことを伝え、頭を下げて謝罪をした。王は、通訳を通じて三尾の言葉を聞いたが、しばらくは沈黙したまま、頭を下げる三尾を見つめていた。しばらくたった後、やっと口を開いた王は、三尾を強く非難した。それを聞いた三尾は再び王に対して低頭し、謝罪した。

三尾は東京地方裁判所一〇三号法廷において、王と会ったときのこ

三尾豊さんと王亦兵さん

とも証言した。すでに高齢で、体も小さく、痩せ細っていた三尾は、声を振り絞るようにして発言し、証人尋問を終えた。

一九九八年三月、今度は王が東京地方裁判所の法廷で証言をした。その傍聴席には、すでに癌に冒され、歩くのも精一杯の三尾が座っていた。三尾は、その後行われた裁判傍聴集会で、「自分は自分の加害の事実について語り、謝罪をしてきたつもりでいましたが、被害者のご家族の方がこれほどまでに辛い思いをしていることを知りませんでした。今日法廷で王亦兵さんの証言を聞いて、どんなに私が王耀軒さんやその家族の方々に辛い思いをさせてしまっているのかを改めて身にしみてわかりました」と涙ながらに語り、王亦兵氏に対して、再び頭を下げ、「申し訳ありませんでした」と謝罪した。

このとき、王は、優しい目をして、三尾に歩み寄った。これまでにすでに二度ほど会い、交流をしてきた三尾と王は、一緒に食事をするような関係になっていた。

その約四カ月後の七月二日、三尾は亡くなった。葬儀の際、王からの弔電が読まれたが、そこには三尾を「老朋友」（古くからの親しい友達）と語りかける言葉があった。

✴東京地方裁判所の判決

一九九九年九月二二日、東京地方裁判所の伊藤剛裁判長は、日中戦争と中国国民の被害について次のように判示し、正面から日本の「侵略行為」を認めた。この裁判は歴史認識そのものを問う裁判でもあったため、判決文には、通常は判決に盛り込まないであろう裁判所の独自の歴史観が披瀝された。

> 本件当時我が国が中国においてした各種軍事行動は、（中略）その当時においてすら見るべき大義名分なく、かつ、十分な将来展望もないまま、独断的かつ場当たり的に展開拡大推進されたもので、中国及び中国国民に対する弁解の余地のない帝国主義的、植民地主義的意図に基づく侵略行為にほかならず（中略）これによって多数の中国国民に甚大な戦争被害を及ぼしたことは、疑う余地のない歴史的事実というべきであり、この点について、我が国が真摯に中国国民に対して謝罪すべきであることは明らかである。

そのうえで、南京虐殺事件については次の通り事件の存在を認定した。

> 正式な命令のないまま強行された南京攻略は、日本国民の期待とあいまって、一二月一日正式に決定された。南京の特別市の全面積は東京

東京地裁判決後の記者会見

都、神奈川県及び埼玉県を併せた広さで、一一月末から事実上開始された進軍から南京陥落後約六週間までの間に数万人ないし三〇万人の中国国民が殺害された。いわゆる「南京虐殺」の内容（組織的なものか、上層部の関与の程度）、規模（「南京」という空間や、虐殺されたという期間を何処までとするか、戦闘中の惨殺、戦闘過程における民家の焼き払い、民間人殺害の人数、便衣兵の人数、捕虜の人数、婦女に対する強姦虐殺の人数）等につき、厳密に確定することができないが、仮にその規模が一〇万人以下であり（あるいは、「虐殺」というべき事例が一万、二万であって）、組織的なものでなく「通例の戦争犯罪」の範囲内であり、例えばヒトラーないしナチスの組織的なユダヤ民族殲滅行為（ホロコースト）と対比すべきものではないとしても、「南京虐殺」というべき行為があったことはほぼ間違いのないところというべきであり、原告李秀英がその被害者であることも明らかである。

さらに731部隊事件についても次の通り事実を認定し、また原告らの具体的な被害についても認定した。

石井四郎の細菌研究部隊は、すでに一九三四年ころから研究所を設置していたが、一九三八年に数十棟の建物を備えた研究所と附属の飛行場を（ハルビン郊外の）平房に建設した。細菌兵器の大量生産、実戦での使用を目的としていたもので、「丸太」と称する捕虜による人体実験もされた。一九四五年八月、証拠隠滅のため施設が徹底的に破壊された。（中略）右の存在と人体実験等がされていたことについては、疑う余地がないと認められる。

しかし判決は結論として、原告らの請求を棄却した。理由は、個人の賠償請求権について、

　個人が国家間の外交交渉によることなく、外国に対して過去の戦争被害につき損害賠償を求めることができるという権利を是認することは……紛争の火種を残すに等しく、将来の戦争を防止するという観点からして有害無益と考えざるを得ない……

とした。また、国家無答責の法理を採用し、日本による戦争行為は不法行為に当たらない、ともした。法的判断というよりも、政治的な判断を前面に出したような判決であった。

原告らは、当然にこの判決を不服として控訴した。

✴控訴審の争点

控訴審においては、国際法（ハーグ陸戦条約三条）における損害賠償の問題、どこの国の法律

が適用されるかという問題、除斥の問題、国家無答責の問題があり、さらに第一審において事実認定が曖昧であった高熊飛（ガオションフェイ）の永安市における無差別爆撃被害事実の立証が課題となった。既存弁護団だけでは広範な法的問題には対応しきれず、第一審のころから国際私法を担当してくれていた平頂山事件の弁護士の参加を得て、理論武装を行った。

控訴審は二〇〇〇年五月から始まった。弁護団は、第三回弁論期日である同年九月、立法不作為（法律を制定すべき国がその義務を怠ったことに対して認められる責任）による国家賠償法一条に基づく損害賠償請求を追加して主張した。加害行為から二〇年の除斥期間により請求を棄却されることに対抗するためである。国会は本来戦争被害者に賠償する立法措置をすべきであったのにそれをしなかったことについて、損害賠償を求めるとの主張を追加したものであった。しかし、東京高等裁判所は、翌年八月、立法不作為による損害賠償請求の主張を一方的に却下した。

二〇〇二年九月一二日、高裁で行政法学者の芝池義一証人及び原告高熊飛の証言が行われた。そして、同年一二月一九日に最終弁論を行うこととなった。原告と被告国の双方がそれまでに主張してきたこと及び立証してきたことをまとめるための最後の期日である。ところが国は、同日の直前になって突然、日中間の平和条約による個人の賠償請求権放棄という新たな主張をし、それを裏付ける書面として三三通の大量の証拠を提出しようとした。

弁護団は、証拠調べが事実上終了した後に新たな主張をすることは時機に遅れた攻撃防御方法であり、訴訟の信義及び当事者間の公平に反するとして、国の新たな主張を認めないよう裁判所に求めた。仮に裁判の終わりころになって新たな主張をすると、再度、それに対して反論や立証をしなければならなくなり、いつまで経っても裁判は終わらなくなってしまう。このため、裁判では「時機に遅れた攻撃防御」は許さず却下すべきとされている。実際に、前述のとおり、弁護団が主張した立法不作為による損害賠償請求の主張は、裁判所に却下されていた。

しかし、裁判所は、国のこの時機に遅れた新たな主張を認めることとした。裁判長がその判断を口にした瞬間、弁護団の数人から「裁判官三名を忌避する！」との声が飛んだ。

忌避とは、手続きの公平さが失われる可能性のある裁判官を裁判から外すことである。忌避の申し出がなされると、一旦裁判は中断する。そして、担当裁判官につき、手続きの公平さが失われているかどうかを別の裁判官が判断する。忌避相当であればこれが認められるし、忌避の理由がないと判断されれば、同じ裁判官（異動がない限り）が審理することとなる。

最終的に忌避申立てには理由がないということで却下された。そのため、控訴審は約八カ月間空転して二〇〇四年七月二九日、結審となった。実に四年の歳月を経て控訴審が終了したことになるが、一般に控訴審がこのように長い期間かかることはほとんどない。その意味では異例の裁判であった。

＊東京高等裁判所判決

二〇〇五年四月一九日、東京高等裁判所で控訴審の判決がなされた。

裁判所は、本件の争点は、

㈠外国軍による本件加害行為について、被害者個人が加害国に対し、損害賠償請求権を有するか。

㈡日本軍の加害行為に賠償責任が発生するかについて、被害の発生した土地の法律によると定めたかつての日本の法律（「法例」一一条）により、中華民国民法に基づいて損害賠償請求をできるか。

㈢時の経過とともに権利が消滅することを定めた民法七二四条（時効・除斥）の適用があるか。

の三点であるとまとめたうえで、各争点について判断した。なお、国が新たに主張した平和条約による請求権放棄の主張は争点とされなかった。

㈠の争点について裁判所は、加害国に対する被害者個人の損害賠償請求権を否定した。その理由として、ハーグ陸戦条約三条の制定過程や海外での適用例を検討すれば、同条は個人の請求権を認めたものとは解せないこと、また個人の損害賠償請求権の請求主体性を認める国際慣習法も成立していないことが指摘された。

㈡の争点について、裁判所は、日本軍の行為については中華民国民法による請求はできないとした。その理由は、日本軍の加害行為は国家の行為なので、市民に適用される法律を定めた日本の旧法「法例」一一条が適用される場面ではないこと、であった。仮に同条が適用されるとしても、同条二項は「日本ノ法律」によって「不法ナラサルトキ」は不法行為にならないと規定している。大日本帝国憲法下では、国家による不法行為については損害賠償を求めることができないとするいわゆる国家無答責の法理により、中華民国民法の適用を認めることはできない、とした。

㈢の争点について、裁判所は、中華民国民法の適用が認められないとしたにもかかわらず、わざわざ仮に中華民国民法が適用され、不法行為の成立が認められたとしても、民法七二四条後段の除斥期間の適用があるから、請求権は消滅したと判示した。

そして裁判長は、このような理由を述べた後、最後に主文として、「控訴人らの控訴をすべて棄却する」と述べた。その瞬間、傍聴席からは、「不当判決だ！」など抗議の声があがったが、裁判官らは直ぐに扉の向こうへ退席した。すでに高齢のため一人で歩くこともできない敬蘭芝（ジンランジー）は、娘の郭曼麗（グオマンリー）に車椅子を押してもらいながらも、両手を振り上げ、「不当判決だ。抗議する」と、か細い声を何度も何度も上げていた。

裁判所の前に「不当判決」の旗が出された。

裁判所前で行われた集会で、郭曼麗は、「歴史を改ざんすることはできません。今日の判決は、日中関係を傷つけ、母を傷つけるものです。私は、正義ある判決を勝ち取るまでたたかい続けます」と抗議の声を上げた。

また穂積剛弁護士は、「中国で行われた不法行為に対して、中国法が適用されないのはおかしい。日本国内で『北朝鮮』に拉致された被害者に対して、『北朝鮮』の法律を適用することが不当であるのと同じだ」と述べ、裁判所の判断を強く批判した。

元７３１部隊員であり、第一審において７３１部隊の状況を証言した篠塚良雄は、「人間ならば、被害者の被害に思いをはせてほしかった。こんなことをしていては、日本はいつまでも国際社会に復帰できません」と訴えた。

原告団及び弁護団は、ただちに上告することを決めた。

＊最高裁の判決を受けて

二〇〇七年五月九日、他の中国人戦争被害賠償請求事件判決と同様、日中共同声明により戦争被害者個人の賠償請求権は放棄されているとして、上告及び上告受理申立が棄却された。

最高裁の判決を受けて、王亦兵（ワンイービン）及び郭曼麗（グオマンリー）がコメントを表明した。なお、敬蘭芝（ジンランジー）は最高裁判決前に亡くなっていた。

王亦兵のコメントは以下のとおりである。

中国国家主席江沢民が訪日前に日本の記者のインタビューに答え、「国家として日本に対する戦争賠償を放棄する、しかし、民間の日本に対する賠償請求の動向には制限を加えない」と発言したことをよく記憶しています。同時に中国外交部報道官は談話において、「日中戦争の民間被害者は直接日本に賠償請求できる」と表明しました。これによっても、中国政府が放棄したのは戦争賠償であり、日本による侵略戦争により被害を受けた民間被害者ら個人の請求権は含まれないことが明らかになりました。戦後、戦争被害者が加害国に対して戦争で被った損害の賠償を請求することは理にかなっていることです。

このことが日本国内で報道されないわけはありません。日本政府も最高裁判所もはっきりとわかっているはずです。日本の最高裁判所が７３１・南京虐殺・無差別爆撃訴訟に対して「日中共同声明で中国人個人の請求権は放棄されている」ことを理由に棄却したことは、まったく理にかなっていません。そして公正ではありません。司法の正義と尊厳を失っています。

しかも突然上告棄却を送達し知らせてくるとは、どこに公正さと正義があるのでしょうか。弁護士の人権と職業道徳を著しく傷つけるものです。弁護団のみなさまに深く同情いたします。そして日本の弁護団と支える会会員のみなさまには、この十数年の真心のご支援とご尽力に心より感謝申し上げます。尾山宏、小野寺利孝、渡辺春己の各先生はじめ、数多くの、私たちならびに中国人被害者にご支援くださったご友人のみなさまに、どうかくれぐれも宜しくお伝え下さい。

みなさまのご健康、ご長寿、ご多幸をお祈りいたします。

日中両国人民の友好が永遠でありますように。

また、郭曼麗(グオマンリー)のコメントは以下のとおりであった。

結果を知り、とても憤慨しています。この判決に強く抗議します。

日中共同声明では、中国政府は日本国に対する戦争賠償を放棄するとされています。しかし中国人個人の請求権は放棄されていません。最高裁判所の判決は完全に軍国主義の方針を維持しており、民意に反するもので、被害を受けたアジア及び中国人の声を無視するものです。

事実は事実です。誰一人として歴史を変えられる者はありません。歴史を正しく認識し歴史に向き合ってこそ、世界の正義と平和は保たれるのです。

尊敬する弁護団のみなさまに、心より感謝申し上げます。私たちは異なる国の者同士です。しかし弁護団の、正義を全うし歴史を尊重し平和を護る不断の努力は、深く深く私たちを感動させるのです。私たちは法を武器に、最後までたたかおうではありませんか。

加害国と被害国の案件を第三国或いは国連の裁判所で審理することはできないでしょうか。加害国での裁判は不平等です。ドイツは戦争賠償問題を適切に処理しました。しかし日本政府はことごとく否定し、弁解します。アジアの被害者らはこの態度に言いようのない怒りを覚えます。

私の母はあの世でこの判決をきき、憤慨し、抗議しているに違いありません。今後、私たちはどうすべきでしょうか？　国際裁判所に訴えますか？　弁護団の今後の計画、方針についてご連絡をお待ちします。

戦争被害者及びその遺族と弁護団、同事件を支えた市民の人々との関係は、一九九四年から二〇〇七年までの十数年に及ぶ歳月を経て、強固なものとなっていった。しかし、裁判を経ても被害者の心が慰謝されることはなかった。裁判所が被害の事実を認めたことは評価できるが、全く理論的に納得のできない理由により賠償請求を認めなかったことは、今後の日中間の戦後補償問題に対して禍根を残したと言わざるを得ない。弁護団と市民団体とは、今もなお、中国人の戦争被害者及びその遺族と交流を続けている。いつの日か、日本国が自らの過ちを認め、謝罪の証を明らかにするその日まで。

（山田勝彦）

Ⅲ 遺棄毒ガス・砲弾被害事件

日中戦争時、日本軍は国際法で禁じられたイペリットやルイサイトなどの毒ガス兵器を、秘密裡に製造・保有していた。イペリットはその臭気からマスタードガスとも呼ばれ、皮膚に付着するとびらん、潰瘍といった症状を繰り返し、吸い込むと慢性気管支炎や肺気腫を引き起こし、被害者を死に至らしめることもある強力な毒ガスである。敗戦後、日本軍は証拠を隠滅するため、大量の毒ガス兵器を中国に遺棄してきた。

敗戦直後から現在に至るまで、中国国内において、こうした日本軍が遺棄した毒ガス兵器や砲弾が発見され、一般市民が被害を受けるという事故が続発している。二〇〇四年八月には、黒竜江省チチハル市において毒ガスの入ったドラム缶が発見され、一名が死亡、四三名が負傷するという大惨事が発生した。

日本政府は中国政府の協力のもと遺棄化学兵器処理事業を二〇〇〇年から進め、二〇一八年三月までに約六万三〇〇〇発を回収・保管しているが、まだ中国各地に三〇万発以上の化学兵器が残っているとみられる。

被害者たちの証言

＊李臣（リ チェン）——毒ガス後遺症に苦しみ自殺未遂をくり返した

私は李臣と申します。五六歳です。一九七四年一〇月二〇日、日本軍の遺棄した毒ガス弾による被害を受けました。非常に健康だったのが、今日まで、入退院を繰り返す人生です。

当時私は、黒竜江省のジャムス（佳木斯）市を流れる松花江という川で船に乗り、泥などをさらう浚渫（しゅんせつ）作業をしていました。午前二時ごろ、吸泥ポンプから、かんかんという音が聞こえてきました。そこでポンプを上げてふたを開けたところ、液体が流れ出てきました。黒っぽい液体でマスタード（からし）のような臭いがしました。目から涙が流れ、鼻はかゆくなり、口が渇いて苦い感じがしました。ポンプの中の鉄製の物を私は取り出しました。よく見ると、砲弾です。表面はでこぼこで、長さは大体五〇センチ、直径は一〇センチくらい、重さは一〇キロくらいあったと思います。砲弾の頭の部分はポンプの羽根車で破られたらしく、そこから黒い液体が出ました。同僚が砲弾を船の甲板の上に持って行き、私はポンプにふたをしました。

李臣さん（ドキュメンタリー「にがい涙の大地から」〈監督・海南友子〉より）

その日は、ジャムスで大雪が降り、気温は零下一〇度でした。私たちは気分が悪くなり、スチームのある部屋に行って休みました。暖かくなると、身体全体がかゆくなり、頭痛がして涙が流れ、黄色い液体を吐き出しました。午前六時に仕事を交代して仮眠しましたが、午前九時ごろ痛みで目を覚まし、船長の許可をもらって病院に行きましたが、医者はこんなケースは見たことがないと言って、炎症止めの薬と鎮痛剤をくれただけでした。船に戻って再び目が覚めたのは、午後四時半ごろです。そのときには、両手が赤く腫れ上がり、両手に水疱ができ、指と指の間から水のようなものが出ました。両目が赤く腫れました。

今度は、人民解放軍の病院に行きました。そこのお医者さんも、こんな病気は見たことがないと言います。同僚らとハルビンの病院で治療を受けることになり列車で移動しましたが、入院したときは両手の水疱がブドウのような状態になって、身体の水疱が鶏の卵のような大きさになっていました。はさみで切ってもらいやっと服を脱ぎました。治療方法がないので左腕をひじのところから、右手は手首のところから切断するとの治療方針を伝えられましたが、職場の上司が反対して、切断はされませんでした。その後、瀋陽の人民解放軍の病院に一カ月半入院しました。会社から連絡が入り、私たちの病気は、イペリットとルイサイトの混合毒ガス弾による被害だということでした。

瀋陽での治療は、非常に苦痛の伴うものでした。水疱がただれ始めるのですが、治療薬がないため、はさみでただれた部分が切られます。指と指の間ははさみで切れないため、看護師さんが二人でガーゼで指と指の間をそぎ取る作業をしました。ただれた部分が取れた後、新しい肉ができると、またアルコールの中に手を入れられて消毒・殺菌を行い、その後、食塩水の中に入れられました。痛くて意識を失ったこともあります。それから何度も入退院を繰り返しました。

現在も、暑くなると頭に水疱ができ、次に潰瘍ができて、びらんになります。目からはいつも涙が出て、視力が低下しています。朝起きると口角のところにいつも血の泡の乾燥した状態のものが残っていて、唾液に血液がついたりし、口の中が非常に苦く感じます。歯はもう七本が抜けました。胃腸の調子がよくないため食べ物を消化できず、トイレに行きたいときにすぐ行かないと、その場で漏らしてしまいます。左手の筋肉が萎縮して指に力が入らず、重い物を持つことができません。栄養を普通の人のように吸収できないため、身体が骨粗しょう症のような状態です。ある日、足に力が入らず階段で転んでしまい、左の大腿を骨折しました。今もステンレスの板が入っていて、四本のボルトで固定されています。二年前には、また身体中に水疱ができ、その跡がまだ残っています。夜はなかなか眠れず、大声で叫んだり、人がいれば、その人を起こしたりします。これらはすべて毒ガスの被害による症状です。

家族も苦しみや被害を受けました。私は陰部に症状が出まして、夫婦生活により妻にも感染させてしまい、妻は子宮びらんという病気になってしまいました。私は働けなくなり、非常に貧しい生活を強いられています。妻がごみから再利用できるものを拾ってきて業者に売ったりして、家計を支えています。次女は毒ガスの被害に遭った後に生まれたのですが、学校では、一緒に遊んでくれたりそばに座ってくれたりする友達もいませんでした。周りから「マスタードガス中毒」というあだ名も付けられました。いつも隣人から古い洋服をもらっていて、大人になるまで新しい洋服を着たこともありませんでした。最も悲しいことと、がまんできないことは、お金がないから彼女の学校での費用、雑費や補習代などが払えなくなり、中途退学させざるを得なくなったことです。長女もいじめられ、昼食のときは教室から追い出されて、いつも外で食べていました。

私の精神は非常に不安定な状態が続いており、よくいらいらします。食事のときに急に気分が悪くなってテーブルを倒したり、家の中のものを投げたり壊したりしました。どうしようもない状態のとき、自分で自分を叩いたり、身体をかんだりすることもよくありました。右腕の肉を食いちぎったこともあり、その跡は今も残っています。一九八五年の旧正月は、給料がないので餃子さえ家族に食べさせられなくて辛くて、お酒と農薬をまぜて飲んで自殺しようとしました。病院で三日間の救急治療を受けて助かりました。それから一年するかしないかぐらいのときには、住んでいた建物の屋上から飛び降りようとして、気が付いた妻と隣人たちが私を説得して、思いとどまりました。病院代や薬代で、いま借金もしています。個人から二万一千元、勤め先からは七千元借りていて、返済できない状態です。

私は日本政府に対して三つの要求をします。第一に、中国に遺棄した毒ガス弾をすべて徹底的に廃棄処理することです。第二に、このような悲劇が再び起こらないように、中日両国の間に本当の友好関係ができるようにするために、過去において中国で毒ガス戦を行っていたこと、中国国内に毒ガスの被害者がいること、このような歴史事実をきちんと認めることです。第三として、私及び家族の精神的、肉体的、経済的な損害の事実を認め、きちんと賠償することです。

（二〇〇二年五月一三日　東京地方裁判所）

✴劉敏（リウミン）——遺棄砲弾の爆発によって亡くなった父

私は劉敏、二六歳です。一九九五年八月二九日、日本軍の残した砲弾が爆発し、父劉遠国（リウユエングオ）を亡くしました。

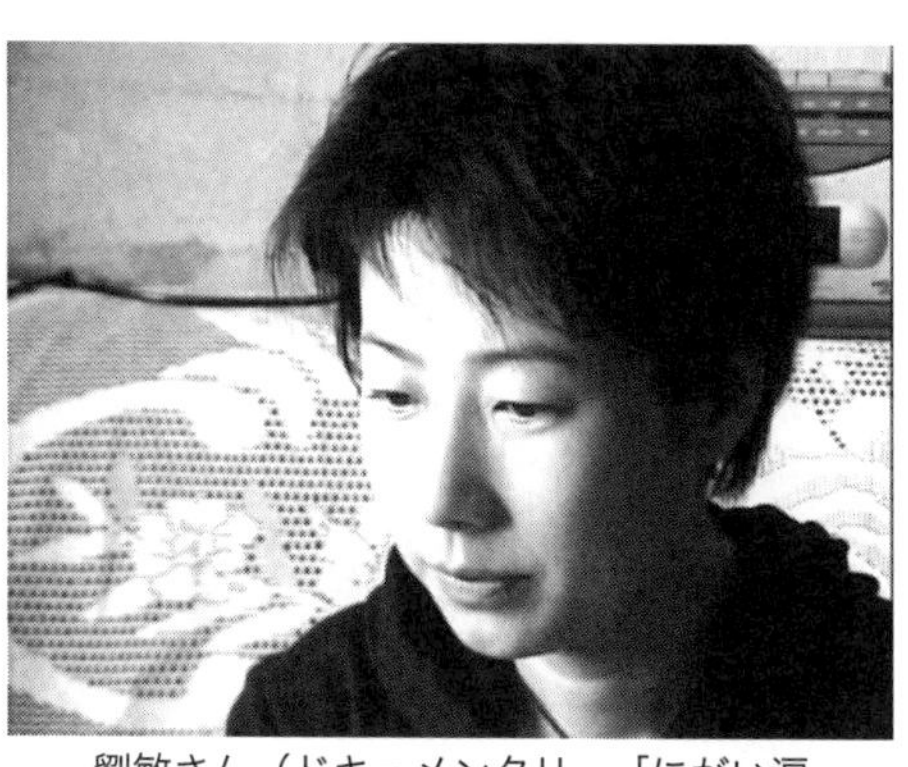

劉敏さん（ドキュメンタリー「にがい涙の大地から」〈監督・海南友子〉より）

当時、父と私たち家族は、黒竜江省双城市の東新村というところに住んでいました。父は非常に勤勉で働き者で、農業のほか、ハルビンの火力発電所で臨時工をやったりして、相当の収入があり、周りより生活はいい方でした。夜になると、母は夕飯を作って、私と弟と三人で外に出て、いつも果物とかを買ってきてくれる父の帰りを待っていました。四人家族でお庭で食事をしながら、話をしながら笑ったりして、非常に幸せな毎日でした。父は、私たち家族の頼りでした。母にも非常に優しく、私と弟に対しても、小さいころから、ちゃんと勉強してよ、たくさんの知識を身につけてよとか、私たちの勉強についてもよく面倒を見てくれました。

事故のあった日、父は、道路工事に出ていました。私は高校二年生で、新学期が始まる前の登校日で学校に行っていて、放課後の昼ごろ家に帰ったとき、隣の人から、父が事故に遭ったことを教えられました。事故の翌日の新聞には、砲弾の解体作業中に爆発したと書かれていますが、父はそのような技術を持っていません。きっと砲弾を運んだときに爆発したのではないかと思っています。

病院に着いてみると、父は昏睡状態で無菌室に入れられ、私たちは入ることを許されず、窓から見ることしかできませんでした。両手は爆発で、もう切断されたような感じでした。左足は粉砕骨折だったので、鉄みたいな金属で固定されていました。外からも真っ白な骨が見えました。身体はやけどになって真っ黒でした。翌日には、片方の手の切断手術を受けました。それからは、酸素吸入のマスクをして、毎日輸血を受けました。父は全く動けない状態で、何も食べることができませんでした。やけどした皮膚はびらんを繰り返し、その部分を取り除いて薬とかを張り付けるのですが、非常に痛かったと思います。父は、私たちを心配させまいと我慢していましたが、身体が痛みで震えていました。私たちがそばにいないとき、例えば私がドアのところで見たときには、非常に悲惨な声で叫んだりしていました。

父は九月一五日に退院しました。治療費のため、家のお金になるものは全部売ってしまいました。親戚や友人からもたくさんの借金をしましたが、もうそれ以上医療費を払えなくなって、退院せざるを得なかったのです。翌日の午後、自宅で父は亡くなりました。

父が亡くなった後、借金を返すため、自宅を売りました。母は、私と弟を連れて、畑の仕事をしました。しかし過労で母も病気になってしまい、肉体労働が全くできなくなって、畑は人に貸すことになりました。母は入退院を繰り返す生活で、今でも姉の家で世話をしてもらう状態が続いています。私と弟は、学校を中退せざるを得ませんでした。私は勉強ができたので、中学の国語の先生になる夢を持っていました。しかし、生計を支えるため、ハルビンで臨時工になりました。収入は非常に少ない金額ですが、それも全部、母の治療費や薬代に費やされました。弟は軍人になりたいという夢を持っていて、父は、高校を卒業したら必ず軍に送ると約束していました。それが、母の姉の食堂で手伝いをしています。小学校しか卒業していないので、それ以外仕事を見つけることができないのです。

戦争について、私はあまりわかりません。しかし、今は戦争の時代ではありません。私の父も、戦争の問題で亡くなるべきではなかったのです。父は、家族の唯一の頼り、大黒柱でした。本来、父も母も幸せな老後を送るはずだったのですが、父の死によって、母の幸せな老後も奪われてしまいました。私と弟の、明るい将来の夢も全部消えてしまいました。家族全員の運命が、父の死によって変えられてしまいました。

日本軍によって残された砲弾は、私の故郷にはまだたくさんあるということです。日本政府が、これらの砲弾を責任をもって処理すべきだと思います。二度とこのような悲惨なことが起こらないように。裁判官には、公正な判決をくださるようお願いします。なぜ父がこのような目に遭わなければいけなかったのか、考えていただきたい。父のいない子どもの生活がどんなに大変なものか、どんな苦しい思いをしてきたか考えていただきたい。母が、父の死によってどんな苦しい生活を強いられたのか、考えていただきたいと思います。

（二〇〇二年七月八日　東京地方裁判所）

＊馮佳縁（フェンジアユエン）（馮靖雯（フェンジンウェン））——一〇歳のときに狂わされた少女の人生

馮靖雯です。元の名前は馮佳縁といいます。いま一六歳です。二〇〇三年八月四日、一〇歳のとき、黒竜江省チチハル市で毒ガスの被害に遭いました。

その日は夏休みで、友達と第五中学校の校庭に遊びに行きました。ふだんよく遊びに行く所ではないのですが、なんだかたくさん「土」があるということで行ったのです。たくさんの土があって、裸足で砂の山に登ったり下りたりして遊んで、土の一部は家に持ち帰りました。家ではその土で、船を作ったり、戦車を作ったりしました。午後一時ころから、夕方お母さんにご飯に呼ばれるまで、ずっとその土で遊んでいたのです（この土は、整地用に市内のあちこちに運ばれた毒ガスの汚染土だった）。

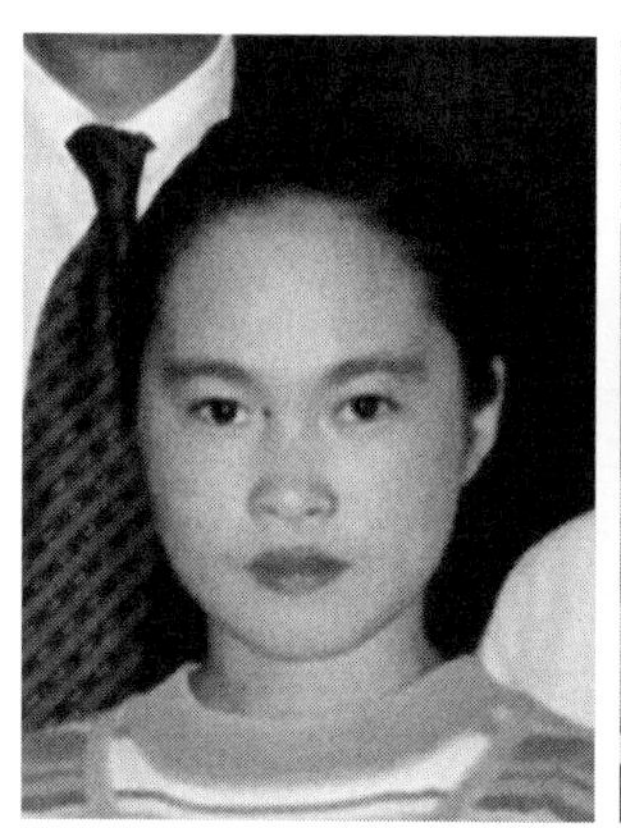

馮靖雯さん。馮さんが被害に遭った中学校の校庭（以下、本章掲載の写真はすべて、遺棄毒ガス・砲弾被害事件弁護団提供）

夜になって両足に水疱がたくさんできました。とても怖くて、痛かったです。水疱ができた理由はわかりません。病院に連れて行かれると、そこでは、すごく荒い治療をしていて、患者さんが絶叫したりする声が聞こえて、当時一〇歳の私は、とても怖かったです。私は、水疱のできている患部の皮膚を剥がして、その上にガーゼを当てるというような治療を受けました。秋にようやく退院できて、これでだんだんよくなっていくと思いました。しかし、現在もたくさん症状が残っています。

今一番つらいのは、風邪を引きやすくて、全身の力が抜けるような、全身に力が入らなくて、とても息苦しくなってきて、患部がかゆくなってくるという状態が続いていることです。水疱は、特に気候が暑いとき、足にも手にも出てきます。長い間何かを読んでいたり見たりしていると、目が急に痛くなってきて、もうそれ以上見ることができません。そんなときは、じっと目を閉じているしかないんです。鼻だとかおでこだとか首だとかに汗が出やすくなって、全身に汗が出るときは、とても疲労感を感じます。

事故の後、自分でも性格が変わってしまったと思います。被害に遭うまでは、非常に明るくて、みんなと楽しく付き合える性格でした。でも事故に遭ってから、非常に怒りっぽくなって、いらいらしてくるという、そういう荒っぽい感じ、焦った感じになっています。私が毒ガスの被害を受けたということをみんなが知って、私から離れていったことが非常に悲しく、いらいらして怒りっぽくなってしまいました。

学校に戻ったのは、二〇〇四年の三月になってからです。毒ガスに私が汚染されて、私に近づいてはダメよというような友達がいて、なるべく私から遠ざかったので、とてもつらかったです。一人ぼっちになりました。私が一番大好きな科目である体育の科目に参加することができなくて、非常に悲しかったです。事故に遭う前は学校の成績はとても良かったのに、記憶力が落ちて、集中力がなくなって、授業にだんだんついていけなくなりました。中学三年に上がると、突然授業の科目が増えて、身体もついていけなくなったし、たくさんの量の宿題を出されて、これじゃ頑張り切れないとすごくつらい思いをしました。もう勉強も何もかも投げ捨てたい、そんな気持ちになった時期もありました。

中学三年になってからは、学校から帰ると疲れ切ってしまい、もう誰ともしゃべりたくない、ご飯も食べたくないというような状態に陥りました。そんなに体調が悪くなるまで焦ってしまった、無理してしまったというのは、高校に行きたいという思いが強かったからです。高校に行って、それから大学を受験して、いい職に就けると、自分の未来がいい方向に向かっていくと考えていました。でも、今後の進路としては、専門学校を選びました。高校に行ってもついていけないと、自信がなかったのです。とても残念で、悲しくてつらい気持ちになりました。

専門学校は、チチハルから離れたハルビンの学校を選びました。チチハルにいると、みんながこの事故のことを知っているので、場所を変えて環境を変えれば、そのことから逃れられると思ったからです。チチハルでは外に出るのさえつらい時期もありました。今年（二〇〇九年）の五月には、名前も変えました。馮佳縁という元の名前をみんなよく知っているので、名前を変えればわからないと思ったからです。一六年間使い続けた名前を変えるのはつらかったのですが、それよりも、新しく生まれ変わりたいという気持ちの方が勝ってしまったのです。

毒ガスが原因で失ったものはたくさんあります。未来も、理想も、夢も失ってしまいました。裁判官にお願いしたいことがあります。私はごく普通の娘、少女でした。それが、すべて奪われてしまったんです。今残っているのは苦しみだけです。理想ももぎ取られ、すべてがもぎ取られてしまったんです。私の未来、私の理想を、補ってほしいと思います。（日本）政府には、中国人の命をもてあそぶなと言いたいです。

（二〇〇九年七月二九日　東京地方裁判所）

＊白玉栄（バイユウロン）――娘の人生を返してほしい

白玉栄と申します。馮佳縁の母です。

娘は、二〇〇三年九月からは体育学校に行く予定でした。中国では、体育を職業に持つということはあこがれの的なんです。いったんその職に就いたら前途がもう全部保証されているという面があって、とてもみんなから人気を集めています。佳縁はとても元気な子で、四、五歳のころからローラーブレードやアイススケートなどもしていて、生まれつき運動の才能を持っているというふうに近所の人は言っていました。合格する可能性は十分ありました。佳縁自身も、体育学校に行くことをとても望んでいました。

ところが八月四日の夜、佳縁は足の痛みを訴えだして、たくさんの水疱ができてきました。土踏まずのところがやけどをしたように膨れ上がって、水がたまるようになりました。ひと晩中眠れなくて、佳縁をずっと抱いていて、朝一番で病院に行きました。日本軍が遺棄したイペリットによる症状だと知ったのは、さらに翌日のことです。それまで、チチハル市内に毒ガスがあるということを聞いたことはありませんでした。

佳縁は、患部の皮膚を剥がしたりはさみで切ったりして、そこにガーゼをあてがわれて、という治療を受けました。汗びっしょりになって、顔は真っ白になってしまって、痛みに耐えているような感じで、看護師の腕に爪が食い込むぐらいにしがみついていました。治療は痛くて、とても耐えきれるものではありません。私もとてもつらかったです。

娘の性格は、事故で大きく変わってしまいました。以前はとても活発で楽しい子だったんですけれども、事件に遭ってからは友達との交流を避けるようになって、いつも家にこもるような状態、人と話をしたくない、というような状態になりました。小学校に復学してからの成績もうんと下がりました。近所のお母さんたちが、あの病気は感染するんだと、だから自分の子どもを近づけないようにってみんなに言いふらして歩いたそうです。それで、毒ガス被害のことをうわされる環境から抜け出すため、引っ越しもしました。

ハルビンのコンピューター関係の専門学校に行ったのは不本意だったわけですけれど、一生懸命、彼女なりに頑張っていると思います。佳縁の将来は、心配で想像もできません。結婚や出産については、彼女もとっても不安に思っていると思います。専門学校には、男の子もたくさんいるわけです。佳縁は努力家で一生懸命勉強するし、まあ美人だし、思いを寄せてくれる子がたくさんいます。でも佳縁自身は、やっぱり自分が病気持ちであるということがわかれば、いくら付き合っていても結果的には感染するからといって離れていくんじゃないかという不安があるので、一定の距離を置いて男の子たちと付き合っている状態です。

先日、東京で地下鉄に乗っているときに、東京大学の宣伝が出ていました。娘は泣きながら、私も勉強して、高校に入って、大学に入って、こういうエリートの大学に行けたのにと、東京大学の文字を見て非常に悲しんでいました。裁判官のみなさんも血の通った人間です。私と同じ被害者の立場に置き替えて考えてもらえれば、きっと私たちのつらい気持ちがおわかりいただけると思います。

（二〇〇九年七月二九日　東京地方裁判所）

遺棄毒ガス・砲弾訴訟

＊遺棄砲弾被害者との出会い

一九九五年八月七日、父親や夫を７３１部隊によって殺された遺族たちが、東京地方裁判所に日本国を被告として損害賠償請求訴訟を提起した。このニュースは中国でも大きく報道され、この７３１部隊訴訟の弁護団が訪中した折、二〇代の若い中国人弁護士・蘇向祥（スーシャンシャン）が弁護団に連絡してきた。中国東北部ハルビンで仕事をしているが、日本軍が遺棄した砲弾が爆発して農民が犠牲となり、日本国を相手に裁判をやりたいと言う。南典男ら弁護団の有志が、事故現場である黒竜江省双城市へ調査に行くことになった。

事故のあらましはこうである。一九九五年八月、斉広越（チーグワンユエ）（三三歳）、斉広春（チーグワンチュン）（二六歳）、劉遠国（リウユエングオ）（四〇歳）の三人の農民が道を作る工事をしていたところ、日本軍の遺棄した砲弾が爆発し、斉広越と劉遠国が死亡、斉広春が重傷を負ったという。斉広越と斉広春は兄弟で、広越の父、妻、八歳の息子とともに五人で暮らしていた。広越は亡くなって広春は仕事ができない体になってしまい、一家は困窮を極めている。劉遠国は、病院に入院したものの、火傷は全身の三五パーセントに及び、妻と娘（劉敏、当時高校二年生）が看病し続けたが、そのかいなく亡くなった。

こうした事故は、中国東北部では数多く起こっているという。調査に当たった弁護士たちは、戦争が終わって五〇年もたっているのに、日本軍が遺棄した砲弾により平和な日常を突如奪われ、地獄の日々を送っている人々がいる事実に衝撃を受けた。

✴遺棄毒ガス弾被害者との出会い

蘇弁護士は、日本人弁護士たちに、砲弾被害者だけでなく日本軍の遺棄した毒ガス兵器によって被害を受けている人たちがいるので、彼らも訴えを起こせるようにしてほしいと依頼した。弁護士たちは、毒ガス被害者たちの聞き取り調査も始めた。被害の実態は、想像を絶するものだった。

一九七四年一〇月、肖慶武（シャオチンウー）、劉振起（リウジエンチー）、李臣（リチエン）らは、船で川の浚渫（しゅんせつ）作業をしていたところ、遺棄毒ガス砲弾が吸泥ポンプに入り込み、黒い毒ガスの液体（イペリットとルイサイトの混合剤）にまみれた。肖は、視力が減退し、歯が脱落し、呼吸が困難になり、両脚にはしばしば水泡ができて化膿した。両目の慢性結膜炎、慢性咽頭炎、手足の皮膚の炎症などに継続的に罹患し、内臓疾患により糖尿病総合症にも罹患した。一九八二年までには左足指二本と右足指一本が壊死して脱落し、一九八六年以降は両脚が壊死して寝たきりになり、生活面すべてに介護を要する車いすの生活となって、一九九一年、マスタードガス中毒症により死亡した。肖の妻は夫の看護のため仕事を辞め、治療費に充てるために家を二軒売却した。劉と李も健康を著しく害し、仕事ができなくなり、また、家族も困窮を極めていた。

一九八二年七月には黒竜江省牡丹江市で、下水道の敷設工事をしていた作業員四人がドラム缶を発見したので開けてみると黒い液体の毒ガスが噴き出し、顔などに浴びるという事故も起きている。四人はいずれも健康を著しく害して仕事ができなくなり、離婚するなど苛酷な生活に苦しんでいた。

✴提訴準備——他の戦後補償裁判との違い

調査を行った弁護士たちを中心に提訴の準備が始まったが、二つの難問があった。

①原告を毒ガス被害者だけに絞るか砲弾被害者も含めるか。

②不法行為について、毒ガスを遺棄した作為とするか、遺棄した毒ガスを取り除かなかった戦後の不作為とするか。

である。

①の論点の背景には、一九九五年に国会で化学兵器禁止条約を批准する方向で議論がなされており、日本が批准すれば、化学兵器を製造した当事者国として化学兵器の廃棄義務を負うことになるという事情があった。端的に言えば、毒ガス被害者に絞った方が裁判を有利に運べるのではないかということである。しかし、弁護士たちの多くは劉敏(リウミン)などの被害者に会っており、救済の手を差し伸べないという選択肢はあり得ないということになった。出会った人に対する人間としての「情」である。戦後補償裁判は、この「情」を基調として成り立っている。

②の論点の背景には、日本国の不法行為は何十年も前のことなので時効や除斥期間が適用され得るし、また、国家賠償法が制定される以前の国家の権力的不法行為については国家の責任を問えないという国家無答責の法理により、戦後補償裁判の多くが棄却されていたという事情があった。日本軍が毒ガス兵器を製造し、配備し、遺棄したことが被害をもたらしているのだが、遺棄行為を不法行為とすると今までの戦後補償裁判と同様、除斥や国家無答責などの問題が生じてしまう。そこで被害が戦後生じていることに焦点を当て、国は自ら毒ガス兵器を遺棄したのだから毒ガス兵器による被害を防止する義務があり、かかる義務を怠った不作為を不法行為と構成することとした。これにより、平和な時代に日常生活を送る市民の凄惨な被害に対して救済の手を差しのべなくていいのかと、説得的に裁判官に対し訴えることができた。

一九九六年一二月九日、日本軍遺棄毒ガス・砲弾被害事件訴訟（第一次訴訟）が東京地方裁判

所に提起された。現地調査に当たった者を中心に、最終的には二〇〇名を超える弁護士が弁護団に加わった。毒ガス事件の訴訟提起のニュースは中国国内でも報道され、新たな被害者たちが名乗り出て翌年一〇月には第二次訴訟が提起された。

＊被害の実態をいかに伝えるか

弁護団は、裁判官に被害の実態をいかに伝えるかに腐心した。
原告にはできうる限り来日してもらい、法廷では被害の陳述、法廷外では裁判を支援する人たちとの交流の場やマスコミに話をする場を持った。原告の話を聞いたり触れ合ったりする場がなければ、事件の生の事実はわからず、心の底から支援する気持ちにはなれないものである。特に弁護団が重視したのが、原告本人尋問である。まず裁判官に原告本人の尋問を採用させ、尋問を通じて原告らの受けた被害の生の事実を知ってもらい、人間として原告らの救済を真摯に考える姿勢を持ってもらうことが決定的に重要であった。

原告らが被害を受けた毒ガスは、いずれもイペリットとルイサイトの混合剤である。ルイサイトは凝固点が低く凍りにくいので、厳寒の中国東北部ではイペリットとの混合剤として使われた。イペリットは、第一次世界大戦で使われたびらん性毒ガスであり、皮膚に直接付着した場合には全身吸収中毒を引き起こす。慢性気管支炎などのほか、造血機能・免疫機能の低下、腸粘膜の出血性・壊死性の炎症、全身の代謝障害などの症状も発現し、発がん率が飛躍的に高まることも報告されている。ルイサイトもびらん性毒ガスであるが、病状の進行が早く体の組織に重篤な損傷をもたらし、下痢、不安、脱力、体温低下、血圧低下などを発症する。

原告たちは共通して、事故後相当に時間がたっているにもかかわらず、呼吸困難や頭痛、目の痛み、不眠や脱力感、皮膚の水泡・びらんの再発等の症状を訴えており、毒ガスの被害は現在進行形である。多くの原告は仕事に復帰することができず離婚に至るケースもあり、肉体的のみならず、経済的、精神的にも大きな被害を受けていた。

原告らの尋問を経て、裁判官の態度は変わっていった。原告の尋問終了後に、裁判長は「遠いところをありがとうございました」と原告らをねぎらうこともあった。

✴戦後の不作為の立証

弁護団は、毒ガス兵器や砲弾の遺棄は、国の公権力の行使として実行されたものであり、これによって人の生命や身体に対する危険な状態を作り出した（先行行為）のであるから、危険を作り出した国は、危険な状態を解消する義務があると主張した。問題は、①国としてその結果の発生を予見でき（予見可能性）、②防止行為をすることにより結果の発生を回避することが可能であったこと（結果回避可能性）を立証することだった。

弁護団は研究者と協力して、日本軍の化学兵器に関する重要な資料である「化学戦研究史」(元陸軍中将らが作成)を証拠として提出した。厚生省引揚援護局史料室がこれを入手しており、国は毒ガス兵器の配備あるいは遺棄状況について相当程度把握できたことから、結果の発生を予見できたことを主張した。また、遺棄された毒ガス兵器や砲弾が存在する可能性が高い場所、実際に配備されていた兵器の形状や性質、その処理方法などの情報を提供し、少なくとも中国政府に被害発生の防止のための措置を委ねることができた等の立証をし、被害の発生を防止することが可能だったと主張した。

戦後の事実関係を立証することは、ほかの戦後補償裁判と違って遺棄毒ガス訴訟に特有なことであり、新たな証拠の発掘と分析を研究者と共同する有意義な作業だった。

＊二次訴訟判決とチチハル事件の発生

二〇〇三年五月一五日、一次訴訟に先がけ、二次訴訟について東京地方裁判所で一審判決が下された。判決は、原告らが日本軍の遺棄した毒ガス等により被害を受けたことを認定したが、「結果回避可能性」を否定して棄却した。中国国内には日本の主権が及ばないので自ら撤去することはできないし、中国に情報を提供しても中国政府が事故防止のための措置をとるかわからないから、事故を回避する可能性はなかったとしたのである。

弁護団は、敗訴判決に大きなショックを受けた。一次訴訟の判決は四カ月後に言い渡される。「とにかくやれるだけのことはやろう」。一次訴訟はすでに結審していたが、同年七月には弁論再開を申し立て、中国政府は一九五〇年代に毒ガス弾を集め被害防止に苦心惨憺していたこと、日本政府に対し被害防止のため遺棄した場所に関連する情報提供を求めていたこと、他方、日本政府は毒ガスを遺棄した事実を隠ぺいしていたことなどの諸事実を立証する書面を提出した。結果回避可能性を否定する二次訴訟判決の理由を覆すための書面証拠の提出と事実の主張である。弁論は再開されなかったが、提出された書面にはすべて目を通すとの返答が裁判所からあった。

同年八月四日、黒竜江省チチハルで日本軍が遺棄した毒ガスの拡散により一名が死亡し、四三名が負傷するという大惨事が発生した。中国では日本政府に対する抗議署名が一〇〇万人を超えて集まり、連日テレビ報道がなされた。中国外交部（外務省）は、駐中国日本大使館公使に対し、「日本が中国に遺棄した化学兵器とその毒剤は戦後においても中国国民に多数の重大な被害を与えた。日本側がこの戦争遺留問題の解決に責任を負わなければならない」と申し入れた。

✴一次訴訟で勝訴判決

二〇〇三年九月二九日、東京地方裁判所で、一次訴訟の判決が言い渡された。敗訴判決なら、「原告らの請求を棄却する」なので「原告」から読み上げが始まる。勝訴なら「被告は原告に対し……支払え」なので「被告」から始まる。裁判長が「主文　被告は……」と読み上げ始めた瞬間、弁護団が立ち上がり、これを見た原告も、皆が一斉に歓声をあげて立ち上がった。裁判長は、「最後まで聞かなくていいんですか」と笑顔で原告らをたしなめた。

判決は、原告一人の賠償額を減額したほかは、原告全員に請求額通りの賠償（被害者一人当たり二〇〇〇万円）を国に命じた。二次訴訟判決が否定した結果回避可能性についてもクリアした。判決は、日本国自身が遺棄行為により積極的に危険を作り出していることを前提に、具体的な遺棄情報を取得できる日本国政府が可能な限りの情報を収集したうえで、中国政府にこれを提供し、被害発生防止の措置を委ねることは可能であり、こうした措置をとることによって事故を回避することができた、とした。被害者が日本人であれば簡単に勝つはずの訴訟だった。

遺棄毒ガス・砲弾訴訟一審判決勝利の日

日本政府は同年一〇月三日、判決を不服として控訴した。原告李臣（リチエン）は目を赤く腫らして「中国の被害者を代表して抗議します」と震える声で怒りを述べ、原告劉敏（リウミン）は「父は戦争が残した兵器によって平和な時代に死にました。どんなにつらくても、どんなに時間がかかっても絶対に諦めません」と、涙ながらにたたかう決意を表明した。

＊一審を覆した控訴審判決

国は控訴審になると、一転して日本軍が毒ガスを遺棄したとの事実を争い始めた。「本件事故を起こした毒ガスは、ソ連軍のものか国民党軍のものの可能性がある」という主張である。弁護団は、日中双方の歴史研究者との共同作業を通じて、国民党軍は本件事故の地域まで進出していなかったこと、日本軍の作成した資料等によって本件事故の毒ガス弾や毒ガス缶（ドラム缶）が日本軍のものであることを明らかにしていった。弁護団は、一次訴訟の控訴審を担当した裁判官の訴訟指揮ぶりから、勝利を確信していた。

ところが、一次訴訟控訴審の主任裁判官が、口頭弁論終結の直前になって転任となった。代わりに赴任してきた裁判官は、強制連行訴訟で原告敗訴の判決を書いた裁判官だった。通常裁判官人事は年度初めの四月に行われるが、この人事は一〇月だった。なぜ、このような裁判官人事が行われたのか、弁護団は拭いきれない疑問を持った。

一次訴訟控訴審の判決は、付言において「毒ガス兵器等による生命、身体に対する被害が極めて重大で、重篤なものであることを考慮すると、本件毒ガス事故の被害者が被った被害をおよそ補償の埒外に置くことが正義にかなったものとは考えられない。化学兵器禁止条約及び上記覚書（日中両政府による「中国における日本の遺棄化学兵器の廃棄に関する覚書」のこと）の趣旨とするところに従って、日本国政府により、中国に遺棄されていることを認めている毒ガス兵器によって現に生じ、又は将来生ずるおそれのある事故に対する補償について、上記のような総合的政策判断の下に、全体的かつ公平な被害救済措置が策定されることが望まれるものというべきである」と述べ、毒ガス弾被害者の救済の必要性を認めている。

ところが同時に判決は結論において一審勝訴判決を覆し、原告らの請求を棄却した。理由について判決は、日本軍関係者の戦争行為についてはそもそも民法の適用が排除されるうえ、日本国政府に毒ガス兵器による被害発生を防止する義務があったとはいえない、と述べている。

この後、一次訴訟控訴審判決を書いた裁判官は、最高裁民事の上席調査官に出世している。そして遺棄毒ガス・砲弾事件訴訟は、最高裁では一次訴訟、二次訴訟とも、上告棄却となって終結した。

チチハル事件訴訟

＊衝撃的なチチハル事件

中国東北部の黒竜江省チチハル。二〇〇三年八月四日、街の中心に位置する団地の地下駐車場工事現場から、五本のドラム缶状の容器が発見された。パワーショベルの歯がドラム缶に突き刺さると、中から黒い液体が噴き出して土に染みこみ、あたり一帯は激しい刺激臭に包まれた。

このドラム缶の中身は、日本軍が日中戦争中に秘密裏に製造した毒ガス兵器「イペリット（別名マスタードガス）」だった。しかし、人々は、そのような事実を知るよしもない。

噴き出した液体を浴びた建設作業員、ドラム缶を解体するため中の液体をひしゃくでくみ出した廃品回収業者、そして、整地作業用としてチチハル市内のあちこちに運ばれた汚染土で遊んだ子どもたちや、整地作業をした人々。事件は、日本軍が遺棄した毒ガス兵器による事故としても、未曾有の被害をもたらした。被害者の数は、確認されただけでも、子どもを含む四四名にのぼる。毒ガス剤をほぼ全身に浴びた一人は、一八日間におよぶ想像を絶する苦痛の中、文字通り全身焼け爛れた状態で命を落とした。命をつなぎとめた四三名も、皮膚や呼吸器、眼などの症状はもとより、免疫機能の低下や神経症状などの重篤な後遺症に生涯苦しむこととなった。

チチハル事件は、発生直後から中国国内の各種報道機関に一斉に取り上げられ、中国国民の中に大きな怒りを巻き起こした。中国国民の反応は、インターネットで繰り広げられた署名運動への反響にも現れている。「百万人署名は日本政府に、中国毒ガス被害者への賠償と遺棄毒ガス弾の徹底的な一掃を要求する」との声明に対して、同年八月一五日から九月一五日までのわずか一カ月の間で、一一一万を超える署名が寄せられたのである。それまでに例のないことであった。

✴新たな弁護団の結成

毒ガス剤や汚染土などに触れ症状が出ていると推察された被害者たちは、みなチチハル市内の二〇三病院の隔離病棟に入院となり、治療を受けていた。この被害者たちに前述の蘇向祥（スーシャンシャン）弁護士が接触して被害者団体を組織し、すでに遺棄毒ガス事件弁護団として活動していた小野寺利孝と南典男の両弁護士に、日本側弁護団の結成を要請した。

被害の大きさからしても、引き受けないわけにはいかない。しかし、当時戦後補償事件に関わっている弁護士たちはすでに手一杯で、さらにこのチチハル事件まで受任することは難しい状況であった。そのため新たに弁護団を結成することとなった。

南と同じ大学出身で、司法試験の勉強をともにした仲でもあった三坂彰彦弁護士は、戦後補償事件とまったく分野が異なる子どもの権利問題をライフワークとして取り組んでいたが、南から「中国旅行」と誘われて現地調査に参加し、以後、弁護団員となった。二〇〇一年に発生した「えひめ丸事件」（米ハワイ州オアフ島沖で愛媛県立宇和島水産高校の実習船「えひめ丸」が浮上してきた米原潜と衝突・沈没し、教員・生徒計九人が犠牲になった事件）の事務局長として、日本人被害者のアメリカ海軍に対する損害賠償事件にかかわっていた富永由紀子弁護士は、南より「中国から毒ガス事件の被害者が来日している。国をまたぐ損害賠償事件をやっている富永さんの勉強になると思うから、来てみたら」と誘われた。会場に行ってみると被害者たちがあまりに若いことに驚き、呼ばれて来た弁護士が自分だけであったことに面くらい、被害者たちから「来てくれてありがとう」と握手を求められ、弁護団参加を決意した。小野寺や南の誘いに応じ集まったメンバーに新人弁護士らが加わり、チチハル遺棄毒ガス被害事件弁護団が結成された。

＊現地調査、中国の弁護士たちとの協同作業、提訴

弁護団としてまず行わなければならないことは、言うまでもなく被害実態の調査である。被害者は四〇名を超えており、全員から一通りの聴き取りをして陳述書を作成するだけでも、一年半の間に七回の現地調査が必要であった。チチハルは遠い。二〇〇四年当時、早朝に日本の自宅を出発してハルビンに到着後、深夜のでこぼこ道をマイクロバスに五時間揺られ、現地に着くのは翌朝二時ころという状況だった。しかし現地で見聞する事実はどれも重く、日本の世論や、今後予想される裁判において、もれなく伝えなければならないことばかりだった。

そんな日本側弁護団の活動を支えたのが、中国の弁護士や市民である。四〇人以上もの被害者たちと連絡をとることは容易でない。言葉の壁を乗り越えて信頼関係を維持するためには、被害者たちに日常的に寄り添い、日本側弁護団の意図を誤りなく被害者たちに伝えてくれる中国の人たちの協力が不可欠であった。中国側では前述の蘇向祥弁護士のほか、ハルビンで弁護士事務所を経営する羅立娟（ルオリージュエン）弁護士がその役割の中心を担った。

こうした準備を重ね、東京地方裁判所に提訴をしたのは、二〇〇七年一月のことである。先行する遺棄毒ガス被害訴訟と同様、戦後の国の不作為責任を追及し、加えて後に述べるとおり、こ

の事件が「チチハル」といういわば遺棄毒ガス問題の象徴ともいうべき地でおきた事故であり、被害規模も最大の事故であったことを前面に押し出してたたかうこととした。

＊深刻な被害の立証、医師たちとの連携

弁護団は他の戦後補償裁判と同様、第一に被害の実態をつぶさに明らかにすることに力点を置いた。しかし、原告らは毒ガス被害を受けてからまだ日が浅く、皮膚や呼吸器疾患などの目に見える被害を除けば、その実態がいまだ明らかではない。未解明の健康被害が日々進行しているチチハル事件の被害者たちについては、その被害実態を客観性をもって伝えるため、医師らの協力が不可欠であった。

そこに全面的な協力を寄せてくれたのが、遺棄毒ガス事件被害者のための民間支援基金である「化学兵器ＣＡＲＥみらい基金」と、全日本民主医療連合会（全日本民医連）である。二〇〇六年三月に行われた第一回日中合同ハルビン検診（黒竜江省第二病院で実施。受診者五一名）を皮切りに、二年に一回のペースで中国での検診活動を行った。中国の病院に支払う検査費用などは化学兵器ＣＡＲＥみらい基金が負担し、全日本民医連からは志ある多くの医師や看護師、理学療法士らが検診に携わった。そして、被害者から丁寧に聞き取りをし、検査データなどをもとに被害者一人ひとりの健康状態を明らかにして、被害者らにフィードバックするとともに、遺棄毒ガス被害の全体像を明

日中合同ハルビン検診の診察風景（撮影・嶋村大志）

らかにする作業を行った。こうした継続的な活動の中から、被害者たちを苦しめているのがマスタードガス被害として知られる呼吸器や皮膚の疾患にとどまらず、働けないほどのだるさ（脱力感、疲れやすさ）や異常発汗等の自律神経障害、また色覚失調など中枢神経系への障害である高次脳機能障害も伴うものであることが明らかとなった。

検診に参加した医師らは、客観的な医学データに基づいて原告らに深刻な健康被害が続いていること、とくに毒ガスによる神経被害が被害者らの就労能力を奪う大きな原因になっていることなどを明らかにした意見書を作成し、法廷での尋問も実施された。

そして、ほぼ毎回の法廷において、来日した原告らによる意見陳述が行われたほか、九名の原告たちについて本人尋問が行われた。来日できない一名の原告については、大学で映像制作を学んでいた学生の協力を得て、現地でその原告の日常をつぶさに映像に記録してもらい、法廷での上映も行った。

＊明白な国の不作為責任

弁護団が強調した第二の点は、本件事故が、日本軍の毒ガス戦において極めて重要な地域にあった「チチハル」で発生したものであり、しかも、本件被害をもたらした毒ガス兵器が遺棄されていたのが、日本軍のチチハル飛行場に敷設された弾薬庫の跡地だった、という事実である。事件は起こるべくして起こった事故であり、日本政府が調査し情報提供するだけで防ぎ得た、戦後の日本政府の不作為責任が明白な事故だった。

この点を明らかにするため、弁護団は、徹底した資料調査と現地調査を行った。

かつてチチハルは、中国における化学戦、とくに対ソ連を想定した化学戦の中心拠点として位置づけられ、関東軍化学部（通称516部隊）やその訓練部隊（526部隊）が常駐していたほか、毒ガス兵器を保有する実戦部隊が数多く駐屯していた。なかでもチチハル飛行場というのは、日本軍が力を注いでいた航空化学戦の要衝地であり、戦中、同飛行場を拠点とした大規模な航空化学戦演習が繰り返されていたことは、日本政府が保管している資料にもはっきりと記録されていた。しかも、弁護団が調査を進める中で、本件毒ガス剤入りドラム缶が発見された現場が、こうしたチチハル飛行場に敷設された弾薬庫跡地であり、その弾薬庫は516部隊が使用していたこと、しかもその弾薬庫として用いられていた構造物が、二〇〇一年ころまでその形状をとどめたまま存在していたという事実も確認された。本件現場は、遺棄毒ガス兵器の存在が最も強く予見される場所だったのである。

✴取り上げられたカメラ

近年は開発も進みかなり少なくなったが、チチハルの現地を歩いていると、日本軍が使用していたと思われる建物や施設跡地がまだ残されている。現地調査の場でも、たとえば飛行機格納庫が中古車販売センターとして利用されていたり、もとは弾薬庫らしき建物の壁が民家の建物の一部になっていたり、という場面に数多く出くわした。日本から来たというと、人々はみな珍しがって内部まで見せてくれることが多い。

しかし、中には、現に中国の軍関連施設として使用されているものもあったようである。たとえば日本軍チチハル飛行場跡地の滑走路付近で弁護団が写真を撮っていたら、いつも世話になっている現地ガイドが血相をかえて駆け寄ってきて、「何をしている！　すぐ止めろ!!」とカメラを取り上げられたこともあった。「あんなことをして。捕まったかもしれないんだぞ、わかっているのか！」。いつもニコニコして怒ったところを見たことのない現地ガイドの殺気だった様子に、軍事的緊張の中にある中国の事情が垣間見えた。

＊一審判決と控訴審

第一審の審理において、原告らは十分な主張・立証を行った。ところが、二〇一〇年五月二四日、東京地方裁判所は、原告らの請求を棄却する判決を言い渡し、その内容も、極めて不可解なものであった。

裁判所は、遺棄毒ガス兵器が発見された現場が、毒ガス兵器と関連性の強いチチハル飛行場内の軍事施設跡地であり、もと関東軍化学部（516部隊）の弾薬庫のあった場所であることを認定した。そして、被告国としては、「チチハル市内における旧日本軍の軍事施設付近に存在する毒ガス兵器が、付近住民と接触することにより、付近住民の生命・身体に危害を及ぼすことを予見することは可能であった」として、予見可能性の存在を認めた。

にもかかわらず裁判所は、結論として国の責任を否定した。理由として挙げたのは、「中国に遺棄された旧日本軍の毒ガス兵器は、中国本土に広範囲にわたって存在していたのみならず、同兵器は、川や井戸に投棄されたり地中に埋められたりしていたというのであるから、旧日本軍が駐留し、毒ガス兵器が遺棄された可能性のある地域すべてを本件事故時までに調査することは極めて困難」「チチハル市内あるいはチチハル飛行場の場所及び本件軍事関連施設の場所の探索を、他の地域よりも優先すべきであったと認めることはできない」という点であった。

この判決の論理によれば、毒ガス兵器を広範囲に、かつ発見困難な状況で遺棄すればするほど、

「中国全土における調査は不可能」「チチハル以外にも優先して調査すべき場所があるはず」ということとなり、国は責任を免れることになってしまう。このような判断が不当であることは、火を見るよりも明らかであり、弁護団・原告団は直ちに控訴した。

東京高等裁判所での控訴審で国は、一審判決の論旨に便乗し、「できる限りのことをやっていた」「それでも本件結果を回避できなかったのだから仕方がない」などという趣旨の主張をしていたが、弁護団は、そのような国の主張のおかしさを明らかにするため、国に対して様々な点の釈明を求めるとともに、資料の開示を求めた。たとえば、毒ガス兵器、とりわけチチハルと最も関連が深い516部隊隊員に関する事情聴取の有無を問うとともに、同部隊への聴取記録や、帰国した同部隊主力部隊員の「除隊・招集解除者名簿」を開示することなどを求めた。また、中国政府が被害発生防止の観点から情報提供を求めていた事実を明らかにするため、一九九〇年ころから行われるようになった日中政府間協議や日中専門家会合の議事録を開示するよう求めた。

このようなやりとりについては、裁判所も少なからず関心を示し、「開示の必要性はない」と抵抗する国に対し、開示を促す発言を繰り返した。こうした訴訟指揮により、渋々ながら国は、「極秘」の刻印がおされたいくつかの重要な資料を開示した。関東軍化学部身上報告書、日中政府間協議等の議事録、チチハル事件の翌年に行われた中国における遺棄毒ガス被害の実態に関する政府委託報告書などである。これにより、中国政府が被害発生防止の観点から、一九九〇年ころより最も対応が急がれる地域として「チチハル」を挙げていたことが明白になったほか、中国における遺棄毒ガス問題を所管していた外務省アジア局中国課長らの尋問も実施された。

このように、控訴審は終始原告側のペースで進んでいたことから、弁護団は勝利判決へ大きな期待を持っていた。ところが、二〇一二年九月、東京高裁は原告被害者らの請求を退けた。論旨は、以下のようなものであった。

——危険防止策（毒ガス兵器の探索と廃棄、中国政府への情報提供）を講じるには、「毒ガス兵器が配備されていた場所だから、そこに遺棄されている可能性がある」という意味での抽象的な予見可能性があるだけでは足りず、「そこに遺棄されている具体的可能性がある」という、いわばピンポイントの予見可能性が必要である。そして、終戦前後の時期に、毒ガスに関する施設や重要な資料は日本軍により廃棄され、また毒ガス戦の関係者から聴き取りをしようにも対象者の口は重く、詳細な事情を確認することは困難だったと予想されるから、日本政府が何らの調査もしてこなかったことは事実であるものの、仮に調査をしても、上記のごときピンポイントの具体的な予見可能性を得ることは不可能であった。

✴最高裁判決と同時に誕生した日中未来平和基金——新たな政策形成をめざして

原告団・弁護団は最高裁に上告した。しかし最高裁は二〇一四年一〇月二八日、被害者らの訴えを退けた。

裁判は終結したが、裁判を続ける一方で、弁護団と支援者は、前述の化学兵器ＣＡＲＥみらい基金や全日本民医連の全面的協力を得て、遺棄毒ガス兵器による被害者たちの検診活動を続けてきた。活動を通じて被害者たちの健康状態や生活実態が時を重ねるに従って悪化している現実を目の当たりにし、弁護団及び支援者は、一刻も早い具体的な医療支援（治療活動）・生活支援が必要と考えるに至った。中国に住む毒ガス被害者たちに対して具体的治療活動を行うには、中国側の援助や医師・医療機関の協力が不可欠である。弁護団は中国の各方面との協議を重ね、被害者たちの検診活動にも中国側医療関係者らを巻き込み、やがて、毒ガス被害者たちへの人道支援という取り組みへ共感の輪が中国国内にも広がっていった。

その結果、奇しくも最高裁がチチハル事件の毒ガス被害者たちの上告を排斥した日である同年一〇月二八日、日本の弁護団と中国人権発展基金会との間で、遺棄毒ガス兵器被害者らの医療支援を目的とする民間基金の設立が合意された。

そもそも中国の毒ガス被害者たちが日本政府を相手に訴訟を提起した目的は、判決の中で日本政府の法的責任を明らかにし、日本政府に対し医療支援・生活支援のための制度をつくることを促すことにあった。すでに公害事件や薬害事件などで取り組まれている政策形成のための訴訟という位置づけである。

戦争被害に対する司法の壁は厚く、司法の場における被害者救済とそれに基づく政策形成はいまだ実現していない。しかし弁護団は、日中の民間レベルの協働の中で生まれた今回の基金の枠組みを大きく広げ、後述のようにNPOを立ち上げ、企業、ひいては日本政府にもこの基金への拠出を働きかけている。最終的な目標は、日本政府による遺棄毒ガス被害者支援のための政策形成である。司法といういわば上からの政策形成ではなく、草の根からの政策形成という新たな取り組みは、今も続いている。

✴被害者たちと出会って

チチハル事件は、一つの事件で大量の被害者が生まれ、しかもその全員が被害者グループを形成して訴訟の原告団になったという、他の戦後賠償請求訴訟にはない特徴がある。語弊を恐れずにいうならば、チチハルの被害者たちは、自ら声をあげて被害を訴え出たり、象徴的な被害者として選抜された存在ではない。彼らは、小学生やアルバイト学生、農村からの出稼ぎ労働者、農作業従事者、自営業者など様々であったが、ある日突然に毒ガス被害に巻き込まれて「チチハル事件の被害者たち」と認定され、救済もなく途方に暮れ、日本の弁護団を頼った人々である。

被害者たち全員が集まっての説明会などを行うと、あちこちで携帯電話の呼び出し音が鳴り、会場の出入りも激しく、三〇分ほどもすると半分以上が部屋の外、などということも珍しくなかった。そんなチチハル事件被害者たちは、みんなとても人間くさく、日本の弁護団・支援者たちとも、互いに「情」というものを共有できる人たちでもあった。何度も行き来をするうちに、日本の弁護団・支援者に心からの信頼を寄せてくれていることが、痛いほど伝わってきた。

二〇一一年三月一一日、日本では東日本大震災と福島第一原発事故が発生したとき、チチハルの被害者たちは、日本の支援者や弁護団たちのことを心から心配していた。グループの中心で頑張っていたある被害者は、涙ながらに、「日本の人たちが大変な目にあっているのに、自分たちが日本に対し裁判を続けていてもいいのでしょうか。裁判を取り下げた方がいいのではないかと悩んでいる」と打ち明けてくれた。

裁判で結果を出すことができなくても、弁護団を信じ、心を通わせる被害者たち。弁護団がこの事件に今も関わり続ける所以である。

敦化事件訴訟

＊子どもが拾い上げた毒ガス弾

二〇〇四年七月二三日、中国吉林省敦化市郊外の緑豊かな蓮花泡村の小川で、偶然に遺棄毒ガス弾を拾い上げた子どもがいた。周桐（ジョウトン）（当時一二歳）と劉浩（リウハオ）（当時八歳）である。二人は被毒部分に大きな水疱ができ、二カ月あまり入院し、壮絶な治療を耐え忍んでいた。退院後も、体調不良に悩まされていた。

　翌年一二月、弁護団が現地調査を行った。弁護士になって二カ月目の菅本麻衣子から見ても、二人は相当に体調が悪そうだった。特に劉の父は、これから劉が元気に育っていけるのか、大き

周桐くん（右）と劉浩くん

二人が毒ガス弾を拾い上げた現場

な不安に駆られていた。被害現場付近を見に行くと、真っ白な雪の上に、金属探知機が反応した印である赤い旗が一面に並んでいる。被害の後、現地には何年かけても掘り出せないほどの遺棄毒ガス兵器が埋まっていることが判明したのだった。日本政府が現地で金属探知機を少しかざしてさえいれば大量の遺棄毒ガス兵器が見つかり、周と劉は被害に遭わなかったはずである。

敦化事件を担当した弁護団は、チチハル事件弁護団と一緒に、被害者支援のための政府交渉を行った。周と劉は子どもの被害者として注目され、事件は日本のニュース番組に取り上げられるなど脚光を浴びつつあったが、政府は被害者支援策に消極的だった。

＊現役官僚らの証人尋問

チチハル事件に続き、敦化事件は二〇〇八年、東京地方裁判所に提訴された。二〇一〇年から裁判は佳境に入る。日本政府は一九九二年の時点で、事件現場の蓮花泡村が「初歩的調査を行った埋設可能性のある地区」に挙がっている書類を中国政府から受け取っていた。しかも、その前年に日本政府の調査団が現地に行ったときに、隣村の住民の被害の訴えを聞いていたのである。日本政府にとっては、被害現場に毒ガスが埋まっていることを予見することは十分に可能であった。しかし、中国政府から蓮花泡村調査の正式要請はなく遺棄化学兵器処理事業に組み込まれていなかったと、国側は責任を否定した。

そこで、政府にとって被害現場に毒ガスが埋まっていることの予見が可能だったことを立証するため、弁護団は外務省の現役官僚の証人申請を行った。一九九一年の政府調査団の最若手として通訳を務めた石川浩司外務省アジア大洋州局中国モンゴル課長と、当時の調査団長ですでに外務省を引退していた乳井忠晴である。

証人尋問は二〇一一年一二月五日に行われた。「埋まっている毒ガスは安全」というのが日本政府の態度である。乳井は、「未発見ということは危険ということにはならないと思います」と話し、真剣に遺棄毒ガス弾を探し出そうとしない政府の方針を代弁した。石川は、遺棄毒ガス兵器による被害を未然に防止する対策は何も行っていない、と証言した。一九九一年の調査団派遣は、遺棄毒ガス兵器による被害を防止するうえで何も生かされていなかった事実が判明したのである。

✴最悪の判決と被害回復への取り組み

弁護団は、今までの遺棄毒ガス被害事件の中で敦化事件は予見可能性の裏付けが最も確かであったことから、負けることはないだろうとの自信を持っていた。

しかし二〇一二年四月一六日に東京地裁が言い渡したのは、「日本政府が情報収集したとしても、事故現場を特定し、危険性を認識することはできなかった」として、原告側の請求を棄却する判決であった。国側の主張をも超える最悪の判決である。原告の請求は高裁でも退けられ、二〇一四年一〇月二八日、チチハル事件と同じ日の判決で、最高裁は上告を棄却した。

二〇一四年一〇月三〇日、弁護団は中国での検診活動から帰国した新潟空港で、上告を退ける決定の知らせを受け取った。裁判は最高裁判決で終わってしまったが、原告の被害は終わらない。被害者支援の必要性はますます高まっている。弁護団は、支援のための恒常的組織の確立を目指すこととなった。

ＮＰＯ法人「日中未来平和基金」の誕生

✴毒ガスの被害

遺棄毒ガス被害者は、直接毒ガスに触れた皮膚がただれるのはもちろん、風邪をひいてもなかなか治らないなど、呼吸器や免疫の異常、さらには自律神経や脳機能の異常などに悩まされていた。毒ガスは発がん物質でもあり、今後のがんの発症も危惧される。弁護団と支援団体で議論した結果、被害者の検診等の医療支援については訴訟支援や対政府要求を離れ、政治色の薄い形で支援を広く呼び掛けた方がよいのではないかという結論に達した。そこで二〇〇六年二月、「化学兵器ＣＡＲＥみらい基金」を立ち上げ、広く市民に支援を呼びかけた。

当時遺棄毒ガス被害がテレビニュースで取り上げられたこともあって同基金には少なくない募金が集まり、同年三月には、遺棄毒ガス被害者全員を対象とした中国での検診を行った。以後化学兵器CAREみらい基金に集まった資金をもとに、概ね二年に一回のペースで検診を進めてきた。しかし現在までに、四名の被害者ががんや脳梗塞で亡くなっている。

二〇一四年に入り、検診を受けた被害者の一人が率直に訴えた。

「私たちは定期的に検診されているが、その結果体が治るわけでもない。実験台にされているように感じる。検診ではなくて私の体を何とか治してほしい」

そのころ、中国の民間団体「中国人権発展基金会」が、遺棄毒ガス被害者のための基金を日中合同で立ち上げようという構想を持ち上げた。中国人が、中国の遺棄毒ガス被害者を自ら支援しようと立ち上がったことは、中国国内の意識の大きな変化である。

同年一〇月二八日、中国人権発展基金会と弁護団は、遺棄毒ガス被害者のための基金を設立することに合意した。この合意をうけて、二〇一六年一〇月には東京で「NPO化学兵器被害者支援日中未来平和基金（日中未来平和基金）」が発足した。「化学兵器CAREみらい基金」の事業はこのNPOが引き継ぐこととなった。

＊日中未来平和基金の活動

毒ガス被害者は多種多様な薬を購入し服用しているが、働けず生活が苦しい被害者は、薬代の支払いなどでさらに生活を圧迫されている。日中未来平和基金は中国の基金と協力して、各被害者に毎年一〇〇〇元ずつとわずかではあるが、薬代援助を行っている。また、チチハル事件から相当の年月がたち、著しく健康状態が悪化した被害者が出てきた。日中未来平和基金は治療が必要な被害者に検診を毎年行うほか、治療費の支援にも踏み切り、中国の基金と協力して、糖尿病や肺結核の治療費を支援している。

日中未来平和基金は二〇二〇年三月、税制優遇などを受けられる、認定NPO（都道府県などにより認定されたNPO）となった。被害者の健康回復の仕組みをつくり、それをモデルに政府による被害回復の施策を実現させようとの取り組みは、今も続いている。

（南典男、富永由紀子、菅本麻衣子）

Ⅳ 中国人「慰安婦」訴訟

日本軍は一九三〇年代後半から、日本軍兵士の性的欲求を満たし士気を上げることを目的として、戦地に「慰安所」を開設した。「慰安婦」として集められたのは、日本からの女性たちのほか、当時植民地であった朝鮮や台湾から送られた主に十代のいたいけな少女たちであった。

中国山西省で起きた事件は、占領地の女性を組織的、継続的に拘束し性暴力を加えたという意味で、「慰安婦」制度の延長線上にある。日本軍は都市につくった慰安所に朝鮮から女性たちを連行したが、近郊の中国人女性も連行した。そして前線では、占領した村の家々に押し入り、若い女性を見つけると駐屯地に連行して監禁し、「性奴隷」とした。

こうした前線での被害者の存在が明らかになったのは、一九九〇年代に入ってからである。犠牲となった女性たちは、差別と偏見ゆえ、被害の事実を明らかにできず、半世紀以上にわたる歳月を沈黙のうちに過ごしていた。性的に蹂躙された記憶は、時間にいやされることもなく、なおPTSD(心的外傷後ストレス障害)となって、彼女たちをさいなんでいた。

被害者・加害者たちの証言

＊李秀梅(リシウメイ)——五カ月間監禁され強姦、母は自殺した

李秀梅です。今六九歳です。生まれ育った山西省の村で、一五歳のとき、日本軍にひどい目に

あわされました。

旧暦八月（新暦の九月ごろ）の夕方のことです。私の家は農家で、両親と兄の四人で暮らしていました。私は家のオンドルの上で、母と一緒に靴作りをしていました。そこに、黄色の服を着て、鉄兜を首の後ろに下げ、銃剣を持った四人の日本兵が入ってきました。彼らは笑いながら何か言いましたが、言葉がわかりません。かわいい子、「花姑娘（ホワーグーニャン）」という中国語を言っており、それだけがわかりました。私は泣き出しました。

日本兵は私を引っ張りました。母が引っ張り返そうとしましたが、顔を日本兵に殴られました。纏足（てんそく）（当時の風習で、布を巻いて大きくならないようにした足）をしていた母は、たちまち倒れてしまいました。私は口にハンカチを詰め込まれ、泣くこともできなくなりました。その後、両手をひもで縛られて、ロバに乗せられ、近くの進圭社村まで連れて行かれました。ロバの両側に二人ずつの日本兵が付き、逃げ出すことはできませんでした。

李秀梅さん（本章掲載の出典の明示のない写真はすべて、中国人「慰安婦」訴訟弁護団提供）

私は進圭社村のヤオトン（山の斜面を掘り、しっくいで固めた半円形の家）に、一人で監禁されました。オンドルのある小さな部屋で、小さい窓がありました。夜になると、砲台にある日本兵のいる部屋に連れて行かれました。

名前は知りませんが、背が低く丸顔、色白、目鼻立ちの整った感じの日本兵がいました。私にキスしたり、身体を触ったりして、身振りで私に服を脱ぐように要求しました。私は恐ろしさのあまり抵抗できず、自分で脱ぎました。強姦されたとき、痛みをすごく感じました。それまで経験がなかったので、大量に出血しました。私は、泣くしかありませんでした。まだ生理も始まっていなかったのです。

次の日から、ヤオトンにいるときに、日本兵が次々にやってきて、私を強姦しました。見張りの人がいて、ヤオトンから外に出ることはできませんでした。特にひどかったのは、「赤ら顔隊長」という人物です。太くて、背が低く、顔が大きい人でした。彼は乱暴するやり方が、ほかの日本人と違います。彼の部屋に連れて行かれた場合は、私の腰の下に何か物を置き、高くするわけです。痛かったです。今も陰部に影響が残っています。

自分の家に帰れたのは、五カ月後でした。父と兄しかおらず、母は亡くなっていました。私が監禁された後、母は私を取り戻すために、親せきから六百元を借りて日本兵に渡しました。それでも私を返してもらえず、首つり自殺してしまったのです。六百元というと、とてつもなく大きなお金です。日本兵にひどい目に遭って、そのために母が自殺してしまったのです。日本人は悪いことをしました。お母さん、お母さん、どうしようか。お母さん、会うことができなくなりました。どうしましょうか、お母さん……

（李さんは大声で泣きだし、止まらない。裁判官は驚いて法廷を一時休廷とした。）

（証言再開）ある日、赤ら顔隊長は、また私を強姦しにヤオトンにやって来ましたが、私は拒否しました。すると隊長は、ベルトで私の右目のところを叩きました。私は外に逃げ出しましたが、隊長が私の左腕を引っ張りました。すごく痛くて骨が折れたかと思いました。痛くてたまらないので赤ら顔隊長の腕に噛みつくと、隊長は軍靴で私の太ももを蹴り、私は倒れました。隊長は、さらに私の頭をこん棒で叩きました。私はたくさん出血し、気を失いました。見張りの中国人が私のことを気の毒に思い、私の兄に知らせました。兄はかごを調達し、日本軍に知られないように夜、私を家まで運びました。それでようやく家に帰れたのです。頭を叩かれて、今までずっと頭が痛くて薬を飲み続けていますし、顔も変形しました。赤ら顔隊長が憎いです。

ヤオトンには布団はなく、寝るときの敷物は米の袋で、掛物は麻袋でした。一日に一回か二回、とうもろこしやじゃがいも、粟の食べ物をくれましたが、見張りの人がいないと鍵をかけられ、一日食事がなかった日もあります。家の食べ物の方がずっとましでした。冬になっても、日本軍はオンドルに火を入れてくれませんでした。

ヤオトンでは、次々に日本兵がやって来て、私を強姦しました。一日何人くらい来たのか、覚えていません。体がおかしくなって、今でも冬になると足が動かなくなりますし、夏になると頭が痛くなります。頭と足の薬を毎日飲んでいます。頭はすっきりせず、緊張すればするほど気分が悪くなります。この五〇年間、目も足もずっと不自由です。

私も母親も、日本軍にひどい目に遭わされました。日本には謝罪と賠償をしてもらいたいです。


（一九九六年七月一九日　東京地方裁判所）

✴侯巧蓮（ホウチャオリエン）――今も夢の中に日本兵が現れる

侯巧蓮です。一九二九年に生まれました。一四歳のとき、鬼子（グイズ）（日本兵）からひどい目に遭ったときのことをお話しします。

旧暦の三月（新暦の四月ごろ）、日本兵が私の住んでいた山西省の夾掌村にやって来て、「会議に行け」と、私たちを家から追い出しました。ある家の庭に村の人が集められ、その中から、私と、八路軍のために働いていた父、それから五人の女性が捕まり、日本軍の駐屯地である進圭社村まで、ロバに乗せられ連行されました。

私はほかの女性たちと一緒に、部屋に監禁されました。夜、日本軍の手先の中国人が私を呼びに

侯巧蓮さん

来て、ヤオトンに連れて行かれました。暗くて、とても怖くて、逃げ出そうとしましたが、入り口に行くと殴られたり蹴られたりして、口の中にも布を詰められて、日本兵に、オンドルの上に投げ上げられました。そして無理やり服を脱がされ、強姦されました。その日本兵は、終わった後、煙草に火を点けて出て行って、もう一人の日本兵が入ってきて、同じように私を強姦しました。

終わった後、さっきの中国人に連れられて、監禁された部屋に帰りました。ものすごく出血して、痛くて、歩くのもやっとでした。そのころ、性体験も生理もまだなかったのです。強姦はその後も続きました。最初はヤオトンでしたが、私が歩けなくなってしまうと、監禁されている部屋で強姦されました。夜も、昼もです。毎日崖から飛び下りるとか、井戸に飛び込むとか、トイレに飛び込むとか、そんなことばかり考えていました。もう苦しくて苦しくて、死にたかったです。出血がひどくて、全身がむくんできて、頭も壊れてしまいました。

私の母は、ロバを売って、羊も売って、収穫した食糧も全部売って、友達とか親せきのところを纏足の足で歩きまわって、やっと七百元集めて、父と私を引き取ることができました。私はロバの上にまたがることができず、背中に腹ばいになって帰りました。連行されたのは三月でしたが、帰ったときは、黄色い花が咲いて、小さなカボチャの実がなっていました。家に帰った私は、笑ったり、泣いたり、気が狂ってしまいました。私は魂を抜かれたと言って、母が、昼も夜中も、魂を呼び戻す儀式をいろいろやりました。出血がひどくて全身むくんで、治るのに一年か二年ぐらいかかりました。

今も日本軍のことをときどき思い出します。昼間も思い出すし、夜眠れないときも思い出して、思い出したら家にいられなくて、外に飛び出します。夢の中の日本兵は、前と同じように黄色い服を着て、革の長靴を履いていている恰好をしていて、それを見ると、昔監禁されたときと同じように、すごく怖いです。

（一九九八年七月一七日　東京地方裁判所）

＊張粉香（ジャンフェンシャン）——PTSDに苦しむ母との日々

侯巧蓮の長女、張粉香です。母のことについて話します。私は結婚前母と同居していましたが、結婚後も、母の家を頻繁に訪ねています。母が精神病だからです。

母は普段、優しく、思いやりのある人です。おいしいものを食べさせたり、飲ませたりしてくれます。でも、ときどき、正常ではなくなります。これを触ったりあれを触ったり、家の中をぐるぐる回ったり、暗い所に潜ったり、かめの中の隙間に潜ったりします。ある夜は、裸で家を飛び出したこともあります。崖から落ちる危険があったので、外に走り出して落ちたりしないように、それからは門のところに鍵をかけるようになりました。母がおかしな行動をすると、オンドルに押し付けて、鎮静剤や冷たい水を飲ませたりして、寝かせていました。

発作が起きると、もう自分をコントロールできなくなって、子どもを素手で殴りました。私も気を失うまで殴られましたし、妹も、血だらけになるまで殴られたことがあります。発作は突然起きます。何かのきっかけで起きるときもあります。例えば知らない人が急に来たり、特に制服を着てる人が来たり、テレビで戦争の画面が出たりするときです。

正常に戻ると、母はいつも後悔して泣きました。どうしてあなたたちをこれほど殴るんだろうって。私たちの体のあざを見て、わんわん泣きました。私たちも泣きました。

大きくなってから、母から、病気になった理由を教えてもらいました。母がおじいさんと一緒に日本兵に連行され、家も食糧も焼かれ、最後は羊を売って、親せきから借りて現金を工面して、やっと引き取られたということを。でもそのとき母は、日本兵から性暴力を受けたという話はしませんでした。

母からやっと何があったかを聞いたのは、日本でやる裁判のための調査が始まってからです。暗いオンドルの上の出来事を聞いて、怒りで胸がいっぱいになりました。その被害のせいで、母がこういう病気になったんだと思いました。村の中には、恥だからもう外に言わない方がいいという人もいます。でも、私は母についていきます。母は一度日本に来た後、亡くなりました。もう五、六年たつのに、ときどき夢の中で、また母が発作を起こして逃げまわったり、踊ったりする夢を見ます。目が覚めて、母は一生辛い生活をしていたと思うと、私もつらいです。私自身、鎮静剤とか頭痛の薬とかを欠かせません。

母は暴行されて精神病になって、私たちは小さいときからちゃんと食べたり飲んだりできなくて、一日もいい生活ができていません。日本政府にぜひ謝って賠償してほしい、正義を返してほしい、と思います。

（二〇〇四年六月二日　東京高等裁判所）

＊劉面換（リウミエンホワン）――命が尽きるまでたたかう

（劉は一九九六年に東京地裁の第一審で証言。高裁でも証言し、日本の法廷での二回目の証言となった）

劉面換、七六歳です。

私の母はとてもいい人で、ほかの人にも優しいし、悪口を言われたことはないと思います。父も私をだっこしてくれたりおんぶしてくれたりかわいがってくれ、事件の前は幸せな生活を送っていました。それが一五歳の旧暦三月（新暦の四月ごろ）の朝、家にいるところを日本兵に連行され、進圭社村のヤオトンに監禁されたのです。暗く、寒いヤオトンの中で、連日、日本兵に強姦されました。

日本兵は毎日七人くらいが来ました。三人くらいのときもあれば、五人くらいのときもありました。日本兵はいっぺんに入ってきて、一人が私を強姦している間、それを見ながら笑ったり、拍手をしたりしていました。彼らは突然部屋に入ってきます。銃をオンドルの上に置いて、ズボンを脱げみたいな手ぶりをして、私が脱がないので、脱がされました。私は連行される前、村では日本兵にさらわれないように墨を塗って顔を醜くしていましたが、ヤオトンの中でも、顔に土を塗りました。それでも強姦されました。日本兵は、私が顔に土を塗っているのを見て、笑っていました。抵抗しても役に立ちません。毎日毎日強姦され、私はもう家に帰れない、もう放してもらえない、これで死んでいくんだろうと思いました。父親と母親のことを思っていました。

劉面換さん

ヤオトンに閉じ込められて一カ月くらい経つと、体も顔もむくんできて、食べ物も飲み物もなく、歩けなくなって、トイレに行くときもはって行きました。ヤオトンに閉じ込められていたのは四一日間です。日にちを毎日数えていました。ひどい目に遭うことを、毎日数えていました。ここからいつ逃れられるのかと、死にたいと、思っていました。でも毒薬もないし、がけから飛び降りようにも、外には出られませんでした。日本兵がいないときは、ヤオトンのオンドルの上で、座って泣いていました。火が入っていないオンドルはとても冷たくて横たわれないので、私は座っていたのです。眠いときは壁を背もたれにして居眠りをしていました。

解放されたのは、見張りの人がオンドルの隅に座っている私を見て、もう死んでしまうと思って、親せきを通して父に伝えてくれたからです。父は日本軍に渡すお金を用意して、ロバを引いて私を迎えに来ました。

村に帰ってから、私は一八歳のときに結婚しました。私は日本兵に強姦されましたから、初婚の人は無理だということで、一〇歳年上の男性を紹介されました。いいイメージがなくて嫌いな人でしたが、若い結婚相手は見つかりませんでしたし、生活しなければいけませんから、仕方なく結婚しました。子どもは五人生まれました。

子どものことは好きでしたが、ときどき、子どもに突然暴力をふるってしまったことがあります。日本人にあんなひどい目に遭わされて、人に言えないし、誰かに告げることもできないし。いつも子どもを殴った後、後悔していました。子どもたちのせいじゃないのに、と。自分に腹が立って、あなたたちのせいじゃないのよ、私のせいなのと、もう殴らないと謝りました。それでも、また別な日には殴ってしまっていました。子どもたちは、私のせいでいじめられたこともあります。お前のお母さんは日本人の妻だ、日本人と寝ただろう、と。子どもが泣いて帰ってきて、お母さん本当なのと聞きますが、私は、それは嘘だと子どもに言っていました。

進圭社村に連れて行かれた日のことは鮮明に記憶しています。あんなひどい目に遭わされて、一生忘れられません。死んだら忘れるでしょうけど。当時の夢を見ることがあります。日本兵はまた私を捕まえに来て、暴行します。殴られて、ひもを掛けられて、怖くて泣いたりして目が覚めます。ヤオトンに閉じ込められている夢、そこで強姦される夢も見ます。一昨年も、ひもを掛けられ、殴られ、引っ張られて行く夢を見ました。

今は、私の周りに親しい人がいて、弁護士の皆さんとかこの裁判をやってくれる人がいて、夢を見ないようになりました。裁判を起こすとき、村の人は、「あんな恥ずかしいことをもう言わなくていいでしょう、一生謎として埋めたらいいでしょう」などと言いました。一審では私は負けましたが、あきらめません。生きているうちはたたかって、最後の最後まで裁判をやっていこうと思っています。私はもう先が長くありません。私はあんなひどい目に遭わされ、幸せな生活を一日もしたことがありません。私の家は日本兵に焼かれました。何もかもめちゃくちゃにされました。裁判官先生、今日はあなたに会いに来ました。謝ってもらいたいです。賠償してもらいたいです。私は今日、是非結果を聞きたいと思います。

（二〇〇三年一一月一七日　東京高等裁判所）

＊近藤一（こんどうはじめ）——中国戦線でくり返した残虐行為

近藤一、八三歳です。私が初年兵として中国戦線に招集されたのは、一九四〇年一二月のことでした。それから沖縄に転戦するまで三年八カ月、中国で従軍しました。そのときのことをお話しします。

まず配属されたのは、河北省から山西省にかけて駐屯していた部隊です。現地での初年兵教育では、刺殺訓練というのを受けたことがあります。広場に二名の中国人が立木に後ろ手にくくられていました。その二名に対し、我々初年兵が三八式歩兵銃の先に銃剣を付け、心臓の上を突き刺すという訓練です。私は七、八番目ですから、とうに中国の方は首をうなだれて亡くなっているだろうと思いますけれども、先ほどまで生きていた人間に対して刺殺訓練をする。最初は足が震えたんですけれども、自分の番になればもうそのことは消え去ってしまい、前の兵隊がやったのと同じように、左胸を突き刺しました。案外すっと体に突き刺さる、豆腐にはしを突き刺したような感触があり、あ、人間とはたやすく刺せるものだなということを、自分の手で覚えました。それから一週間くらいたってから、士官が土下座した中国人の首を切り落とすところも見ました。

私は祖父母に育てられ、祖父は非常に小さいものをかわいがる人で、生き物に対して関心が深く、ミミズを殺してはいけないということも言われていました。しかし軍隊に入って、大和民族は優秀である、隣の中国は国が乱れても治められないようなところであるということを教えられて、結局、中国の人に対しては、当時私達はチャンコロという蔑視する言葉で呼んでいました。そういうことがあって、刺殺や首切りを見せられても、かわいそうだとかいう人間的な気持ちは、そのころは持っていなかったと思います。

部隊の第一回目の討伐では、戦闘行為はほとんどありませんでした。そのとき、部落に入った古年兵が中国人から金目のものを持っていく、居住できないようにいろんなものを壊してしまう、食糧はもう食べられないようにいろりに投げ込む、というようなことをするのを目の当たりにしました。第二回目の討伐は夏に約三カ月間行われました。ある日、三カ月か半年くらいの赤ん坊を抱いた若い女性を捕まえ、古年兵が輪姦しました。普通、強姦をした後は、私らの部隊はその場で皆殺しにするのですが、その女性に限っては、殺さずに、山の稜線上を連れ歩きました。女性が身に着けているのは靴だけで、赤ん坊を抱いた女性は裸で、私の目の前を歩いていました。

近藤一さん。1942年、山西省太原で撮影（大森典子著『歴史の事実と向き合って―中国人「慰安婦」被害者とともに』〈新日本出版社〉より）

昼前の休憩のとき、古年兵の話が聞こえてきました。女性が弱ってきているがどうしよう、というのです。その途端、別の古年兵がぱっと立ち上がり、赤ん坊を、そばのがけから投げ捨ててしまいました。赤ん坊は即死していると思います。するとその女性は、あっという間に自らがけの下に飛び込んでしまいました。私は瞬間的に、かわいそうなことをしたなという思いがありましたけど、「出発」という号令とともに歩き始めると、もうそのことは頭から消え去っていました。軍隊というものは、上官の命令は天皇の命令というふうに軍人勅諭の中に記されています。古年兵のやることを止めに入るようなことは、初年兵の私にはできませんでした。

二回目の討伐では、食糧がなくなると、中国の人の家に入って、とうもろこしや粟を奪い取って自分らの食糧にしていました。道端で、死んでいるかまだ生きているかわかりませんが、下半身丸裸の女性が、性器にいろんなものを突っ込まれて横たわっている、それをいろんな場所で見たことがあります。自分らの中隊の者がそれをやったことをそばで見たこともあります。

その年の年末、山西省太原の近くに部隊が配属されました。太原で初めて慰安所に行きました。当時一回一円か、一円二〇銭だったと思います。慰安所には中国人、朝鮮人、日本人がいて、日本人の所は将校専用でした。兵隊は朝鮮人か中国人の所に行きました。そのころ三回目の討伐に出かけ、任務はトーチカ（砲台・小規模陣地）作りでした。直径一〇メートルから一五メートルくらいの、円形の二階建てのトーチカを作るのです。ある日、三〇歳前後の一人の若い女性が捕まり、トーチカに連れてこられて輪姦されましたが、それに私も加わりました。トーチカの中は部屋にわかれていて、その一室に、女性は寝かされていました。古年兵から始めるわけなので自分は三人目か四人目くらいでしたが、女性は全裸のまま、ただ寝かされていました。私が入っても、ほとんど反応がありません。無表情で声も何も出さず、ただそこに転がっている状態でした。今考えてみると、なぜあんなことをやったのか、人間でないことをやったという思いがあるんですが、当時はそういう意識は全然持っていませんでした。その後の女性がどうなったのか、私は知りません。

上官も率先してひどいことをしていました。小隊長が面白いことをやっているという声を聞きまして見に行ったら、強姦する前段で、小隊長が持っている日本刀を逆手に取って、女性のモンペから腹帯の白い布を断ち切って、両手両足を四人の兵隊が抑え込んで、強姦するのです。同年兵の一人が、持っている帯剣でもって、老人の耳を切っている場面に出くわしたこともあります。じじばば育ちですから、老人まで切って何になると止めに入ったんですけど、何を言ってる貴様、老人だから耳をそぐだけで勘弁してやるんだというふうに言って、次から次へと耳を切っています。これは気が狂っているのかなという状況で、私はそのまま立ち去りました。

今思えば慚愧（ざんき）に耐えない、人間でないということをやったとつくづく考えています。戦場に二年、三年、四年といると、人間性というものがなくなります。やった行為は悪い、申し訳ないという思いで今はいっぱいなんですけど、当時はそういうふうに考えなかった。私は何回死んでも償いきれない。これは自分が家庭を持ち、子どもができ、孫ができ、そのことを考えた場合に、あの当時の中国の人に対して、どうしてあんなことをやったのか、もう言い訳も何もならないし、戦後五〇数年たっても、やっぱり事あるごとに自分を責めるだけのことしか、私はできません。せめて、やはりやったこと自体は日本の皆さんに知ってもらいたいとの思いで、今は償いきれるものじゃないですけど、あえて自分の生き恥をさらすということを、ここで申し上げています。

私は中国戦線の後、沖縄戦も経験しました。首里の陣地を脱出する際、照明弾が上がる中、沖縄県民の方の悲惨な死んでる模様を見たわけなんです。兵隊さん、連れて行ってくれと声を上げてる人もいるし、赤ん坊の声も聞こえる。ところが軍隊では個人行動は許されないため、私は見捨てて走り出しました。私は中国では擲弾筒(てきだんとう)を持っていましたが、それをぶち込むと、二〇メートル範囲でばたばた人が倒れます。その倒れる模様をおもしろおかしく思っていた光景が重なり合って、今、日本の国民がこんなひどい目に遭っている、これは我々が中国で、自分が擲弾筒で何十人という人を殺傷した、その報いと言いますか、同じような光景がここにある、と思いました。そういうことがあって、私は中国における加害の行為を話すようになりました。

私は三年前に山西省を訪問し、昨日は劉面換(リウミエンホワン)さんともお会いしました。ただ、もう、心の中は、すまない、すみませんでした、それだけです。何にも頭の中には入りません。ただ、すいませんというひと言しか出てこないんです。方々でこういう戦争の話をしに行くと、やはり六〇年前の自分の姿というものがふとわき上がってきて、夜になると軍隊で起こったこととかいろんな夢ばかり見て、それは消え去ることはありません。

自分は八三年間生き長らえましたが、同年兵七〇名のほとんどは亡くなってしまいました。亡くなった者たちが中国でどういうことをやったか、沖縄戦でどういう死に方をしたか、そういうことを本当に日本の皆様に知っていただきたい。

今、日本の国情を見ますと、一八〇度変わってます。あれほど苦しんで戦って死んだ戦友、あるいは中国の人に対してああいう悪さをして、戦争をやりませんというような憲法まで作ったのに、なぜ、こんな国にだんだん変わっていったのか。本当に私らがやった中国での残虐なことは誰も知らないし、それを知らそうとする人もいないし、話せばそれが叩かれるという今の情勢、だから、そうじゃなくて、本当に戦争のない国にすれば、亡くなった戦友も喜んでくれると思うんです。だから、こういう話を人に聞いてもらい、わかってもらうことで、戦友のため、あるいは中国で我々の残虐なやり方で亡くなった人を弔うことができるという思いで、今日は話しました。

（二〇〇三年一一月一七日　東京高等裁判所）

「慰安婦」問題の衝撃と中国人被害者

＊一九九一年、「慰安婦」のカムアウト

中国人女性があの侵略戦争中に日本軍兵士の残忍な性暴力の犠牲になった話は、それなりに知られていた。しかし一九九一年八月一四日に韓国人の金学順（キムハクスン）が、自分は日本軍の「慰安婦」であったとその被害を語った衝撃は、別次元のものと言ってよかった。あの戦争で戦地に送られた将兵のかなりの部分が「慰安婦」の存在を知っていたが、戦争が終わって平和な日本に帰ってからは、この問題には触れないように、できれば歴史の闇に葬りたいと思っていたように思われる。

金学順のカムアウトに触発され、韓国のみならずフィリピン、台湾、インドネシアなどの国々から被害者が名乗りをあげた。同年一二月に金を含む韓国人被害者が日本政府を相手に提訴したのを皮切りに、被害者が裁判で日本政府の責任を追及するようになると、この残された戦後処理問題に対してきちんとした対応を求める世論も盛り上がった。このような情勢を背景に、日本政府は本格的な調査をして何らかの対応をせざるを得ないところに追い詰められ、その結果発表されたのが、一九九三年八月四日の河野洋平内閣官房長官談話である。以降この談話をもとに、日本政府として被害者に対し、謝罪の証として金銭の支給をするという問題が浮上した。

中国人戦争被害調査の問題が日本の弁護士に投げかけられたのは、こうした状況下のことであった。

✴知られざる中国人女性の性暴力被害

一九九四年、日本政府は「アジア女性基金」の名で「慰安婦」被害者に対し民間募金による「償い金」支給事業を行うという構想を発表し、大々的に募金キャンペーンを始めた。しかしこの時点で、最も被害が大きかったと思われる中国人被害者のカムアウトはなかった。

一九九二年に東京で行われた「日本の戦後補償に関する国際公聴会」では、初めて中国から参加し、自分が受けたひどい性暴力ついて証言している最中に壇上で失神した万愛花(ワンアイホア)は、強烈な印象を聴衆に与えた。しかし、その後中国でこの問題がどのように広がっているのか、他の被害者がいるのかどうかなどは、アジアとオランダに広がったカムアウトの潮流の外にあり、中国人被害者のことは全く知られていなかった。

政府のアジア女性基金の事業がまさに始まろうしていた。しかし「償い金」を受け取るか否かは別として、そもそも名乗り出る被害者がいなければ、初めから検討の対象としてすら考慮されることはない。日本軍が足掛け一五年に及ぶ侵略戦争のなかで、最も長期にわたり広範な地域を占領して様々な加害を行ってきたのがまさに中国の主要部分であったことからすると、そこに中国人の被害女性がいないはずはなかった。まずは中国の被害者の実態把握がどうしても必要であった。

中国人被害者の調査

一九九四年秋、大森典子弁護士は、家永教科書裁判の弁護団長であった尾山宏から一本の電話を受け取った。尾山の電話は、中国人戦争被害法律家調査団を結成して中国に調査に行くことになったが、女性に対する被害調査に参加してほしい、という内容であった。当時、「慰安婦」被害者のカムアウトが続いていたが、広大な占領地となった中国大陸ではどうなっていたのか、慰安所政策との関係はどのようなものであったかなど、まったくその実態は知られていなかった。また、聞き取りに応じてくれる被害者はどのような地方の、どのような被害者なのか事前の情報がほとんどなく、調査は気の遠くなるような困難を予想させた。

しかし大森は、直ちにこの調査に参加することを決意した。家永教科書裁判で、初めて日本のアジアに対する加害事実を知ったときの衝撃が忘れられなかったからである。

＊日本は中国で何をしたか──家永教科書裁判

家永三郎元東京教育大学教授の始めた教科書検定の違憲違法を主張した裁判（家永教科書訴訟）は一九六五年と六七年に第一次、第二次訴訟がすでに提起されていたが、一九八四年にはさらに第三次訴訟が提起された。第一次、第二次訴訟では主として戦争の被害をどう教科書に記述するかが争われたが、第三次訴訟では日本の加害をどう書くかが争われ、一九八〇年検定に対する正面からのたたかいとなった。この「八〇年検定」は「侵略進出問題」との言葉に表されるように、日本軍の中国その他への「侵略」を「進出」と書き直させた検定として、韓国・中国をはじめアジア諸国からごうごうたる非難が沸き起こり、外交問題にもなった検定である。家永教科書も例外ではなかった。家永教授は、それまでの日本の被害中心の戦争記述に日本の加害の歴史を書き加えて検定申請したところ、検定側は徹底的に削除や書き換えを要求してきた。この検定に対して家永教授は第三次訴訟を提起し、検定の違憲違法を争ったのである。

この裁判のなかで大森は、韓国における日本の教科書検定に関する世論の受け止めや歴史教育についての韓国人教授の尋問を担当した。そして韓国市民の様々な告白が載った新聞記事や数々の資料から、日本の植民地支配が韓国市民に与えた傷の深さを思い知らされていた。

家永教授は問題となった教科書記述の中で、「南京大虐殺」の中での性暴力や中国の戦場での日本軍の性暴力について触れている。これに対して検定は、「軍隊において士卒が婦人を暴行する現象が生ずるのは世界共通のこと」として、これらの記述を絶対に許さないとする強硬な姿勢を示していた。しかし「南京大虐殺」に関しては、当時の学説が特に南京占領後の強姦のひどさについて指摘していることを判断の根拠として、高裁が検定の違法を認定した。しかし華北などの戦場での性暴力については、最高裁に至るまで「華北などの戦場における貞操侵害行為については特に取り上げて記述すべきほど特徴的に頻発しあるいは残虐であったとする学説資料は存在しなかった」として、検定側の主張が認められてきた。

一九九四年に中国人戦争被害法律家調査団が中国に入ろうとした当時、中国大陸での日本軍の行動に関する日本人の一般的な認識は、この最高裁判断とさして変わらないものであった。

✴初めての聞き取り

一九九四年一〇月、二〇人近い弁護士が戦争被害調査のため中国に渡った。そして、強制連行、「慰安婦」、南京虐殺・無差別爆撃・731部隊事件の三つの班に分かれ、被害者やその遺族からの聞き取りに入った。大森と一緒に最初の聞き取りに参加したのは菅沼友子弁護士で、菅沼はすでに当時、提訴したフィリピンの被害者の聞き取りを多数経験していた。

当時の中国政府は、経済発展のため日本との良好な関係を維持することに腐心し、被害事実の申告に神経をとがらせていた。戦争賠償の問題を正面から日本政府に突きつけることとなるからである。そのため日本からの調査団はそれぞれ、中国の案内人に連れられ公安（中国の警察）の目をくらます場所に行って聞き取りを行った。

調査の初日、大森たちが案内人に連れられて聞き取りの場所に行くと、そこには山西省から来た李秀梅（リシウメイ）と、湖南省から来た胡良侶（フーリャンリュウ）が待っていた。当時、山西省の山奥から李秀梅が北京に来るには、まる二日はかかっていたはずである。

李はおそらく戦後初めて日本人にこうした話をすることになったと思われるが、長旅の疲れも感じさせず、ほとばしるようにその被害を語った。湖南省の胡の被害は、昼間は日本軍の駐屯地で洗濯や食事の世話などをさせられ、夜は兵士の相手をさせられたという事例で、朝鮮半島から中国に送られた被害者の話でもときどき聞く内容であった。しかし被害場所の特定がどうしてもできず、被害事実を裁判所で立証することは困難であると思われた。他方、李の被害地は、現在住んでいる土地の近くだった。被害にあった建物も当時のまま存在し、同じ場所で同じような被害にあった女性たちと現在も連絡を取りあっており、それぞれの被害を知っているという。

＊山西省の省都太原へ

調査の結果を東京に持ち帰り今後の進行について議論をしたが、李から話があったように、同じ地域で同じような被害にあった女性たちの聞き取りが当然必要となる。その結果、翌一九九五年一月、今度はこちらが山西省の省都太原に出向いて、被害者にも現地から太原に来てもらって

山西省に広がる黄土高原

被害者の住む村への移動は困難を極めた

聞き取りをすることになった。

当時、日本人の中国旅行は北京や上海などの大都会か、西安などの有名な観光地が定番であり、太原のような地方都市に行くことはめったにない。太原にどのようなホテルがあるかもわからず、旅行会社には「太原で一番上等な」ホテルを取ってと頼んだ記憶がある。その結果実際に泊まったホテルは、夜の電気も暗く、日本語も英語も通じない現地の招待所（中国の簡易宿泊所）といったところであった。向かい側の部屋の住人が扉を開けっ放しにしてこちらの部屋の出入りを見ており、不安な一夜を過ごした記憶が残っている。しかしこの太原での聞き取りは、その後原告となったほとんどの女性が参加した重要な聞き取りになった。

＊謝罪と賠償への強烈な要求

初めて被害を語ってくれた劉面換（リウミエンホワン）は涙を流しながら「どうしたって賠償してもらわなければ」と語った。しかし調査は時間的制約があり、また被害女性の言葉は、北京語の通訳者では理解できない山西語であった。当然二重通訳とならざるを得ず、女性達に付き添った小学校教師の張双兵（ジャンシュアンビン）がまず北京語に訳し、それから日本語に訳してもらった。さらに、被害者と聞き取る日本の法律家との信頼関係ができていたわけでもないので、なかなか十分な事実を聞き出すことはできなかった。

一例が、抗日女性組織の幹部であった周喜香（ジョウシシャン）である。周は現地盂県の公的な歴史書『盂県文史資料』の中に女性の被害者ではただ一人、日本軍に捕まってから救出されるまでの状況が実名で書かれている女性であった。周は抗日幹部と一緒に会議をしているところを日本軍に捕まり、進圭社村の拠点に連行され、そこで連日性暴力に遭った。数日後処刑のため別の拠点に連行される途中、待ち伏せていた八路軍が彼女らの奪還作戦を実行し、銃撃戦の末救出されたという。映画にでもなりそうな波乱万丈の話であったが、最初の聞き取りのときに彼女が語ったのは、まったく実際とは異なる物語であった。日本人に対して本当のことを話してはいけないというのが、抗日勢力の「掟」だったのであろう。あえて全くの作り話を日本の法律家に話していたことを、後に告白してくれた。

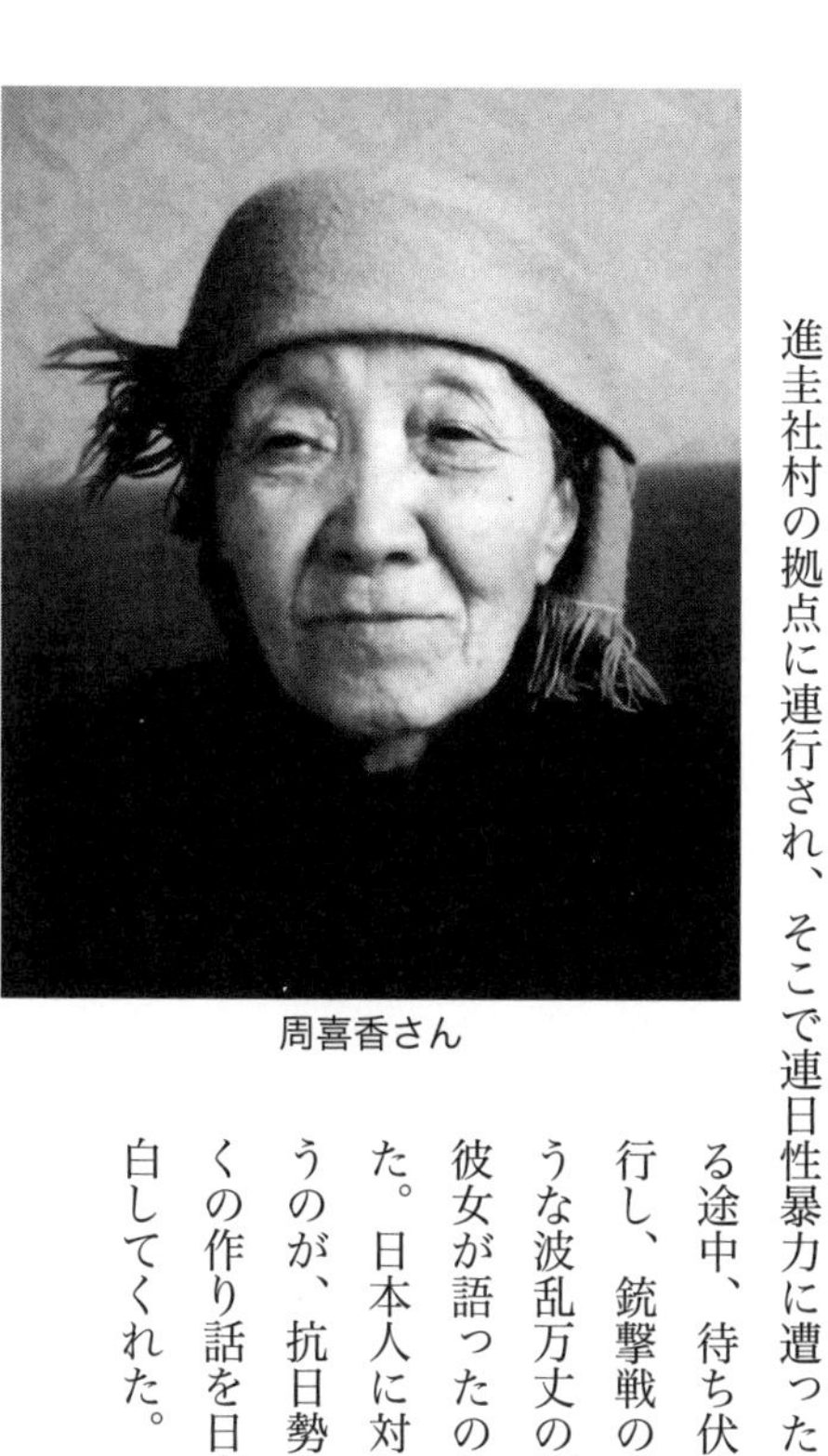

周喜香さん

いずれにしても、日本の弁護士たちの前に名乗り出た被害者たちは皆、あの戦争中に日本軍から受けた性暴力は許すことができないし、何としても日本政府に謝罪と賠償をしてもらいたい、という強烈な要求を持っていた。

弁護団は、最初の調査に参加した弁護士のほか、当時、日本弁護士連合会（日弁連）で「慰安婦」問題について、その法的な問題点と解決提案を意見書という形で取りまとめた弁護士などが中心となって構成された。一八〇人という大弁護団が結成され、終戦後五〇年となる一九九五年八月、最初の中国人「慰安婦」訴訟が提起されたのであった。

＊PTSDのフラッシュバック

最初の裁判を提起して約二カ月後の一九九五年秋、小野寺利孝弁護士と大森は再び太原に出向いた。そこで日本の弁護士は初めて、聞き取りの最中にPTSD（心的外傷後ストレス障害）のフラッシュバックに陥った被害者と対面することになった。

侯巧蓮（ホウチャオリエン）は開口一番「そのとき私は一四歳だった」と言った。数えで一四歳というと満年齢では一三歳か一二歳、小学校の六年生か中学一年ぐらいの子どもである。聞き取りはいつものように彼女の生い立ちや村の様子などを聞き、被害にあったときの状況に進んでいった。彼女が一四歳のある朝、突然村を襲った日本軍に抗日の村長をしていた父親が捕まり、村人の前に引きずり

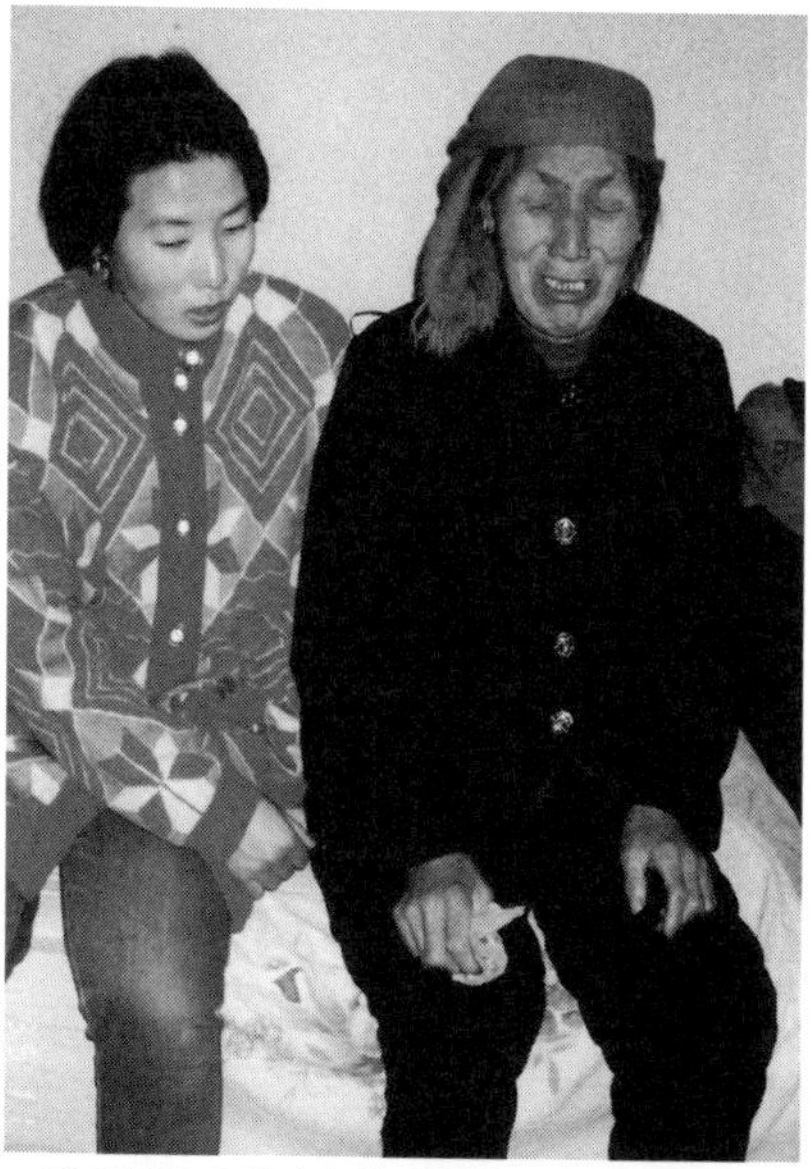

出されて棍棒で殴られ、頭から大量の出血をした。彼女はそれを見せられ、さらに家の中のあらゆる物が壊されるのも恐怖の中で見ていた。その後侯さんは他の五人の女性たちと一緒に進圭社村に連行され、ヤオトンのひとつに入れられた。

大森が「その後どのようなことがありましたか？」と聞いたときだった。侯はいきなり大声で号泣しはじめ、泣きやまなくなってしまった。山西省の「慰安婦」を詳しく調査し、案内役として脇にいた張双兵（ジャンシュアンビン）が彼女の手をしきりに揉みほぐしている。日本の弁護士はとっさに何が起こったかわからなくなって、何か特別に悪い質問をしたのだろうかと、体がこわばる思いであった。しばらくして落ち着いてから張に聞くと、彼女は被害の核心部分を話そうとするとき、しばしばこのような発作を起こし、身体が硬直してやがて失神してしまうという。そうした発作はまず手の硬直から始まるので、手を揉んでその発作が広がるのを防ぐのだということであった。当時はまだＰＴＳＤという言葉も知られていなかった。弁護団もそうした精神的な発作があるということを全く知らず、いきなり現場に居合わせて度肝を抜かれたのであった。

聞き取りの最中に泣き崩れる侯巧蓮さん

しばらくして落ち着きをとりもどした侯が話してくれたことは、一四歳の少女にとってはとても受け止められない苛酷な事実であった。侯は捕えられたその夜、真っ暗な中を日本軍のいる家に連行された。そしてあるヤオトンに連れて行かれ、手探りで奥に進むとオンドルの上の布団の端が手に触れた。やがてたくさんの声がしていた日本軍兵士の声が消えたと思ったら、一人の兵士が入って来ていきなり衣服をはぎ取って強姦した。日本兵のすねの毛が痛かった、など今でも残っている心の傷を少しずつ話してくれた。

✴中国最南端・海南島の「慰安婦」

日中戦争中の日本軍による性暴力被害は、大陸にとどまるものではなかった。日本の中国侵略が拡大するにつれその被害は中国全土に拡大していった。

中国最南端の海南島においても、性暴力被害を受けた被害者は数多く存在した。海南島は、日本の九州ほどの面積を有する島で、日中戦争当時、日本海軍が中心となって占領していた地域であった。今では東洋のハワイともいわれ、東京からもわずか六時間程度で訪れることができる風光明媚な地である。その海南島にも七〇余年前、戦時性奴隷、いわゆる「慰安婦」とされた少女たちがいた。

黄有良(ホワンヨウリャン)は、一九二七年生まれの少数民族・黎(リ)族出身。一四歳のとき、畑仕事をしているときに日本兵が現れ、家までついてきた一人の日本兵に、盲目の母親の目の前で強姦された。翌日も日本兵は家にやってた。日本兵に暴力をふるわれる両親の悲鳴に耐えきれず出ていくと、また両親の目の前で強姦された。数日後には村にある日本軍駐屯地に連行・監禁され、洗濯や裁縫をさせられながら、毎日複数の日本兵たちに強姦され続けた。

鄧玉民（デンユウミン）は、苗（ミャオ）族出身。一九四三年ころ、日本軍に徴用されて駐屯地近くで作業をしていたとき、日本軍将校に強姦された。それをきっかけに約二年間にわたって、駐屯地の倉庫に監禁されたまま強姦され続けた。体調が悪化してようやく解放された。

海南島の被害者たちは、拉致監禁型の性奴隷として駐屯地に連行されて将兵の性奴隷とされ、地獄のような日々を送ったのである。

＊「慰安婦」の現地調達

海南島は、海軍が中心となって占領した島であるが、島内の「慰安所」の形態は、軍の管理下に「公」に設置された典型的なものから、前線基地である軍営に日本軍将兵自らが被害者を強制連行し監禁した事実上の「慰安所」（例えば快楽房と呼ばれた）まで、多種多様なものが存在していた。

原告らの中にも、軍営の「慰安所」から市街地の「慰安所」に移送された者もいる。また「日

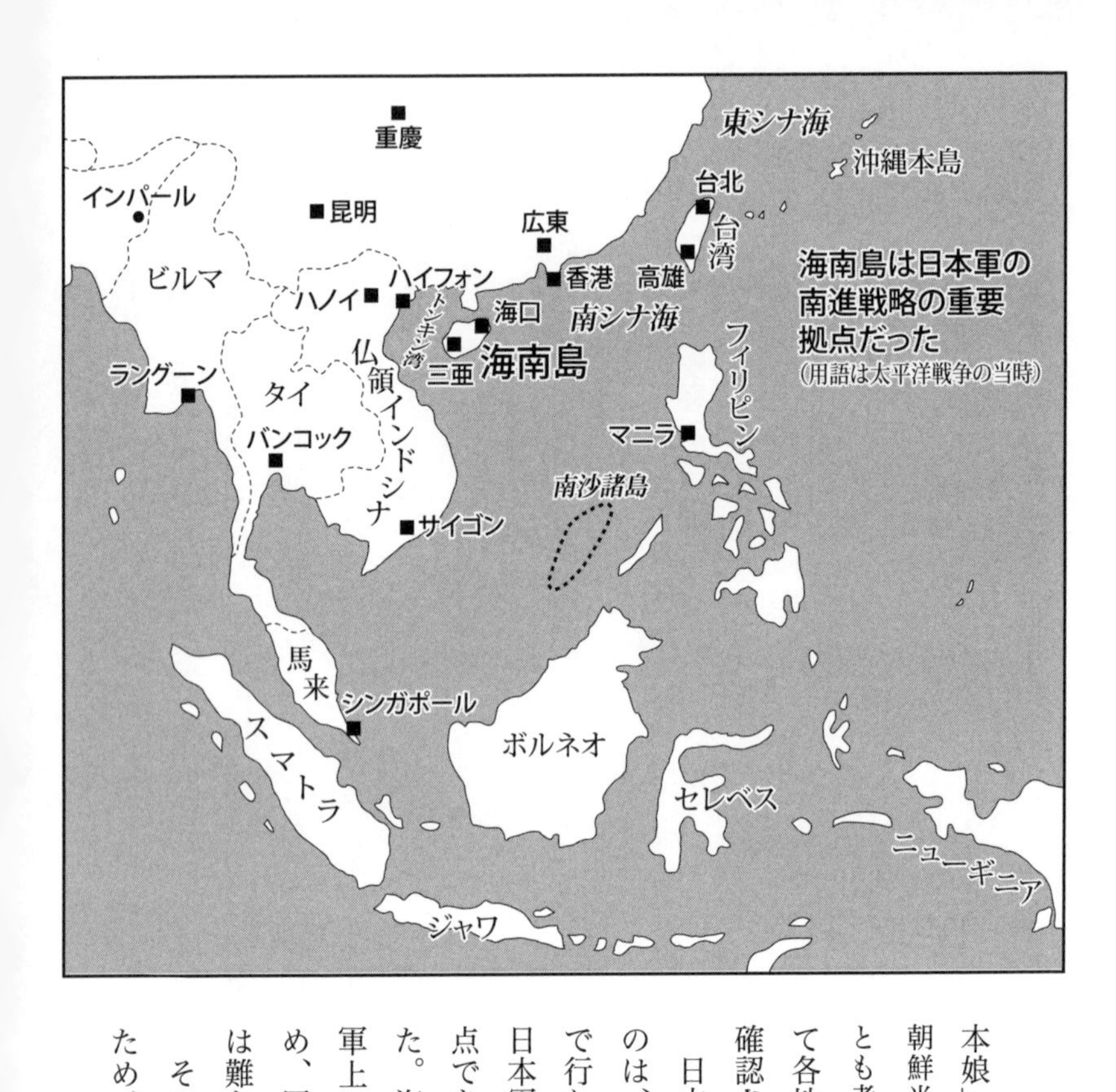

本娘」(着物を着た女性をこの様に称した。朝鮮半島や台湾からの拉致被害者〈後述〉とも考えられる)が巡回「慰安婦」として各地の「慰安所」を回っていた事実も確認されている。

日本軍が海南島に侵攻し軍政を敷いたのは、一九三九年一月の御前会議の決定で行われた作戦行動に始まる。海南島は日本軍にとって南方進出における重要拠点であり、また、鉱物資源も豊富であった。海南島にいた中国の正規軍は、日本軍上陸作戦前に本土に脱出していたため、同年二月、日本軍の海南島占領自体は難なく成功した。

その後、日本軍は占領後の治安維持のため、海南島における「三光作戦(奪い尽くし、焼き尽くし、殺し尽くす）」ともいうべき「Y作戦」を日常的に実施せざるを得なくなる。しかし「Y作戦」は、民衆を敵に回す以外の何らの効果も上げ得なかった。

このような中で海南島内に軍により「慰安所」が設置され、遠く朝鮮、台湾等から強制連行された者だけでなく〈詐言により行政供出されたものや拉致されたもの等様々な形態があったが、自らの意思に基づくものではないという点で強制連行以外の何ものでもなかった〉、海南島内の住民を拉致監禁し「慰安婦」とする〈現地調達〉も行われた。

それが東京地裁へ提訴した海南島事件の八人の被害者である。

✴弁護団の結成

海南島の被害者への聞き取り調査は、温暖な南方とはいえ、山西省での聞き取り調査とは違った苦労があった。充分な時間をかけられないという制約はもとより、山道をサンダル履きでバイクタクシーに跨り、雨季には濁流になるような険しい赤土の山道を、被害者を訪ね移動するのである。「東洋のハワイ」というような観光地としての印象は、弁護団の誰一人として持ちえなかった。

海南島における戦時性暴力被害事件が明らかになったのは、アジア各地で声を上げ始めた「慰安婦」被害者に勇気づけられるように、被害者たちが北京の女性弁護士康健（カンジエン）の調査に応じ、被

2002年12月、東京地裁に入る海南島の被害者たち

害実態を語ったことがきっかけとなった。康の要請を受けた中国人戦争被害賠償請求事件弁護団（全体弁護団）から連絡があり、日本で海南島戦時性暴力被害賠償請求事件弁護団が組織されることとなったのである。被害者たちは二〇〇一年七月、名誉回復と損害賠償を求め、東京地裁に提訴した。

裁判の経過

✴侯巧蓮（ホウチャオリエン）の本人尋問と死

一九九五年八月、山西省の被害者四人が東京地裁に提訴した。半年後、侯ともう一人郭喜翠（グオシツィ）の二人が追加で提訴し、第二次訴訟が始まった。

このような事件の裁判では、事件に関する客観的な証人などは通常おらず、被害者本人の証言がほとんど唯一の証拠となる。本人尋問は最も大事なイベントとなるため、裁判が始まった早い時期から、原告本人尋問を採用するように粘り強く裁判所と交渉した。第二次訴訟を最初に担当した裁判官はなかなか採用しようとしなかったので、弁護団は侯は身体が悪く、いつ来日できなくなるかもしれないから証拠保全の意味で採用してほしいと主張し、何とか採用を勝ち取った。侯の尋問は一九九八年七月に行われた。

裁判などは生まれて初めての中国の被害者や家族にしてみれば、日本まで行って事実を証言したのだから、間もなく勝訴の判決が来るはずだ、と考えても不思議ではない。実際侯は、日本から帰った後、毎日のように裁判の結果がくるのではないかと首を長くして待っていたという。ところが侯はその結果を聞くことなく、尋問翌年の五月に亡くなった。まさに「証拠保全」の意味合いの本人尋問になってしまったのであった。

✴忘れられない原告たち

この種の裁判では、被害者は女性の弁護士に対しても、本当に自分が恥ずかしいと思っていることは語れない。しかし法廷の尋問は彼女たちにとって、本当にもう二度と来ないかもしれない、真実を語ることのできる唯一の機会である。被害者たちは、長い間心の奥底にたたみ込んで来た苦しさ、悔しさ、悲しさなどを日本の法廷ではき出すことを望んだ。もっとも、尋問の準備とか練習になるとどうしても決められたシナリオに沿って話さなければならず、感動するようなことは尋問担当者もめったに経験しない。しかし中国から来た被害者たちは、それぞれに法廷でなけ

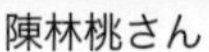

陳林桃さん

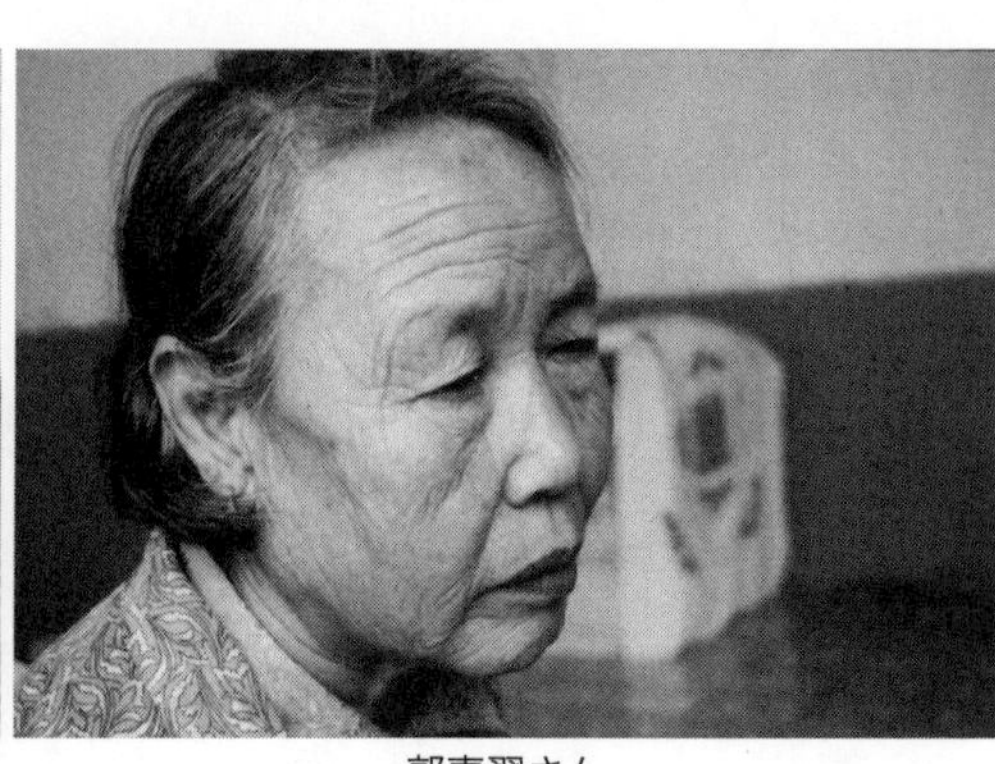

郭喜翠さん

れば見せない感動を多くの人に与えた。

一番驚いたのは郭喜翠（グオシツィ）の本人尋問であった。郭は、まだ一五歳の少女のときに日本軍の駐屯地に連行され、毎日のように兵士たちの慰み者にされた。郭はそうしたことを証言した最後に「下の方を切られたのです」とつぶやいた。担当の三木恵美子弁護士は打合せでも全く出なかった事実を聞き、彼女の被害の核心かもしれないととっさに判断して「それは恥ずかしい所ですか」と聞いた。「そうです」という答えに法廷はどよめいた。後に確認したところ、大勢の日本兵が見ているところで足を両側から引っ張られ、陰部が裂けたということであった。郭の被害の核心は、この証言が出てこなければ、永遠に人に知られることはなかった。

もう一人、忘れられない原告がいる。陳林桃（チェンリンタオ）。彼女は被害者のなかでも特別貧しかった。崖をくりぬいたヤオトンに夫と二人で住んでいたが、夫は強いタバコをたくさん吸っており、家の中はいつもタバコの煙が充満していた。その結果彼女は片方の肺が機能しなくなり、もう一つの肺も肺気腫になって、いつも苦しそうな咳をしていた。しかし陳は、誰よりも強く日本での証言を希望しており、大森の手を取って、どうしても日本で私の被害を話したい、それができなければ眠れない、と必死に訴えた。弁護団は、「日本への長旅に陳さんが耐えられるかどうか診察してもらい、大丈夫と言われたら日本に行こうね」と約束して医師に診断してもらった。しかし診断結果は「無理」とのことで、弁護団も最終的に断念せざるを得なかった。

結局原告の中で、陳だけは日本の法廷で証言をすることなく、ビデオ証言を法廷で裁判官に聞いてもらう形になった。しかし陳は、証言するチャンスがあった一九九九年から一五年後の二〇一四年まで生きた。命をかけても日本の法廷で話したいという強烈な意思を持っていた陳に対し、これで良かったのであろうかと、弁護団は今でも頭を巡らせるのであった。

✴地裁の敗訴判決と中国での反応

山西省の裁判は第一次と第二次の二つの裁判が並行して進む構造となり、第一次訴訟の最初の判決は二〇〇一年五月に言い渡された。しかしこの判決は、被害事実の認定を全くせず、もっぱら法律論で、しかも国側の書面をなぞるだけのような、木で鼻をくくったような判決であった。この種の裁判で、たとえごく一部でも勝訴するのが極めて難しいことは、初めからわかっていたことではある。しかし様々な困難を乗り越え、ときには周囲の冷たい視線を振り払って提訴を決意した被害者にとってみれば、これほどひどい、また明白な不法行為が裁判で裁かれない判決などは、想像すらできなかったに違いない。

弁護団は判決までに日本の裁判制度の実情を話し、結果として請求が認められなくても、日本の社会に向けてこうした忌まわしい歴史があったことを被害者自身が証言したことは本当に大きな意味があったのだ、というようなことをしばしば話していた。しかし提訴した原告たちにしてみれば、いくらそうした説明を受けても、自分たちの正義が回復されないなどということはどうしても納得できないはずである。したがって、最初のこの第一次訴訟の判決を現地の被害者や家族に報告に行くことは、弁護団にとってとりわけ気の重いことであった。集まってもらった原告たちに説明したあとの反応も、どうしても納得いかない、という空気が支配していた。それでも控訴してたたかうということは確認したが、最初の敗訴判決の衝撃は、被害者だけでなく、関心を持って見ていた家族や地域の人々にとっても予想以上に大きなものであった。この落胆は、裁判の成果を疑問視する今日の現地の空気にもつながっているように思われる。

裁判は、第二次訴訟の地裁判決から最終的に二〇〇七年四月の最高裁判決に至るまで敗訴が続いた。しかし裁判を続けている間は、毎年日本からの支援者がにぎやかにやってきたり、中国の支援者が訪ねてきたりして、被害者や家族は社会から見捨てられてはいない、との思いで自分を励ましていたのではないかと思われる。劉面換（リウミエンホワン）は最高裁判決の報告を聞いた直後、「もう一回裁判をやりたい」と言って周囲を驚かせたが、裁判は自分の存在を社会に示し続ける一つの行動として、彼女は肯定的に捉えていたのではないかと思う。

＊高裁での新たな立証

弁護団は一審での敗訴判決を受けて、高裁でどのような立証活動をするか悩んでいた。原告本人尋問を繰り返しても、裁判所は到底新たな判決理由を考えるとは思えない。そこで弁護団が採用したのは、そもそもこのような被害が起こった背景事情、特に日本軍がこの地方でいかに苛烈な作戦を行ったか、原告らの被害は作戦そのものから当然起こるべくして起こったものだということについて、歴史学者の証言と加害兵士自身の証言を裁判所に聴かせることであった。

裁判所との厳しい折衝の末実現したのが、現地にも直接足を運びこの地方の日本軍の作戦と性暴力被害について詳しく研究してこられた石田米子・岡山大名誉教授、及びこの地方に駐留したことのある元日本軍兵士近藤一の証言であった。これらの証言は、一九四〇年以降日本軍が華北で展開した「三光作戦」の経緯とその実態を分析したものであり、またそこで繰り広げられたあらゆる性暴力の背景にある兵士たちの心理にも触れる貴重な証言であった。二人の証言内容は、この裁判を離れても日本人が当然知らなければならない歴史的事実である。

✴最高裁での和解への努力

最高裁での審理は、上告理由書あるいは上告受理申立理由書を出してしまうと、あとはある日突然書面で「上告棄却」あるいは「上告を受理しない」という決定が下りてくるだけ、という経緯をたどることが圧倒的に多い。要するに上告した者がやれることと言ったら、こうした書面を提出することしかないという手続きになっている。

そこで弁護団は、第二次訴訟控訴審判決が予定された二〇〇五年三月を前に、「慰安婦」問題の全体的解決を模索して、様々な所で協議を重ねた。第一次及び第二次訴訟を最高裁に上告した直後からは、再々担当書記官に面会し、この事件を和解で解決する方策を訴えた。国際社会は依然として日本政府に問題の解決を要求し続けている。裁判での勝敗とは別に最高裁の関与の下で国が謝罪し、原告に対し一定の補償を支払うことはできるはずだ、ということをかなり具体的に説得した。結果として成功しなかったが、弁護団は今もこの方向は間違っていなかったと考えている。

しかし最高裁は二〇〇七年四月二七日、第二小法廷の強制連行広島安野訴訟の判決言い渡しの日に合わせて、「慰安婦」事件第一次訴訟と第二次訴訟も敗訴の判決と決定を下し、裁判は終結した。

✴海南島事件の訴訟の経緯

山西省事件が最高裁で棄却された後も、海南島被害者の訴訟は続いていた。その中で東京高裁は被害実態について、「破局的体験後の持続的人格変化」（強度のストレスや体験により発生した人格障害が持続すること）という後遺症を負うに至った筆舌に尽くしがたい被害である、と認定した。

海南島事件として提訴した被害者は八名であるが、その一人である陳亜扁（チェンヤービエン）は、一九二八年生まれの黎（リ）族出身である。一四歳の冬、畑で働いていたところを、二人の日本兵によって駐屯地に連行され、二日後に強姦された。昼間は掃除や炊事の仕事をさせられ、それが終わると毎晩強姦された。三カ月後、市街地の慰安所に連行され、同じような扱いを受けた。部屋には外から鍵がかけられ、排泄は室内の壷にさせられた。延べ三年間にわたって監禁され戦争が終わって解放されたが、繰り返された強姦のために骨盤が曲がり、結婚後九回妊娠するが、八回流産や死産という苦しみを味わった。胎動を感じるようになった胎児が突然鼓動を止め一つの命の火が消える苦しさを、彼女はどのような思いで味わったのだろうか。そして周辺住民からは、日本軍の女だと蔑視され差別を受け続けることとなった。

林亜金（リンヤージン）は、一九二四年生まれの、やはり黎族出身である。一九四三年の夏、稲の刈入れをしているときに、村に突然日本兵がやってきて捕まった。近くの日本軍駐屯地に連れて行かれ、翌日四人の日本兵に強姦され、五カ所の日本軍の拠点を転々としながら、ほぼ毎日数人の日本兵に強姦され続けた。途中全身が黄色くむくんできたためいったん家に帰されたが、薬草により症状が回復するとまた連れ戻された。林が解放されるのは、日本の敗戦まで待たなくてはならなかった。

被害者たちは、今でも当時のことを思い出すと「頭痛、めまい、動悸、息切れ」等のPTSDの症状が出るという。被害者たちの供述や証人の証言に基づき、裁判所は、被害者の被害がPTSDにとどまらない「破局的体験後の持続的人格変化」をきたしているとまで認定したのである。

しかし、このような悲惨な被害事実を認定しておきながら、裁判所は国家無答責や除斥期間の経過を理由に、被害者らの請求をいずれも認めなかった。二〇〇六年八月、第一審の東京地裁は請求棄却の判決を言い渡し、二〇一〇年三月、最高裁において上告が棄却され、訴訟は原告敗訴のまま終結した。

中国人「慰安婦」訴訟が日本社会に残した意義

✴裁判後の中国

中国人の「慰安婦」訴訟、あるいは性暴力被害者の裁判は、こうしてすべて終了した。「慰安婦」問題について、日本政府は韓国政府に対してはそれなりに向き合っている。しかし同じような日本軍による被害でありながら、中国の被害者にはまるで見向きもしない。このような対応に被害者も家族も我慢がならなかったはずである。日本側支援者たちは、裁判が終わった後も毎年現地を訪問して日本の実情を話し、引き続き日本政府を謝罪に追い込もうと考えていることを報告した。しかし現地では現実味をもって報告を受け入れる人はおらず、期待はとっくに失望に変わり、出口のみえない世界に落ち込んでしまったかのようである。

＊日本人の歴史認識への影響

そもそも日本社会は「慰安婦」問題を現在どのように受け止めているか、特に若い世代がこのような人権侵害があの戦争中に起こったことを知っているか、という問題について、最近唖然とすることがあった。日系米国人監督が「慰安婦」問題を扱い話題となった映画「主戦場」の中で、日本の若者がみなこの問題を「知らない」と述べているのである。学校できちんと教えられていなければ「知らない」のも不思議ではない。しかし一定以上の世代については認識に様々な違いがあっても、アジア各国に「慰安婦」被害者がいることはそれなりに共有されていると思われる。しかし、若い世代がその名称すら知らないという状況は、この問題を「葬り去ろう」という自民党政権の政策のもとで、確実に進行してきた実態なのだ。

さらに、中国人被害者の実情がどの程度知られているのかがはっきりしない。確かに、一九九五年以来一五年にわたって続いた中国人被害者による裁判は、日本人の戦争認識に一定の

1996年7月、東京地裁での証言後、記者会見する
李秀梅さん（右）と劉面換さん

風穴を開けた。特に裁判と並行して原告ら被害者を支援し続けてきた在日中国人の映画監督班忠義（バンジョンイー）は、万愛花（ワンアイホア）や劉面換（リウミエンホワン）、郭喜翠（グオシツイ）などを取材して映画「太陽がほしい」に結実させ、世界各地の映画祭で賞を取った。社会全体から中国大陸における日本軍の性暴力が忘れ去られようとしているときに、こうした映像の持っている力は絶大である。ただ、こうした努力にもかかわらず、日本社会は過去の「不都合な真実」に目を背け、忘却の彼方へ押しやろうとしているのである。

＊歴史学における「慰安婦」制度の解明に与えた影響

第三次家永教科書裁判で最高裁判決が出たのは一九九七年であったが、その時期にはいまだ中国人「慰安婦」裁判は始まったばかりで、世論に被害事実を十分に伝えることはできなかった。したがって家永第三次訴訟の中で、華北の戦場での性暴力について特にひどかったという文献はないとする判決が確定してしまっている。しかしその後の裁判を通じ、いわゆる「三光作戦」が行われた華北の地域での性暴力には様々な形態があり、すべて「慰安婦」制度の中に含めて考えることはできないが、通常の「戦争に性暴力はつきもの」といった状況とはかけ離れた実態であったことが知られるようになった。軍の大きな拠点の置かれた大都市や中小の都市には、いわば組織化された官製の売春宿というべき慰安所があって、兵士たちはそこに通うことに何の抵抗もなかった。そしてそうした状況のなか慰安所のない前線の村々では、部隊ごとに自前の「慰安所」を作り堂々と性暴力を働くということになっていったのは、ごく自然な流れであった。

「慰安婦」問題に関する歴史学は、こうした前線における自前の慰安所的な組織的性暴力を慰安所制度の末端の形態として認識し、日本軍慰安所制度の研究の中に含めるようになっている。また裁判前は華北の三光作戦の実態についての研究も十分ではなかったが、裁判の中で日本軍の被害にあった村々の実情を集めた『盂県文史資料』のような現地住民による資料が発掘され、日本軍の作戦の実情もより明確になった。被害女性たちが裁判に立ち上がった結果、日本軍の性暴力はどのようなものであったか、作戦との関係はどのようなものであったかなどについても、明確な事実認識が歴史学に提供されたのである。

ただ、裁判に立ち上がった中国人被害者の被害は、中国における日本軍慰安所制度のごく一部

周喜香さんと郭喜翠さんが監禁されていたヤオトン

にすぎず、大都市や中小の都市に多数設けられた「慰安所」で働かされた中国人女性たちのカムアウトは、いまだない。このことが中国人「慰安婦」問題を論ずる場合に一つの問題となっている。「慰安婦」問題をなかったことにしたい右翼からは、裁判で明らかになったような被害は軍紀違反のはみだし兵士の性暴力で、どこの軍隊にもあることであり、これは「慰安婦」問題ではない、中国に「慰安婦」はいない、との攻撃がある。また日本社会のなかで「慰安婦」とは売春宿のようなところで売春を強要された人々、と考える認識も広がっているために、山西省の被害者のような女性たちは「慰安婦」被害者ではない、との意見もある。

歴史学は、慰安所制度がどのようにつくられ、様々な地域の実情に合わせどのように運営あるいは模倣されたのか、中国の戦場の最前線の形態も含め全体像を日本の市民に改めて示す必要がある。中国の被害事実はフィリピンにおける被害とも相当程度類似している。アジア全域に広がった慰安婦制度全体の実像を歴史学の観点でより十分な根拠をもって明らかにするうえで、中国の被害事実が裁判で明らかになったことは極めて重要なことであった。

✴弾圧から「戦争遺留問題」へ――中国政府の変化

一九九四年に日本から中国人戦争被害法律家調査団が初めて訪中して調査をしたときには、中国政府は日中戦争犠牲者の権利回復の取り組みには消極的ないし弾圧する姿勢であった。しかし日本軍「慰安婦」問題が国際社会で女性の人権の問題として広く議論されるようになると、中国政府としても被害者の人権を守る立場を明らかにする必要が生じたのか、間もなく「慰安婦」問題は「戦争遺留問題」の一つとして、中国政府としてもその解決を日本政府に求めるという立場を明確にした。そして国連の女性差別撤廃委員会などの国際機関では、中国人の委員が厳しく日本政府に解決を迫るということもしばしばみられるようになった。中国の被害者の村では、地方政府が被害者の生活支援をしたり、地域の業者団体が支援に来るなどということも起こるようになった。

✴裁判では認知されなかった「慰安婦」問題

しかし「慰安婦」問題の被害者が日本政府を訴えて立ち上がったといっても、広大な中国のごく一部の地域の被害者にすぎず、決してこの問題が中国社会全体に知られるようになったわけではない。特に原告が日本政府に勝ったとか、日本政府が何らかの謝罪の言葉を発したなどがない状況では、被害者の奮起を知る人はごく少数あるいは被害者の住む限られた地域の人々にとどまっていた。

そのことを痛切に認識させられたのは、二〇一七年に中国で公開された映画「二十二」である。日本軍の性暴力被害に遭った二二人の中国人女性の現在の生活を淡々とルポルタージュ風にまとめた映画は、中国各地で大ヒットし、膨大な興行収入を上げた。中国全土に戦争犠牲者はいるが、性暴力被害者がカメラの前で語るということは、中国社会で衝撃をもって受け止められたようで、興行収入の一部は生存被害者に贈られ、残りは上海の研究者が主催する財団に贈られたという。「二十二」のヒットは、被害者の存在そのものが中国社会では知られていなかったということを如実に物語っており、日本で裁判に訴えた被害者の存在も、広い中国社会のなかではほとんど認知されていなかったということでもある。

✴被害者の村での認識

映画「二十二」に遅れて、被害者のカムアウトを助け、裁判を支えてきた元小学校教師・張双兵（ジャンシュアンビン）が主演し、企画した映画「大寒」が作られた。日本語の字幕が必ずしも正確ではないかもしれず、この映画が現地でどのように受け止められたのかよくわかっていないが、映画の主張は、被害者たちが裁判などに立ち上がっても無駄だった、むしろ恥がさらされることになるだけならやるべきではなかった、と言っているように見えた。

この映画とは別に、残念な動きがあった。山西省の被害者の住む地域に近い民間施設で日本の支援者が中心となり被害者のカムアウトとたたかいをパネルにした展示を行っていたが、被害者の一部の遺族は強く撤去を求めるようになったのである。遺族の中から「母親の恥をさらす」ようなことはやめたい、という趣旨の発言があったりした。

被害者本人は二〇一二年から一四年ころにかけて相次いで亡くなったが、中には亡くなる前に、裁判をしても何も変わらなかった、と後悔に似た発言を残した人もいた。また遺族の中にも母親の被害を公表したくない人がいるというのが、現在の被害者のいた村の実情である。

考えてみれば、日本でも性暴力被害者の告白は困難であり、むしろ様々なところからバッシングを受けることは、テレビ局のジャーナリストから性暴力を受けたと告発した伊藤詩織氏の事件でも明らかになった。「#Me too」運動にしてからが、アメリカの最も輝いて見えた映画産業の中の花形スターが、長年告白できなかった性暴力を告白するというところから広がった事件である。これらのことを考えると、裁判に訴えても中国の農村で女性の人権とか性暴力についての村人の意識が変わらなかったようにみえるのも、仕方がなかったともいえる。性暴力被害者の権利回復のたたかいは、人権についての認識が社会全体として進まないと前進しないということを、裁判後の被害者をめぐる現地の状況が改めて浮き彫りにしたということかもしれない。

ただ、母親のたたかいを支えた被害者の家族や支援者の記憶・経験が中国社会の中で、被害者の本当の名誉回復を勝ち取る火種になることを期待したい。また、裁判の記録や資料は中国の研究者や支援者の中に残されており、中国全体の被害調査や歴史研究及び日本を含む戦時性暴力の国際的な全体像解明に、裁判が足がかりを残したことは間違いない。

✴世界の動きに呼応して

日本で「慰安婦」問題の解決を求める運動は、常に国際社会の動きに刺激され導かれてきた。二〇一八年、「紛争下の性暴力」とたたかう、コンゴ民主共和国のデニ・ムクウェゲ医師と、イラクの少数派ヤジディ教徒のナディア・ムラドさんに、ノーベル平和賞が授与された。いま国際社会は、性暴力根絶のたたかいをノーベル賞で顕彰するという形で、改めて大きく取り上げている。日本では「慰安婦」問題は「終わったこと」として記憶の外に消え去るような政治状況にあるが、世界はむしろ、表舞台にこの問題を引き出して人々の関心を集めようとしている。

中国人の戦時中の被害者の全体像もやがて明らかになるよう、日本でもさらに人々の関心を高めていくことが求められている。

（大森典子、坂口禎彦）

V 強制連行・強制労働事件

戦争の拡大にともなう日本国内の極端な労働力不足を補うため、日本政府は一九四二年一一月、「華人労務者内地移入ニ関スル件」を閣議決定し、中国人労働者の強制連行・強制労働が始まった。その数は外務省記録によれば三万八九三五人に上り、うち六八三〇人が日本で死亡している。北海道から九州までの三五社一三五事業所が労働者を受け入れ、中国人たちは食事もろくに与えられないまま、採掘や荷役作業などの苛酷な労働に従事させられた。

国と企業の共同不法行為ともいえる強制連行・強制労働に対し、被害者たちは一九九六年以来、北海道から宮崎までの各地の裁判所で損害賠償を求め提訴した。原告の中には、日本の敗戦間際に炭鉱から逃亡し、戦争が終わったことを知らず一三年間にわたり北海道内をさまよい続けた劉連仁もいた。

被害者たちの証言

＊【北海道訴訟】宋君政(ソンジュンヂャン)——生のカボチャを食べたことがありますか？

宋君政、七七歳です。一九二五年、山東省の生まれです。

一五歳のとき、八路軍に入隊しましたが、日本軍に捕まり、青島の「感化所」に、およそ一年間送られました。ずっと部屋に閉じ込められ、他の人との会話は禁じられ、外と接触することも

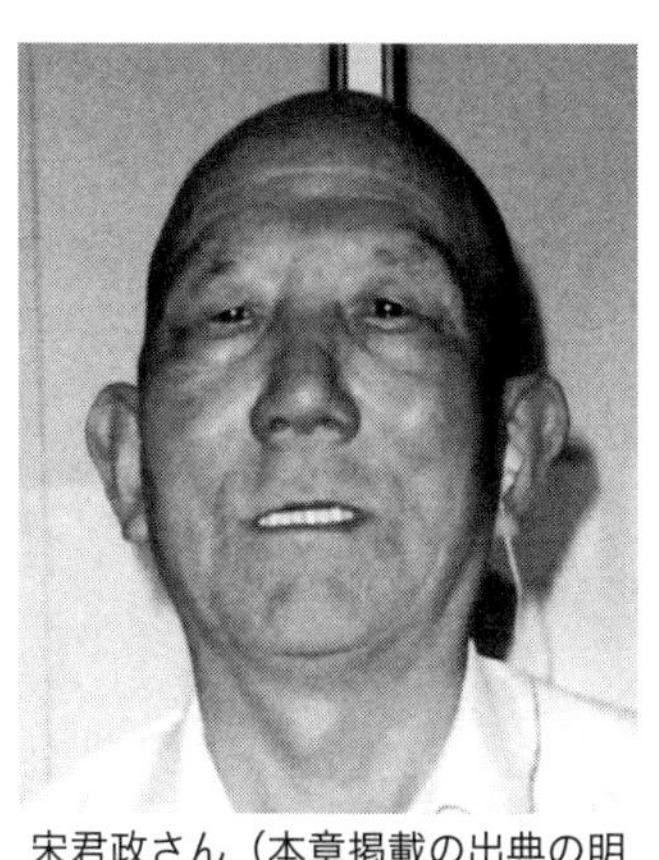
宋君政さん（本章掲載の出典の明示のない写真はすべて、強制連行・強制労働事件弁護団提供）

できませんでした。水はほとんど与えられず、一日一個か二個のマントウを食べるだけの生活を送りました。おかしなことに病気にはならなかったのは、たぶん私が若かったせいだと思います。ある日、日本兵が来て、船に乗せられました。船の中では、どこに連れて行かれるんだろうという不安に常に駆られていました。閉じ込められた船底には、トイレはありません。蓋の付いた鉄のような容器で用を足しました。年配の労働者が一人、病気になりうめいていましたが、彼はまだ生きていたにもかかわらず、麻袋に入れられて海に捨てられました。私はそれをこの目で見たのです。

船は下関に着きました。そこで中国人の機関士が、これから日本の北海道に連れて行かれると話しているのを聞いて、初めて日本に来たんだとわかりました。送られたのは、美唄（びばい）市にある三菱美唄炭鉱です。鉄条網みたいのが張られた収容所に入れられ、暖房設備はなく、布団もありませんでしたから、中国から持ってきた毛布一枚で寝ていました。

美唄に着いてからすぐ、炭鉱で朝五時から夜六時まで働かされました。麻でできた非常に薄い服一枚を着せられ、ズボンは後ろが破れても、穴を空けたまま仕事をさせられました。掘った石炭を台車に載せるのが私の仕事でした。炭鉱は天井が非常に低いので、立って作業することはできません。いつもひざまずいて働かねばならず、少しでも手を休めると、すぐ日本人に殴られました。落盤事故はしょっちゅうありました。とても人間のものとは思えない生活でした。

食事は、朝はすごく薄いお粥が与えられ、昼はどんぐりの粉でできたマントウ一個です。一日三回、渡されたものを食べるだけの生活でした。三回といっても、普段の一回分にも満たない量しかありません。故郷では、ずっといいものを食べていました。それほど豊かというわけではありませんが、芋や米がありましたし、家は農家だったので、野菜も十分食べられました。祝祭日には、肉を食べることもできました。

（原告代理人の制止を振り切り証言台を離れ、裁判官席ににじり寄る）

あなたがたは、生のカボチャ、生のジャガイモを食べたことがありますか。私はいつも飢えていて、そのようなものを食べないと生きていられませんでした。生のカボチャは、非常に甘かったです。道に落ちているジャガイモやリンゴの皮なども拾って食べました。そうすると、アベという監督にその場で殴られました。私が何をしていても、その人は殴りかかってくるのです。宿舎のトイレで、首を吊って自殺した年寄りの方がいました。精神的なストレスから来るものではないでしょうか。家に帰れないのであれば、死んだ方がましと思ったのではないでしょうか。私が死ななかったのは、若くて、とにかく食べ物さえあれば生きていたいと思っていたからです。

飢えで、お腹がすいてどうしようもなくて、収容所から逃げ出したことがあります。木の板を足場にして、仲間二人と逃げ出して一週間くらい山の中にいましたが、水を飲みに山を下りたときに警察に捕まりました。警察署では、縛られて吊るされ、仲間はキセルで上唇を焼かれました。飲み水を与えられませんでしたので非常にのどが渇き、トイレの中の桶に溜めてある水を飲みました。警察署ではひざまずかされたのですが、炭鉱でもずっと同じ姿勢でいたせいか膝が痛くて、長時間正座することができません。足を崩すと、鍵の束で頭を殴られました。日本人は、焼けて真っ赤になった鉄の鉤（かぎ）を、私の左ひじに押し付けて焼きました。傷は今でも残っていて、中国政府から身体障害者手帳をもらっています。

働いていて、給料をもらったことはありません。当時は、お腹を満たすことだけを考えていて、中国に帰るというようなことはまったく考えませんでした。一度だけ、お腹が痛くなったことがあります。休ませてほしいと言ったら、薬を二錠くれました。それでもまだ痛いと言うと、今度は殴られました。殴られた後、さらにまだ痛いかと聞かれたので、いや、もう痛くないです、仕事に行きます、と答えました。

一九四五年に日本が負けましたが、私がそのことを知ったのは、その年の九月二〇日になってからです。アメリカの人が来て、あなた方は帰国できる、と言いました。そしてこうも告げました。あなた方は来たときは四百人いたけれども、今は三百人しかいない、と。その百人がどうやって死んだのか、どこに行ってしまったのか、私にはまったくわかりません。敗戦後、監督のアベさんなんかはみんな逃げてしまいましたので、私たちは厨房に入り、自分たちで食事を作りました。肉もありましたし、真っ白な小麦粉や米もありました。そして一一月、やっと天津に帰ることができたのです。

（二〇〇三年一月二八日　札幌地方裁判所）

＊【山形訴訟】檀蔭春（タンインチュン）——二個のマントウのために働き続けるしかなかった

檀蔭春、八六歳です。一九四四年一二月、二二歳のときに、山形県の酒田港に強制連行されました。

日本軍に捕まったのは、河北省邢台の駅前で、服売りをしていたときのことです。天津の塘沽港に連れて行かれ、ほかの拉致された人たちと一緒に、船で日本に連れて来られました。酒田に着いたのは一二月一八日だったのですが、自分は（兵士ではなく）農民でしたから、どういうわけで捕まったのか、さっぱりわからない。天津を出発したとき、船には一週間分の食糧しか積み込んでいなくて、結局二一日かかって日本に着きましたから、すっかり食糧がなくなって、みんなひどい飢えで衰弱していました。酒田に着いた後は、まずおかゆを食べさせられて、年末まで一応体を休ませられて、一月五日から仕事を命じられました。

最初は日本人の監督から、天秤棒の担ぎ方、かごに入れた粉末の石炭を貨車に空ける方法とかを教わり、実際にやった主な仕事は、船から荷下ろしをして、担いで貨車に積み上げる作業でした。私と一緒に約二百人の中国人が連れて来られたのですが、一班二三人くらいに編成されて作業に当たりました。石炭も、二つのかごを合わせて、それくらいの重さです。海岸から上の方の線路まで、五、六〇メートルをひたすら往復する、ということを繰り返していました。

朝六時から仕事を始め、通常は夜八時まで働かされました。夜の一二時まで残業させられたときは、仕事が終わった後に、おにぎりを二つもらえました。半月に一回は徹夜の作業がありました。初めての徹夜は、中国の旧正月に当たる日です。働きながら、国の親族たちと和気あいあい過ごしていた旧正月を思い出していました。

檀蔭春さん

食糧、ご飯の量は非常に少なかったんですが、がまんして働き続けるしかありませんでした。疲れて休むと、日本人の監督が長い棒で叩きますから。ワタナベ、という監督でした。日本の政府の人なのか、会社の人なのかはわかりませんでした。貨車に上るときは板の橋が架けられていたのですが、疲れて、落ちてしまう人がたくさんいました。よく覚えていますが、仲間の一人が落ちて、肘をけがして血が流れていたのですが、それでも監督はその人を叩きました。病気になった人もいます。一緒に来た二百人のうち、二六人が死にました。

服装は、真冬に中国から連れて来られたんで、天津の港で綿入れの上下の防寒服をもらいました。酒田での作業中は、麻袋のような材質の作業服を、上の方だけもらって、防寒服の上に重ね着をして労働をしていました。日本にいる間、それ以外の服はもらっていません。破れたりすると、それ縫い合わせるものは何もなかったので、港や通路で短い針金や布のひもみたいのを見つけ、それで空いた穴の周りをよじって、縛り付けてしのぎました。

中国から来たときに履いていた靴はぼろぼろになって壊れてしまったので、自分で手編みした草履を履いていました。宿舎に帰って寝るときには、着ている服を全部脱いで、裸の状態で布団を掛けて寝ました。下着なんかはありませんでした。手袋も支給されません。寒さで指の感覚がなくなると、道端の雪を手にこすりつけて温めて、それで作業を始めました。

食事は一日三食出ましたが、非常に小さいマントウのようなもので、一食に二個、一日六個、毎日同じものです。黒色で何でできていたのかよくわからないんですけれども、雑穀とか木の実とか、それを砕いて混ぜたものじゃないかと言ってました。夜八時以降に宿舎に帰ると、たまに小麦粉入りスープが出ましたが、そんな日は、小麦粉を使っているせいか、マントウがもっと小さくなりました。

夜中まで仕事をすると出るおにぎりは、岸壁の作業現場まで持ってきてくれるのですが、皆お腹がぺこぺこで、小さいおにぎりなので、わざわざ腰を下ろして休むまでもなく、歩きながら、もう二、三口で食べてしまいました。いつも空腹でした。お腹があんまり空いたときには、海辺に行って、浮いてきた海草を取って食べていました。

宿舎では、通路を挟んで、両側に一班二三人ずつ、並んでベッドの上で寝ました。ベッドと言ってもクッションがあるわけでもなく、土間の上に藁(わら)を敷いただけのものです。敷き布団というものはなく、藁の上に布が敷いてあっただけです。ストーブはありませんでした。寒いときは、みんな体を寄せ合って、お互いの体温で暖を取っていました。暖かい季節になると、海が近くて湿気が多いですから、のみとかしらみとか、虫がいっぱい体に付きました。

病気になるほとんどの原因は、ご飯が少なく体力が落ちることによるものでした。でも、少し具合が悪くなっても、みんな我慢して働き続けていたんです。病気になって作業現場で倒れた場合には、マントウ二個が一個に減らされますから。だから少々具合が悪くても、二個のマントウのために、働き続けるしかなかったのです。我慢して働きながら、徐々に病気がひどくなって、最後にはもう死んでしまいました。天津では同じ班に二六人いたんです。途中で何人か自殺したり死んだりして、日本に着いたら二三人でした。日本に着いてからは、さらに五人死んでいます。

私はこれまで、一審で三回、日本に来ています。今回また日本に来ることを決めた第一の理由は、やはり日本の法律を通して、ぜひ公正なる判決をいただきたいからです。さんざん苦労して日本で亡くなられた我々の兄弟、中国人強制連行労働者のために。第二に、中国人あるいは中国の尊厳のために。そして第三に、裁判を通して日本に過去の歴史を直視してもらい、中国の被害者への謝罪と弁償を求めるために。

（二〇〇八年一一月一八日　仙台高等裁判所）

＊【新潟訴訟】安登山（アンダーシャン）――中国人は袋の中の大豆以下なのか

安登山と申します。一九二二年生まれの八四歳です。一九四四年に日本に強制連行されたときのことをお話しします。

当時、私は河南省で家族と農業をやっていましたが、貧しくてたいへんだったので、国民党が組織する抗日挺進隊に入りました。村の警備などを行う見返りとして小麦とかをもらい、父母を養っていました。そのうち私たちの指導者が捕まえられて投降し、日本軍の支配下に入りました。飛行場の土地を平らにする作業とかをさせられましたが、ある日、百人以上の中国人といっしょに列車に乗せられ、山東省済南の収容所に連れて行かれました。そこには二カ月余りいましたが、一日二食で、一食にスープと黒マントウが二個出るだけです。空腹で耐えられなくなることがしばしばでした。日本人が訓話で「これから日本に行く。日本に行けば、食べ物や飲み物が十分与えられる」と言いましたが、とても信じることはできませんでした。青島を出港したのは、一九四四年の一〇月ごろです。下関に上陸し、服を全部脱がされて、体を洗わされ、塗り薬を全身に塗るよう指示されました。脱いだ服は消毒のため、蒸されました。

新潟に到着後、臨港ふ頭で荷下ろしや荷揚げの作業をさせられました。ある日、汽車に石炭を積み込んでいるとき、非常に寒くて、また飢えてもいたので、かごを担いだままバランスを崩して、踏板から足を滑らせて下に落ちたことがありました。すると日本人の監督がやって来て、おまえは悪い奴だ、かごと石炭を無駄にしてしまったということで、ほおの両側を何度もびんたして、死んでしまえというふうに言いました。口が切れて、血がいっぱいになりました。それよりも、心はもっと痛かったです。十分に食べられないうえ、なぜこんなひどい目に遭わされないといけないのかと。

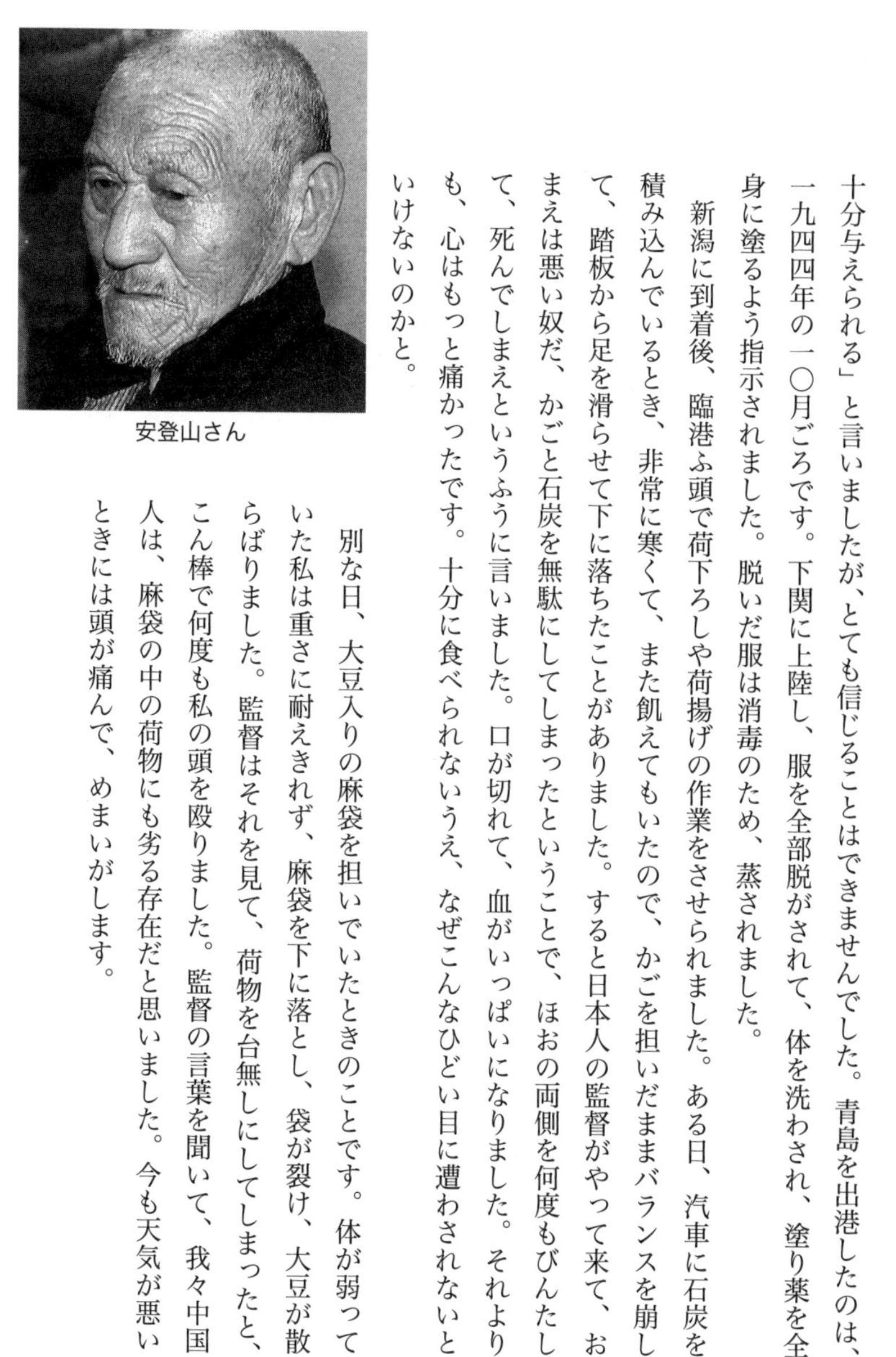

安登山さん

別な日、大豆入りの麻袋を担いでいたときのことです。体が弱っていた私は重さに耐えきれず、麻袋を下に落とし、袋が裂け、大豆が散らばりました。監督はそれを見て、荷物を台無しにしてしまったと、こん棒で何度も私の頭を殴りました。監督の言葉を聞いて、我々中国人は、麻袋の中の荷物にも劣る存在だと思いました。今も天気が悪いときには頭が痛んで、めまいがします。

新潟・臨港ふ頭で行われた新潟地裁の現場検証（2003年1月27日。映像記録「虎口の港　中国人強制連行・強制労働　新潟港の記録」より）

私たちの入れられた宿舎では、寝る部屋にストーブはありませんでした。連日凍えるような寒さの中、私たちは麻袋を敷いた上に掛布団代わりに別の麻袋を掛けて寝るしかありませんでした。食事は、一食につき百グラムもしない黒いマントウ二つと、ときどき大根を薄く切った漬物なんかが出るだけです。マントウはふだんはトウモロコシと米ぬかを混ぜた粉を蒸したものでした。ときどき別の材料で作ったマントウが出ましたが、これを食べると必ずお腹をこわしました。

服装は、日本人が支給した麻袋に穴を空けて身に付けたもので、裸同然です。病気やけがで満足に治療を受けられないまま死んでいった中国人も多くいます。宿舎の一角は、その死体置き場になっていました。

一九四五年八月、日本が戦争に負けて、その二、三カ月後、私は中国に帰りました。（折からの内戦で）故郷にようやく帰ったのは、一九五〇年になってからです。帰ってみると、母と弟はもう死んでいました。私がいなくなって、食べ物がなくて、よその畑から食べ物を取ってきてそれで命をつないでいたんですけど、農家の人に見つかってしまい、縄で首を絞められ殺されてしまったのです。それを知ったときには、本当に日本を恨みました。私が連行されていなければ、家族はこんな悲惨な目に遭うことはなかったはずなのですから。

裁判所におかれましては、日本政府、そして企業が、すべての損失を私たちに賠償するような、本当に掛け値なしの、公平で、そして合理的な判断をなされますよう、お願いします。

（二〇〇六年四月二六日　東京高等裁判所）

＊【長野訴訟】蒼欣書（ツァオシンシュー）――仲間の遺体を山で燃やしました

原告の蒼欣書、七九歳です。私は中国の労工（強制連行被害者）の苦役を、身をもって体験しました。日本帝国主義と、日本企業飛島組（現、飛島建設）の虐待・迫害について、話します。

一九四四年五月、私は青島にある倉庫の二階の、狭い一室に監禁されました。部屋は人と人がくっつくくらい人がいっぱいで、向きを変えたり、しゃがむこともできないくらい狭いところでした。ガラスのドアと窓には全部木の板が釘で打ち付けてあり、空気が汚れて、窒息しそうでした。大小便も食事も、この部屋でしました。五人の労工が、青島で死んでしまいました。

五月二三日、鉱石でいっぱいになった日本の貨物船に乗せられました。険しい山のようになった鉱石の上や船の隙間に寝かされ、皆めまいや嘔吐が止まらず、胆汁までも吐いてる人がいて、一名の労工が船の中で死にました。さらに一人、日本の下関で死亡し、長野行きの列車の中でも

長野地裁判決期日に出廷する蒼欣書さん
（中央右帽子姿、2006年3月10日）

一人死にました。連行されたのは長野県王滝（おうたき）村の作業所です。そこでの水力発電所のトンネル工事と、岐阜県での横穴工事に従事させられました。人間地獄に入れられ、牛馬以下の生活をさせられたのです。

毎日、昼夜の二班に分けられ、一二時間交代で仕事をさせられました。一日も休息を与えられたことはありません。トンネルの中では水が漏れ、両足を水につけながら、全力で石を掘り、それを台車の中に入れ、外に出して捨てるという作業をさせられました。監督からは、殴られたり、ののしられたりの虐待を受けました。けがをしても休息が許されず、病気のまま仕事をさせられ、不満の顔を見せることさえ許されませんでした。もし不満を言えば、ひどく殴られることになります。私自身殴られたことがあり、いまだに背中にその傷跡が残っています。

今も、日本人の凶悪な暴力や労工の惨状がときどき思い出され、一生忘れることができません。過酷な重労働をさせられているのに、食事は豚にあげるような米ぬかで、それだけでは食べ物にならないので、小麦粉をまぜて、一食当たり二個のぬかマントウを与えられただけでした。お腹がすきながら働いているので、皆痩せていました。山菜を採り、草の根をとって、お腹を満たしました。

夜盲症（薄暗くなるとものが見えにくくなる）になった人も少なくありません。私もその内の一人です。病気になっていても医者に診てもらえず、薬も与えられず、そのまま仕事をし、監督から暴力を受けたこともありました。たとえば、一人の仲間が殴られ、帰国後も話すこともできず聞くこともできなくなりました。もう一人は、殴られて腰にけがをし、腰を曲げることもできなくなり、一生の後遺症が残りました。監督から目をつけられ、毎日棒でたたかれ、殴られない日は一日もなかった仲間もいます。彼は最初に夜盲症にかかり、だんだん昼間も見えなくなり、結局両目を失明し、悲惨な死に方をしました。

仲間の于得泉（ユウダーチュアン）は空腹に耐えられず、車を押すことができなかったため、日本の監督から懲罰を受け、雪の地面の上に石を置いて平にする作業をさせられました。一日の作業が終わり、凍りついた体で布団に入ったまま、一晩経っても体が温まらず、凍死してしまいました。担架をもらって労工四人で遺体を担ぎ上げ、山の炉で燃やしました。飛島組は、于を労工名簿に残したまま別の作業所に移動したことにし、日本の降伏後は帰国したことになっています。まったくおかしな話です。横穴の中で爆死した者もいます。飛島組は労工の生き死にには関心を示さず、医者も呼ばず、治療もしませんでした。

最も憎むべきは、飛島組が小麦粉をやめ、その代わりにドングリの粉を食べさせたことです。労工は皆、下痢が止まりませんでした。たった七日間のうちに、五人の仲間が亡くなりました。しかし飛島組は責任を免れようと、皆が肺結核や慢性胃腸病で死んでしまったと、嘘をついていました。虐待に耐えられず、逃亡した仲間も四人います。飛島組は警察に頼んで、彼らを捕らえました。一人は福島の警察署で死に、残りの三人は生死不明です。

こうしたことが、中国人の大きな恨みと怒りを引き起こしました。一九四四年八月、中国人の中隊長が日本の監督にひどく殴られたことに労工たちが怒り、一日仕事を止めました。十数名の労工が作業所に対し、四つの要求を出しました。謝罪、殴った監督の処罰、けが人の治療、再び労工を殴るのを許さないこと、です。翌日、全部の隊が仕事に行くのを止めると、作業所の責任者が係員や殴った監督を連れてきて、謝罪をさせました。しかしその後も、労工の虐待は絶えることはありませんでした。

私たち大隊の労工は、飛島組で一年くらい、奴隷・牛馬のように働きました。これにより飛島組は、数千メートルのトンネルや横穴工事を完成させました。しかし、私たちは給料はまったくもらっていません。日本及び企業は、中国労工に残酷な無償労働をさせたことで、莫大な利益をあげたのです。日本が降伏し、私たちは生きて帰国できるという希望を持ちました。しかし飛島組は、我々を募集でやって来た労工であるとしていたために、中国に帰ることができませんでした。東京のアメリカ本部へ、私たちの身分と日本に来た経緯を説明しに行き、ようやく帰国することができました。

我々はすでに六〇年間待ちました。髪の毛は真っ白になりました。これは私の国の恥であり、家の仇であります。これをきれいにしないかぎり、我々は子々孫々に至るまで、勝利に至るまで、訴え続けるつもりです。

（二〇〇五年五月二〇日　長野地方裁判所）

✴【群馬訴訟】李樹明（リシュウミン）――「バカヤロウ」という日本語を今でも覚えています

李樹明、八四歳です。故郷の河北省から、群馬県に強制連行されました。

私が二二歳のときのことです。兄と一緒に農作業をしているとき、トラックに乗り拳銃を持った日本兵がやって来て、私たちを捕まえました。当時父はすでに亡くなっていて、家の働き手は二人だけですから、私と兄が連行された後、家の生活は苦しくなって、兄の妻は、子どもを連れて家を出てしまいました。何年もたってようやく私たちが解放されて家に帰ったときには、母はすでに亡くなっていました。強制連行で、私たちの家族は崩壊したのです。

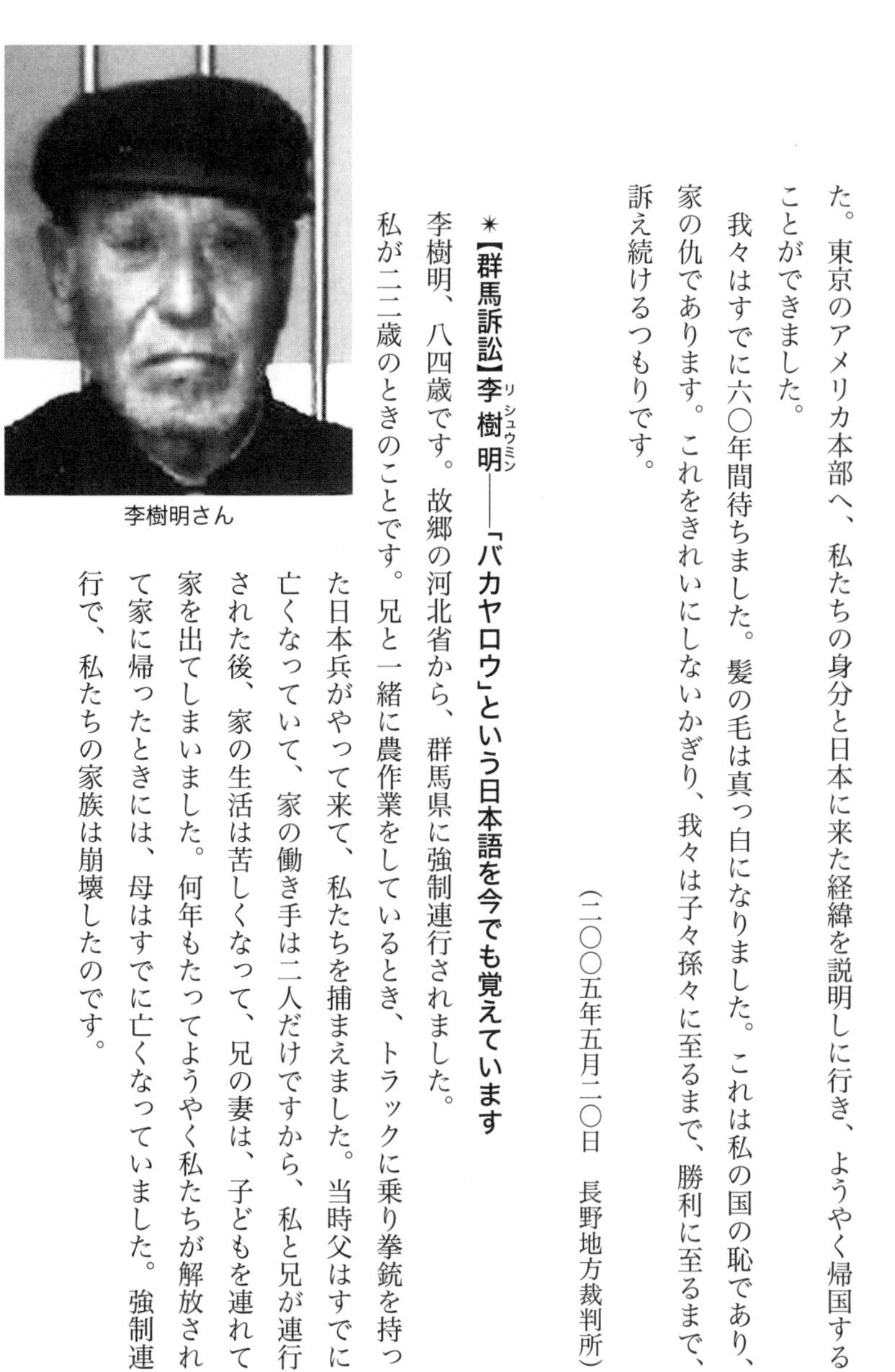
李樹明さん

日本兵に捕まった私たちは、鉄条で手足を縛られ、ぐるぐる巻きにされて、トラックの上に投げ出されました。もう殺されるのではないかと思いましたが、北京の西苑という所にある収容所に連行されました。捕まった中国人がたくさんいました。食事は、一回当たり茶碗一杯のコウリャンのご飯だけです。約ひと月後、何百人の中国人と一緒に、天津の塘沽で貨物船に乗せられ、九州で下ろされました。食事は、ふすまの塊とニンニク一個だけで、とても満足できるようなものではなかったです。船では何人も中国人が亡くなり、海に投げ込まれました。

列車で連れて行かれたのは、群馬県の利根川の作業所と後閑（ごかん）にある作業所です。川べりの仕事と、山の中のトンネルを掘る仕事をさせられました。川べりの方の仕事は、四、五〇キロの石を背負って運ぶ仕事です。食べ物をお腹いっぱい与えられないので、重い石を背負うと足元がしっかりせず、ふらふらでした。日本人の監督が付いていて、軽い物なんかを運んだ人は、棒で殴られました。

山の中のトンネルの方の作業は、発破（はっぱ）で粉砕された石を、トロッコに載せて運ぶ仕事でした。一昨日、日本の弁護士さんとそのトンネルに行ってみて、当時のことを思い出し、涙が流れました。いつもお腹をすかしながら重い仕事をさせられたこと、殴られたことを、いっぱい思い出しました。トンネルの中は水がしみ出したりしてきて、非常に歩きにくかったんですけれども、止まったりあまり進まなかったりすると、監督がすぐ棒で殴ってきました。「バカヤロウ」「サンピン」、そういうふうに怒鳴りながら、殴ってきました。六〇年前の日本語の罵声を、今でも覚えています。

ほかに「ヨル」「ヒル」「ヨルバン」「ヒルバン」という言葉を覚えています。一日二交代で働かされたのですが、昼番、夜番ということばを覚えておかないと、今日は夜番だから昼は休ませてもらうと言わないと、宿舎の部屋に入れてもらえませんから。

食事は、一回の食事で、豆と黒い粉の入った、直径三センチくらいで長さが七、八センチのマントウのようなものが二個、一日六個でした。おかずなんかは何もありません。二年間、肉を食べたことはありません。山に行って山菜を採って食べたりしました。とても足りず、歩くのも困難な状態で、関節炎や皮膚病にかかって、そのうえ、殴られたりしたのです。病気で亡くなった人もいました。けがをしても診てくれる人はいませんから、砂や土の粉を傷口にかけて、さらに石でたたいて、血を止めた人もいました。連行されている間、一度も休みはありませんでした。

板張りの宿舎には、一つの建物におよそ百人ぐらいが入れられました。敷布団はなく、セメント袋をこっそり敷いて寝ましたが、日本人の監督に見つかると、すぐ殴られました。群馬は冬は非常に寒いんですが、火を焚いて暖を取ることは禁止でした。部屋の中の通路で火を焚いているのが見つかると、すぐパトロールの人が入ってきて火を消して、殴るのです。服装は、中国から持ってきた冬の服と靴のままで、ずっと仕事をさせられました。パンツもありませんでした。

ある日、仕事が終わって帰る途中のことです。同じ村出身で宿舎も同じ中国人がお腹を空かせて、柿が落ちているのを見つけてそれを拾って食べると、監督にこん棒で殴られ、その場で殺されてしまいました。

毎朝、中国人全員が現場に行く前に、気合を入れるためなのか、行列になって往復びんたをもらうというのが、習慣になっていました。こんな仕打ちの中で、もう中国に帰れない、いつ死ぬかわからない、と思っていました。

我々は連行されて、二年近く強制労働をさせられました。日本政府と日本の企業は、このことに対して、罪を認めて謝罪をしてほしい、損害の賠償をしてほしい、と思います。

（二〇〇五年一〇月五日　前橋地方裁判所）

＊【京都訴訟】劉宗根（リウゾンゲン）——「ヒャクナナー（一〇七）」と呼ばれていました

劉宗根、七〇歳です。一四歳のとき、故郷の河南省から京都府の大江山（おおえやま）に連行されました。父は日本軍の爆撃で、すでに亡くなっていました。そこで私が働きに出ざるを得ず、祖父、母、姉の家族を、私が養っていました。ある日、おじさんが来て、日本軍の塹壕を掘りに行けば二百元もらえるといいます。当時で言えば一〇キロの食料を買うことができる大金です。私はおじさんに連れられ、県の役所に行きました。三〇人から四〇人くらいの人たちが集まっていました。ところが私たちは部屋に連れて行かれ、縄でくくられ監禁されました。外には鉄砲を持った中国の兵隊が見張っています。日本に協力していた中国人です。やがて駅から汽車に乗せられ、済南に連れて行かれ、倉庫のような、鉄で作られた大きな部屋に閉じ込められました。ある人が逃げようとしました。その人は失敗して、血だらけになりました。それを見て、私は逃げることができなくなりました。

次に送られたのは青島です。そこでは、トウモロコシで作った、カビの生えた、ひとつかみくらいの「ウオウオトウ」を与えられただけです。円錐形の、パンみたいなものです。人が食べられるようなものではありません。一人に一つずつ、日本人から、地下足袋のような靴と、服と毛布を支給されました。それ以降、衣類などが支給されたことはありません。私は「一〇七番」という番号を付けられました。

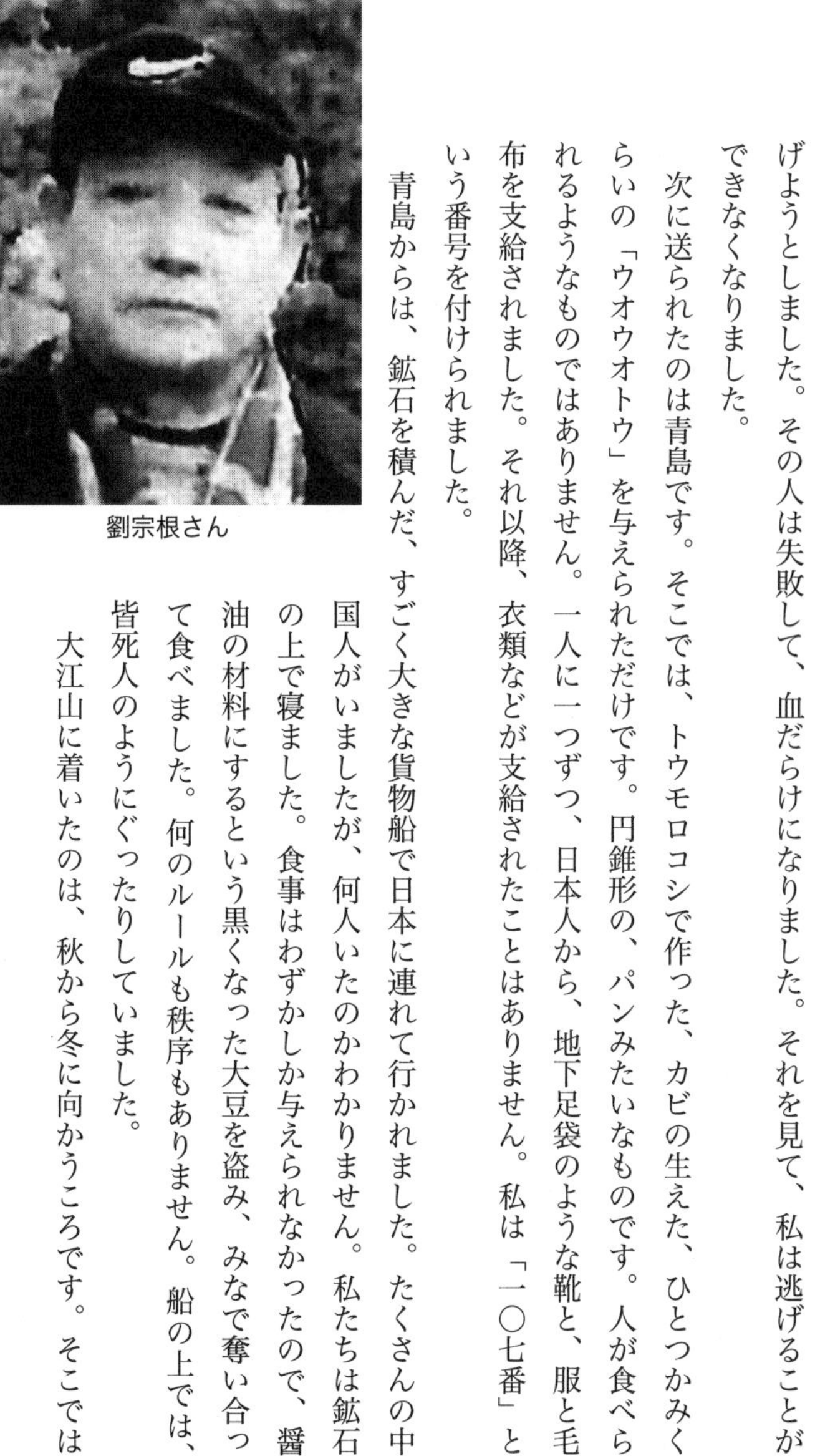
劉宗根さん

青島からは、鉱石を積んだ、すごく大きな貨物船で日本に連れて行かれました。たくさんの中国人がいましたが、何人いたのかわかりません。私たちは鉱石の上で寝ました。食事はわずかしか与えられなかったので、醤油の材料にするという黒くなった大豆を盗み、みなで奪い合って食べました。何のルールも秩序もありません。船の上では、皆死人のようにぐったりしていました。

大江山に着いたのは、秋から冬に向かうころです。そこでは石を運ぶ仕事をさせられました。朝、鉄をたたく音で起床させられ、列になって鉱山まで働きに行き、暗くなってから山を下ります。朝起きても星が見える、仕事が終わったときも星が見える、という日々でした。実際に何時間働いていたのか、さっぱりわかりません。昼は、一種の穀物で作った麺のようなものを、片手ですくったくらいの量を与えられました。馬や牛にやる飼料のようなものです。宿舎の周りには鉄条網が張ってありました。

建物の中では、一人幅五〇センチくらいの、二段になった板の上で寝ていました。部屋には暖房は何もありません。青島で渡された布を、あちこちくくって、その下にセメントの紙袋を巻いて寒さをこらえました。そこまでしないと凍え死んでしまうくらいの寒さで、外には一メートルくらいのつららが下がっていました。

本当につらい時期でした。お腹が減って、着るものもありません。日本語で「腹痛い」と言って休もうとした人がいましたけれども、そう言うと、食事が減らされてしまうのです。仕事に行かなければ、食べ物も与えられません。私は石が当たって足を捻挫したのですが、そのときも、足を引きずりながら仕事に行きました。胃の病気になった人がたくさんいます。同じ故郷の人が胃の病気になったのですが、その人は痛みをこらえるため、石をすりつぶして飲んでいました。

大江山では一二人の中国人が亡くなっています。まだ二〇歳くらいの人が首をくくって亡くなったのを、私はこの目で見ました。私は名前ではなく、番号で呼ばれていました。（日本語で）

「ヒャクナナー」です。お腹がいっぱいにならない。寒い。病気。お風呂もない。家と連絡も取れない。自分がやっているのが何のことなのかわからない。死ぬに死ねない、本当につらい時期でした。

日本の敗戦後、九州から船で中国の塘沽に戻りました。お金がありませんから、塘沽から故郷までの約七五〇キロを、八、九カ月かけて、物乞いをしながら、歩いて帰りました。家に帰ると、祖父は怒りのあまり亡くなっていました。母は気が狂っていました。姉は、トンヤンシー（将来の嫁）として売られてしまいました。日本軍が殺し尽くす、焼き尽くす、奪い尽くすということをやっていて、三千人いた村が、なくなってしまっていました。

事件の当事者である私はまだここにいます。大江山もまだそこにあります。この事件は実際に起こったことなのです。お腹が減って死んだ人、自殺をした人、国に帰ってから死んだ人がいます。私が今こうして提訴をしないと、いつ今後訴訟をできるのでしょう。もうこれ以上長引かせてはいけません。日本政府は、日本冶金工業は、謝罪、それから賠償をすべきだと思います。

（二〇〇一年二月九日　京都地方裁判所）

✴【福岡訴訟】李良傑（リリャンジエ）——積み上げられた骨を見て、死にたくなりました

李良傑と申します。七四歳です。福岡の炭鉱に強制連行されたときのことを話します。

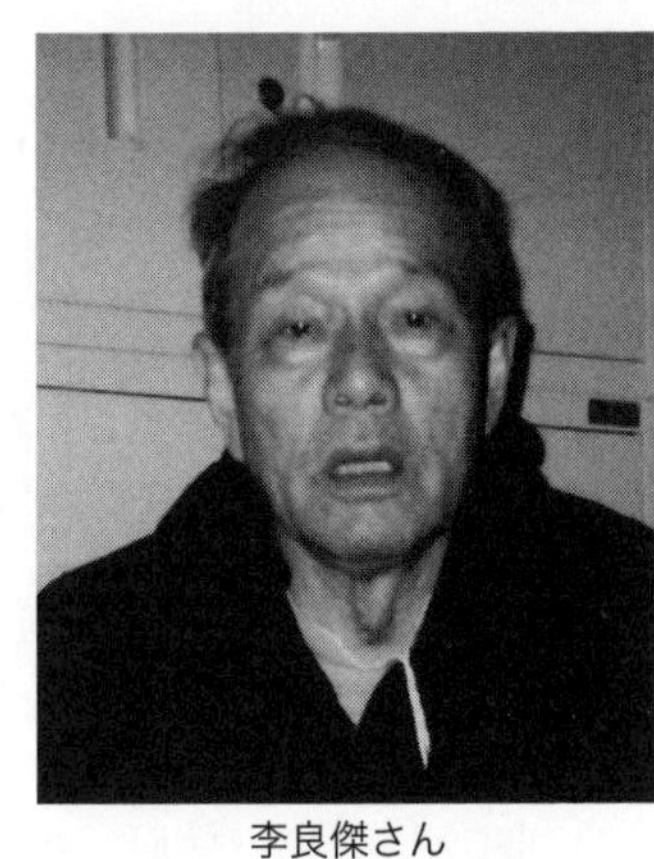
李良傑さん

一九四四年の中秋節のころ、一四歳のときです。故郷で畑仕事をしていた私は、日本兵と傀儡兵（日本軍の手下となった中国兵）三、四人に両腕をひねり上げられ、車の上に放り上げられ、警察署に連れて行かれました。そこには次々に中国人が送られてきて、最終的には百人くらいいたかと思います。その後、身体を縛られて、北京から塘沽へ行く汽車に乗せられました。塘沽の収容所には六日間閉じ込められました。

収容所の食べ物は、かびが生えたとうもろこしの粉で作ったマントウみたいなもので、それを食べたら腹を壊し、動けなくなりました。渇水状態と下痢で死にそうになってるところを、中国人の兵隊が水を飲ませてくれ、正気が戻りました。収容所では、馬車で死体が運ばれるのを毎日のように見ました。一台には少なくとも二〇人は載せられていたと思います。馬車は三台、通るときもありました。収容所に着いたばかりのころ、ここに入って七日間持ちこたえたらお前生きられる、という言い方を先輩からされました。持ちこたえられない人は、死んじゃうんです。

それから船に乗せられましたが、出航して三日後、大しけに遭いました。大勢が船酔いしまして、しけが静まると、日本人の監督から、甲板に上がるよう指示がありました。船酔いで動けなくなったりした人も、棒で叩いて引っ張り上げられました。それでも動かない人は、上に抱え上げられ、海に投げ捨てられました。私が見た限りでも、二人が投げ込まれました。中国人たちは、まだ死んでないじゃないか、ということで騒ぎ出しました。私はまだ一四歳でしたが、怖いも何も忘れてしまって、ただ生き延びることだけ考えていました。

船は門司港に着きました。消毒液入りの風呂に入らされ、それから二時間くらい汽車に乗せられ、福岡県田川市の収容所に連れて行かれました。私は字が読めないんですけれども、入り口に「華人労工所」と書いてあると、そばの人から聞きました。そこで半袖の白いシャツ一枚をもらいました。背中には帯状の赤い印が入っていて、前には「六番」という番号が振ってありました。中国人は班に分けられ、道具の名前を教えられたりして、二〇日間くらい訓練を受けて、初めて坑内に入りました。

毎日、でっかいスコップでトロッコに石炭を積む作業をさせられました。私は小さかったため、後にトロッコの線路切り替えみたいな仕事に配置換えされました。そのころ、奥の方からボーンと音がして、ものすごいほこりが追ってきて、自分も真っ黒になりました。それはみじめなものでした。仲間が三人、亡くなりました。山東省の顧国良という人は両足がつぶれ、中国に帰るとき、みんなで抱き上げて船に乗せました。

同僚の王吉栓という人は、日本人に殴り殺されました。退勤後、あまりのひもじさにごみ箱をあさって、みかんの皮か何かを食べたらしいんです。その監督はいつも工具袋を持っていて、中には鉄の棒も入っています。監督は棒を引き出して、王さんの頭とかに叩きつけたのです。王さんは倒れ込み、私たちが抱えて宿舎に連れ帰りました。まだ生きていて座り込んだ王さんを、今度は宿舎管理者がやってきて、その眼鏡を掛けた小さい管理者は、王さんを殴ったり蹴ったりしたのです。周囲の人が、彼を病室に連れて行きました。翌日私が見舞いに行こうと思ったら、すでに火葬場に連れて行かれた、という話でした。悲しくてたまりませんでした。

私は一度、自殺しようと思ったことがあります。一つには、家が恋しくてたまらなかったから。一つには、仲間が一人また一人と、亡くなっていくばかりだったから。ある日、病室に私が見舞いに行くと、腹が減ったと言って、病人たちは息も絶え絶えに、片方の手を差し出して、何かくれというしぐさをします。ポケットにマントウの五分の一くらいが入ってましたから、それをちぎって、何人かの口に、ほんの一かけらずつ入れてやりました。すぐマントウはなくなって、もうみんな飢え死にするんじゃないかと頭が真っ白になっていたたまれず、無意識のうちに四つある宿舎の一番先まで歩いて行きました。最後の一棟が空だったのでのぞいてみると、奥の方に天井近くまで、黒っぽくなった人間の骨が積み上げられていました。大きな頭蓋骨もありました。それを見てますます死にたくなりました。

日本の敗戦後、賃金を払ってほしいと、日本人と交渉しました。二〇円そこそこの、ほんの鼻くそくらいの金をもらいました。当時その金で買えるものと言えば、シャツくらいのものです。

帰国後、八路軍に入りました。そのころ、いとこから手紙が来て、父と二人の妹が亡くなったことを聞きました。私がいなくなって、探しても探し出せなくて、父は悲しさと怒りのあまり亡くなったのです。家に男がいなくなって、子どもたちに腹いっぱい食べさせられず、妹二人が亡くなりました。お母さんは気が狂ってしまいました。

私たち強制連行被害者の恨みをきれいに晴らしてくださる方がいらっしゃるのでしょうか。もしいらっしゃったら、私はその人を、神様のように拝みます。

（二〇〇四年七月一四日　福岡地方裁判所）

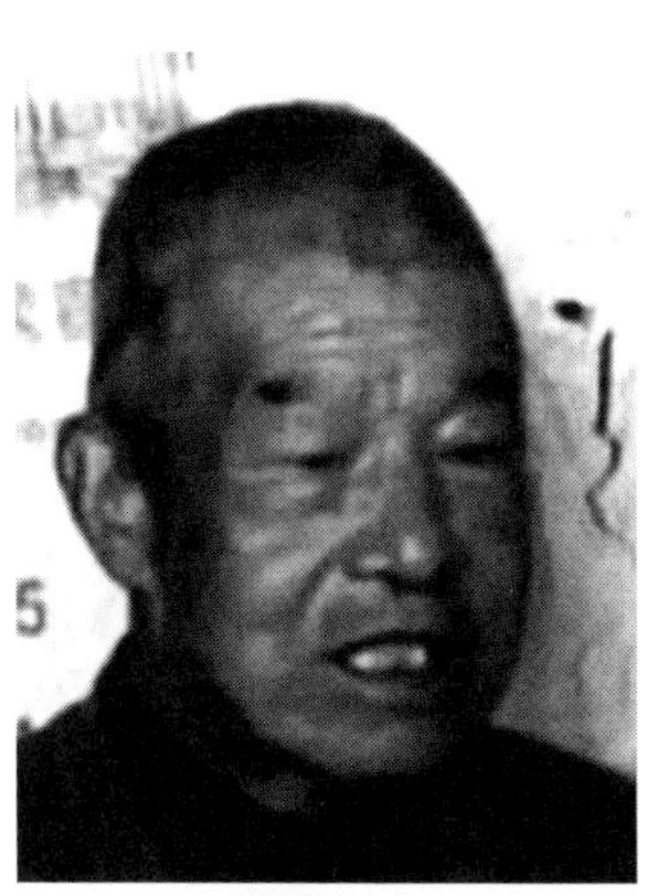

劉清江さん

✴【宮崎訴訟】劉清江（リウチンジャン）――死んでもあの世で裁判を続けます

劉清江、七七歳です。一五歳のとき、山東省禹城から宮崎県の槇峰（まきみね）鉱山に連行されました。

捕まったときのことは、私の脳裏に焼き付いています。そのころ、私たちの村の近くに、日本軍の砦みたいなものができました。ですから、日本軍に見つからないように、村の人たちはみんな逃げ隠れしてました。日本兵はよく鶏を捕まえたり、羊を分捕ったりの略奪行為を繰り返していたからです。ある日、家を出たところで、日本軍四、五人と傀儡軍二〇人くらいに遭遇し、鉄砲で脅され、連れて行かれました。

最初は後ろから押されて前へ進んでいたんですけれど、足を緩めると、すぐ後ろから銃身の長い鉄砲で殴られます。しばらく行くと、腕に縄を付けられ、前から引っ張られながら連れて行かれました。願わくば誰かが助けてくれるようにと、道中ずっとわめいたり叫んだりしていました。けれども誰も村から出てきてくれません。これ以上叫ぶと殺すぞと脅かされ、ずっと涙を流しながら連行されました。

禹城駅から列車に乗せられ、済南の非常に広い倉庫のような所に、三日間閉じ込められました。ほとんどまともな食事は与えられませんでした。家では腹いっぱい食べることができたのに、その三分の一くらいの量だったと思います。幼い私は、なんで捕まったのか全然わからなくて、悔しくて、ずっと泣いてばかりいました。

その後、青島にある、非常に高い塀のある建物に移されました。ある日、収容された中国人が中庭に集められ、逃げ出したという人が連れて来られました。その人は、ベルトやこん棒で動けなくなるまで殴りつけられました。担ぎ出されたときには、生きてるかどうかもわかりませんでした。兵隊は最後に、もし逃げ出すような人がいれば、これを見なさいと言いました。そんな状況では、逃げ出したくても逃げ出せません。

青島の港から、船に乗せられました。船倉の一番下の部分に下ろされたのですが、たくさんの人がそこに詰め込まれて、横になることも、座ることもろくにできませんでした。船に乗り込むときはみんな並んで自力で乗ったんですけれども、体が弱って自力で降りられなくなってしまい、友達の助けをもらってようやく下船する人もたくさんいました。船の中で病気になって死に、海に投げ捨てられた人もいる、という話を聞きました。投げ込まれた場面を私は目撃していないのですが、その人が駄目になって、船倉から外に担ぎ出されたところは見ました。

日本の港に着くと、消毒と称して全裸にされ、薬剤の入った風呂に強制的に入れられました。槇峰鉱山までは、軍刀みたいなものを振りかざす日本人に脅されながら移動しました。鉱山に到着した翌日には、すぐに働きに出されました。私の仕事は、ダイナマイトで爆破された後の坑内の鉱石を熊手のようなもので掘り出すこと、それから、鉄製の塵取りのような道具を使って、鉱石をトロッコまで運ぶことでした。鉱山の中は湿っぽくて、いつも水がしたたり落ちていました。右足に腫れ物ができて、今でも後遺症が残っています。

けがをしても、日本人が治療をしてくれたことはありません。一緒に働いていた安宝翠（アンバオツイ）が落石で右ひじを骨折したときにも、骨が皮膚の外に出てるようなけがなのに、何もしてくれませんでした。安は一〇日くらい休まされましたが、まだ治らないうちに、すぐ現場に行かされました。

日本人の監督にはさんざん殴られました。今覚えている日本語は、監督がしょっちゅう発していた「バカ」「バカ」という言葉だけです。力がなくあまり鉱石を持てない私をみると、監督はいきなり近づいてきて、鉄の金づち、一方は平らで一方はとんがっているのですが、その平らな方で、頭を殴られました。頭に大きなこぶができて、涙が出ました。そんなことが何回もあったのです。

寝泊まりした狭い部屋は三段ベッドになっていて、一〇数人もが押し込まれました。私には敷物も掛物もないので、板の上で寝ていました。食事は、量の極端に少ない、ご飯粒にジャガイモを混ぜた、おにぎりのようなものが出ました。量は全然足りません。日本が敗戦するまで、肉を食べたことはありません。ある日、食堂から食べ物を盗んだ人がいました。それでみんなが広場に集められて、日本人がこん棒を持って順番に一人ずつ殴っていきました。私もひどく殴られました。

休みは一日もなく、私は家族のことを思って、日々つらい生活を強いられたことで、ほぼ毎日泣いていました。逃げ出したい気持ちはあるのですが、見張りはいるし、見渡す限り山ですし、もう生きて出られないとあきらめていました。一番つらかったのは、殴られることです。飢えているのは毎日のことですから仕方ないんですけれども、殴られるのが一番つらかったです。中国に帰った当初は、しょっちゅう悪夢にうなされて夜中に目を覚ましました。ときどき、まだそういった所に自分が囚われているという錯覚があります。たぶん生涯忘れることはできないと思います。

槇峰鉱山には中国人二五〇人が来て、七〇人以上が亡くなっていると聞きました。お腹一杯食べることができないうえに、強制的につらい仕事をさせられ、亡くなったのだと思います。私は二年前、この裁判に出席するため日本に来て、鉱山のあった場所、慰霊碑のある場所に行きました。碑の裏側には死んだ人の名前が書いてあります。当時のことが蘇ってきて、中国の習慣ですけれども膝をついて、涙がこぼれてきて言葉が出ませんでした。私は、裁判を通じてこの事件を明らかにして、あなたたちの恨みを晴らします、安らかに眠ってください、と言いました。

裁判を快く思わない人もいますし、拒否する動きもあると思います。日本の裁判所が公正な判断を下されることを願っています。このような訴訟が拒否されても、私は命のある限り、死んでもあの世で、裁判を続けていくつもりです。

（二〇〇六年七月三一日　宮崎地方裁判所）

✴【劉連仁訴訟】劉連仁（リウリエンレン）——一三年間、日本が負けたことを知りませんでした

劉連仁、八四歳です。一九四四年九月に北海道の炭鉱へ強制連行され、翌年七月に脱走しました。一三年間を北海道の山中で過ごし、日本人に発見されて帰国できたのは、一九五八年になってからです。日本が敗戦していたことを、逃げ回っていたころは知りませんでした。

連行された当時、私は山東省の諸城県に住んでいました。家族は九人ですが、自前の畑を持っておらず、父と長男の私が出稼ぎの仕事をして、妊娠していた私の妻や弟たちを養っていました。とても貧乏な暮らしでした。

九月二八日朝、家を出たところで、銃で武装した中国の傀儡兵に捕まりました。何人もの人が紐で縛られ、数珠つなぎになって、高密というところまで三〇キロの道のりを、二日間かけて歩かされました。私と同じ村で捕まった人たちは、お金を払って皆釈放されました。しかし私は家が貧乏でお金がなかったので、私だけ解放されませんでした。高密までの二日間、食べ物どころか、水も全然もらえませんでした。

高密駅では、百人の中国人が列車に無理やり乗せられそうになって、皆逃亡しようとしましたが、失敗しました。八人が銃で撃たれて死にました。私の頭にも弾が当たり、傷痕は今も残っています。随分大きく腫れ上がりましたが、何も治療を受けることはなく、結局自然に治りました。

高密から青島に列車で運ばれ、一〇月になって、約八百人の中国人が貨物船に乗せられました。乗船前に一人二つずつ、トウモロコシで作った蒸し饅頭のような「ウオウオトウ」を配られました。七日間の航海で与えられた食べ物は、それだけです。水も与えられませんでした。中国人たちは飢えと渇きで、完全に病気のようになっていました。船はどこへ行くのか、最後はどこに連れて行かれるのか、何の説明もありません。船の中ではずっと家のことを思って、働き手の私がいなくなったら家族はどうやって生きていけるのかと、それればかり考えていました。

下船後、白い液体が入った大きなコンクリートの池に入れられ、消毒されました。薬物は皮膚にしみて、ものすごく痛かったです。そのまま汽車に乗せられて、着いたところは、もうすでに

劉連仁さん

雪の深い北海道の炭鉱でした。一〇名ごとに班が編成され、石炭を取る仕事、運搬の仕事、というふうに分担しました。働く時間は一二時間、二交代制です。日本語がわからないと叩かれ、仕事のスピードが遅いと、また叩かれました。でも食べるものがないから、力が全然でなくて、仕事を早くなんてできないわけです。日本人は「早くやれ、やれ」と急かし、柱に使う棒やつるはしの柄で、我々を叩きました。

私は高密の駅で逃げ出そうとしたときに靴をなくしたので、裸足のまんま、北海道に来ました。仕事に就く前に地下足袋を一足もらいましたが、二カ月くらいで破れてしまいました。宿舎は木造の二階建てです。ストーブはありましたが、与えられる石炭は少ないし、隙間風がどんどん入って来るんです。食べ物の量が少ないから飢えてよけい寒さを感じるし、着てるものがものすごく薄いので、やっぱり寒かったです。与えられる食事は、拳よりひと回り小さい大きさの「ウオウオトウ」が一食一個、一日三個だけです。汁物も、野菜や肉も、出たことはありません。春になって草とか木の芽が出たときに採って食べてみたんですけど、まずくて食べられませんでした。みな疥癬（かいせん）という皮膚病にかかっていました。着替えがないので、冬は服の洗濯もできないのです。

宿舎は塀で囲まれ、夜は宿舎に鍵が掛けられ、仕事のとき以外は外に出ることはできません。叩かれるし、飢えているし、寒いし、そんな生活に耐えきれなくて、逃亡を考えるようになりました。私の生まれ故郷の冬とは大変な違いで、高密ではこれだけの大雪も、寒さもありません。北海道で逃亡したらそのまま外で死んでしまうかもしれないとも考えましたが、どうせ叩かれ、飢えるわけですから、逃げて外で死んでもまだまし、と考えるようになりました。

その日、私が休憩しているときに日本人の監督が殴りかかってこようとして、私はつるはしで応戦しようとしたものですから、殺されるのではないかと恐れて、脱走しました。何日もしないうちに、服と地下足袋はぼろぼろになって使い物にならなくなりました。それで厚い木の皮を剥いで、それを畳んで下の方に敷いて紐で結わえて、靴の代わりにしました。服は、夜に山の麓の農家に行って、セメントを入れるような紙の袋を取ってきて、体に巻きました。案山子（かかし）が履いてる靴や靴下、古着も取ってきました。

人に見つかるのはまずいので、また、食べ物を探す必要があったことから、毎日山の中の居場所を変えました。夏は、木の芽とか柔らかい草とか、キクラゲやキノコとか、そういったものを食べてました。冬は、山の斜面に穴を掘り、木の板と草を敷いてそこで生活します。海辺には漁民が置いている乾燥昆布がありましたから、ほとんどそれを食べて生活していました。一年のうち約七カ月間、穴の中で生活していたと思います。穴の中では体を横たえることができず、体を斜めにして寝てはすぐに起きて、ほとんど熟睡できませんでした。

最初逃亡したときは四人の仲間がいましたが、私以外は皆捕まりました。一人ぼっちになって、自殺しようかと考えたことがあります。山の中で日本人に会うのが怖くて、見つかったら殺されるんじゃないかとおびえ、山の中にはいろんな動物もいますし、食べ物も着るものもなくて、こんな生活だったらいっそ死んだ方がいいんじゃないか、と考えたこともあります。でも、自分には両親もいて心配しているだろうし、奥さんも妊娠してますし、万が一戦争が終われば中国に帰れる可能性がある、もし戦争がどうしても終わらなければそれはそれで仕方ない、と思いとどまりました。逃亡していた一三年間、家に帰ることばかり考えていました。

一九五八年二月、日本人に発見された私は、逃げ出そうとしました。戦争が終わったことを知らず、また

北海タイ

山奥に穴ごもり生活

保護された中国人　ミソ、醤油を貯え

劉連仁さんが発見されたことを伝える『北海タイムス』（1958年2月10日付）

捕まって殺される、と思ったからです。発見されてから北海道の華僑総会の人が私を訪ねてきて、そこで初めて、戦争が終わったことを知りました。

帰国の前に、北海道から東京にいったん出て、集会に出席しました。そのとき、私に一〇万円が届けられましたが、理由のわからないお金を受け取ることはできず、拒否しました。私は日本に来てもう一四年も経っているわけです。日本政府が謝罪と賠償をしなければ私は中国に帰らない、と言うと、「中国に帰ればすぐ善処します」という言葉が返ってきました。でも、あれからずっと音さたなしです。

四月に船に乗って中国に向かうわけですが、帰れてうれしいのと同時に、ものすごい怒りでいっぱいでした。紐一本で無理やり中国から連れて来られて、過酷な労働と逃亡で身体中病気になって、それを考えると怒りを感じるわけです。中国に帰ると、私がいなくなって父はショックで働けなくなって死に、母も死んでいました。

中国に帰ってから身体中後遺症が残っていますが、一番ひどいのは気持ちの面です。突然悪夢で起きてしまい、熟睡できないのです。ずっと日本にいるような、そんな悪夢です。辛い生活だけじゃなくて、また捕まえに来たとか、早く逃げろとか、そんなのが出てきます。目が覚めると、ああ夢だった、と。九一年にテレビの仕事で日本に来て、症状はそれから少し軽くなりました。

私に起きた出来事はこれだけ明白な事実です。日本政府には、私に対しての謝罪と賠償を求めます。私はすでに高齢でこの先は短いですが、私が死んでも、私の子どもが、孫が、今後たたかい続けるでしょう。

（一九九八年六月一八日　東京地方裁判所）

中国での聞き取り調査

✴聞き取り調査と言葉の壁

どんな事件でも、調査はまず被害者の話を聞くことから始まる。中国人強制連行事件の被害者は当然中国にいるので、弁護団は中国に行き被害者の話を聞く。中国での調査は日本国内での調査に比べ様々な苦労があり、予想外の出来事も起こる。

まず苦労したのは、言葉の問題である。中国語を話せる弁護士など一人もいないから、調査のたびに通訳を用意しなければならない。各地の弁護団は、それぞれ独自のルートで見つけた通訳を日本から連れて行ったり、中国側が被害者を支援してくれる通訳を用意したりした。弁護団に活動資金などないので、通訳の人たちはほとんどボランティア同然で手伝ってくれた。

通訳がいるからと言って安心はできない。きれいな北京語を学んだ日本の通訳の人たちは、最初のうち、被害者のおじいさんたちのしゃべる方言が全く聞き取れない。強制連行被害者の多い山東省の方言は特に訛りが強いらしく、中国人の通訳でさえ聞き取れないこともあるくらいだ。

そういう場合には、被害者のおじいさんの家族が頼りであった。若い世代の訛りの比較的少ない家族に聞き取りに同席してもらい、被害者↓家族↓通訳↓日本人弁護士という順番で通訳をしてもらうことになる。しかし、被害者が話すたびに、家族がツッコミを入れたり、親子げんかが始まったり、途中から家族が被害者に聞かずに自分で答えてしまったりして、聞き取りは遅々として進まない。そのうえ、被害者の言っていることが日本の弁護士に正確に伝わっている保証はない。

そんな二重通訳の壁を飛び越して、被害者の言っている言葉の意味が、日本人弁護士の耳に直接飛び込んでくることがある。被害者達から、日本の現場で覚えた、「アブナイ」(危ない)、「クルマ」(車)、「ツルハシ」(鶴嘴)、「バカ」、「コラ!」などの日本語が出たときだ。

被害者の口から出る日本語を聞いたときには、ああ、この人は日本に連行されて働かされていたんだ、という強い実感が湧いてくるのであった。

＊中国の電圧

被害者の話を聞いてふむふむと理解しただけでは、法廷ではたたかえない。その話を文書にまとめて、陳述書という書面にする必要がある。だから、弁護士は日本からノートパソコンを持っていき、その場で文書にまとめてプリントアウトして、被害者のおじいさんに読んで聞かせて内容を確認し、署名をもらう。聞き取りの場所が中国の弁護士事務所だったりするとその場でプリントアウトできることもあるが、そもそも日本から持っていったパソコンが中国のプリンターに接続できるかどうかわからず（強制連行弁護団はそういう技術的なことには恐ろしく弱い）、結局日本からプリンターを持っていった。持ち歩くことが前提のポータブルプリンターなどというものは調査の初期のころにはないので、電子レンジの親分みたいな大きさの卓上のプリンターを、機内持ち込みで持っていったものである。

あるとき、二重通訳を介した長時間の聞き取りの苦労の果てに陳述書の文案を完成し、これまた二重通訳で陳述書案の内容を読み上げ、よし！　これで完成と思い、某弁護士は喜び勇んでパソコンをプリンターに接続しコンセントをつないだ。「これで、調査は終わりだ、今晩はおいしい青島（チンタオ）ビールでも飲もう」などと一息ついていると、被害者のおじいさんが、向かいに座っている弁護士の後ろを見て、「オー！　オー！」と恐怖におののいた目で叫んでいる。

振り返ると、日本から持ち込んだプリンターから白い煙がもくもくと湧き出ていた。中国の高電圧のコンセントにそのままつないだため、プリンターがショートして焼けてしまったのである。言葉の壁の次には電圧の壁があった。手荷物検査で怪しまれながらプリンターを機内に持ち込んだ苦労も水の泡だ。某弁護士は帰国の日、中国土産に変圧器を買う羽目になった。そのころから弁護団では、被害者の話をビデオに撮り、後に翻訳や字幕をつけて提出する方法も利用するようになった。

✴被害者の村での調査

被害者からの聞き取り調査は、当初日本の弁護士と地方に住む被害者が落ち合う形で、主に北京で行われた。しかし、弁護団の調査も年を経る毎に現場主義が浸透していく。高齢の被害者を北京まで長い時間をかけて来させるのも申し訳ないし、被害者が強制連行された現場も見たいということで、被害者の住む農村に足を運ぶ弁護団も増えていった。

宮崎訴訟の初めての中国調査も、被害者の自宅まで弁護団が赴いた。山東省の省都である済南から車で少し行くと農村地帯が広がっていた。農業用の車両しか通らないような舗装されていない農道に、弁護団を乗せたセダンが村の奥へ奥へと入っていく。セダンが物珍しいのか農村の子どもたちや若者が走ってついてくる。弁護団が車を降りて被害者宅に向かうと、何事かと、近所の大人達もついてくる。弁護団が被害者宅についたときには、庭で大勢の村人に囲まれる状態となった。

被害者の聞き取りを開始する。プリンター焼失事件の苦い教訓を受け、聞き取りはビデオ撮影方式で行われた。聞き手は成見幸子・宮崎訴訟弁護団長。心優しい成見は、集まってきた村人を邪魔だと言って追っ払ったりはしない。成見の隣に被害者が座り、周りを村人が囲んでビデオ撮影が始まった。

成見「あなたお名前は?」

被害者「○×△」
村人達がこれだけのやり取りに、どっと笑う。
成見「今おいくつ？」
被害者「○○歳」
村人の一人が何かを言い、一同また爆笑。どうやら、名前や年齢を聞くだけの単純なやり取りですら、村人たちには滑稽に映るらしい。何ともやりにくくはあるが和気あいあいの雰囲気で、聞き取りは始まった。
しかし、聞き取りが進んでいくにつれ、笑い声が消えて行き、村人たちも真剣な表情で被害者の老人の話に聞き入る。日本軍による強制連行の多くは、被害者たちが住んでいる村で行われた。宮崎弁護団が訪れたような長閑（のどか）な農村に、数十年前、日本の軍隊が現れ、村人たちをさらっていった。怒りとも、悲しさともつかない想いが各地の現場で聞き取りをした弁護士たちの胸に残った。

＊北海道訴訟の初調査

北海道訴訟を準備するため、北海道弁護団事務局長の田中貴文弁護士ほか数名が、東京弁護団数名とともに北京を訪れた。行きの道のり、田中は、今後の北海道訴訟の険しい道のりを思ってか、はたまた、日中の歴史認識の深い溝が横たわるこの事件の重圧からか、言葉数も少なく沈鬱な表情だった。

夕方、ホテルに到着し、打合せを兼ねた夕食のため、北京の街に出る。初めて北京を訪れた北海道弁護団の案内役は、もう何度も調査で北京を訪れている東京弁護団の森田太三である。夕食場所の選定も手慣れたもので、表通りにある外国人観光客のいるレストランには目もくれず、一本裏道に入った、地元の人たちが集う食堂に皆を先導して入り、手際よく料理を注文する。全部日本語だがなぜか店員には通じている。

日本人には少しぬるいビールを飲みながら、明日以降に始まる被害者の聞き取り調査の段取りについて確認する。田中はまだ表情が重苦しい。料理が運ばれてくる。それを口にした途端、田中の表情が変わった。「うまい!!」。料理が進むにつれ、田中は本来の明るさを取り戻し、打合せも熱を帯びる。そして会計。「え?」その値段を見て、弁護士たちは驚きの声を漏らした。想像した値段の一〇分の一くらいの値段だったのだ。興奮冷めやらぬ田中は、「こんな難しい訴訟をやる楽しみがやっとわかった!!」と繰り返し言っては、一人で得心していた。

翌日の朝、調査のため被害者と会った田中は、覇気をみなぎらせて被害者の元に歩み寄り、開口一番、「あなたの事件を解決するために日本から来ました」と言って被害者の手を堅く握った。田中が、その後、足繁く中国調査に通ったことは言うまでもない。

✴中国人記者とのやりとり

調査の合間に、中国メディアからの取材を受けることもある。中国の記者は、日本の記者より全体的に年齢が若い印象を受けるし、女性記者の割合は日本では想像がつかないくらい多く、半数以上という感じである。

若い記者たちは、中国人強制連行事件のことをほとんど知らない。むしろ彼ら彼女らは、日本の弁護士がなぜ中国人のために、日本政府や日本企業を相手に訴訟をしているのかについて強い関心を示す。

某弁護士が地方への調査に行った際も、地元メディアの記者からこの点に関して質問攻めにあった。

「どうして日本人のあなたが中国人の代理人をしているのか？」

「依頼者がたまたま中国人だった」

「弁護士費用はどうしているのか？」

「今のところ、弁護士費用はもらっていない」

「この訴訟の目的は何か？」

「加害者が事実を認めて謝罪をする。そのことによる被害者の尊厳の回復。それが日中平和にもつながればと思う」

「……？？」

記者は納得いかないような表情で、同じような質問を、角度を変えて繰り返し聞いてくるが、こちらの答えは同じだ。記者は、事件内容の説明のときにはメモを取っていたのに、この質問になると全く取らなくなった。なぜ日本人弁護士が中国人被害者の代理人をするのか、まったく理由がわからなかったようである。

✴酒席での出会い

中国調査の過程で、被害者とは全く別に、中国人強制連行の関係者と出くわすこともあった。調査のため北京を訪れていた弁護団が中国側関係者と、調査終了後に市内のレストランで懇親の酒席を設けたときのことである。宴も終わるころ、料理や酒を運んでくれていた一人の若い女性店員が、突然大きな声で話し出した。皆、店側の説明かと思い視線を向ける。見ると覚悟を決めたような表情で杯を持ち、凛(りん)と立っている。通訳の人が慌てて彼女の話を通訳する。

「私の祖父は、第二次大戦のとき、日本軍に連行され、働かされました。本日、日本の弁護士の皆さんが、強制連行された中国人被害者のためにたたかっていることを知りました。被害者の家族の一人として日本の皆様に感謝申し上げます。感謝の印にこの杯を飲み干します」

彼女はそう言って、潤んだ目で杯の白酒（コウリャン酒）を一気に飲み干した。

裁判の経過

＊象徴としての劉連仁（リウリエンレン）訴訟へ

一九九六年、いよいよ最初の訴訟が始まった。原告は劉連仁である。中国山東省で農夫をしていた劉連仁は北海道の明治鉱業の昭和炭鉱で強制労働させられたが、事業場から逃亡し、北海道の山中で戦後一三年近く生き延び、一九五八年二月に発見された。この間、劉連仁は地元の人に幾たびか目撃されていて、国は劉連仁が山中に隠れていることを知っていたにも関わらず、一度も捜索しようとはしなかった。厳寒の北海道での生存は奇跡とされ、野人とも言われた劉連仁が発見されたとき、日本政府は当初不法入国者あるいは不法残留者として扱い、当時の岸信介首相（一九四二年の東条内閣が「華人労務者内地移入ニ関スル件」を閣議決定したときの商工大臣）は、

政府として当時の事情を明らかにするような資料がございませんし、それを確かめる方法が実は現在としてはないのであります。あの閣議決定の趣旨は、そういう本人の意思に反してこれを強制連行するという趣旨でないことは、あの閣議のなんで（ママ）も明らかでありますが、しかし事実問題として、強制して連れてきたのか、あるいは本人が承諾して来たのか、これ

を確かめるすべがございませんので、政府として責任を持ってどうだということを今の時代になって明らかにすることはとうていできないと思います。

と国会で答弁した（衆議院外務委員会・一九五八年四月九日）。

しかし、日本の外務省は、敗戦直後の一九四六年に全国一三五カ所の事業場に調査員を派遣し、現地調査報告書を作成させ、これをもとに「外務省報告書」という公文書を作成していた。この外務省報告書の存在を日本政府は一九九三年にやっと認めたが、その後の劉連仁の謝罪と補償の要求に一切応じなかった。

被害者たちに労働を強いた会社はすでに存在しなかったため、国だけを相手とする真正面からの裁判が始まった。第一回期日は一九九六年七月五日、東京地裁の大法廷となった。法廷は支援者で一杯となり、緊迫した空気の中で裁判が始まった。不屈の闘士・劉連仁は、普段は寡黙である。しかし、法廷で本人は「私は帰国の話が出たとき、『真の賠償がないと帰国しない』と声明を出しました。そのとき、日本政府は『どうぞ帰ってください。帰ってからきちんとします』と言いました。しかしそれから三七年が経ちましたが未だに何の返事もありません。裁判官、良心をもって人間味を出してください。この問題をきちんと解決しないのであれば、私の子々孫々にわたってたたかう決意です」と訴えた。

これに対し、国は強制連行し強制労働させた加害の事実については何の主張もしなかった。「戦前の国の権力行為については責任を問われない」という国家無答責の法理を持ち出し、あるいは、国際法違反では私人の請求権は成立しない、そもそも国の関与は間接的で安全配慮義務はない、戦後に劉連仁を北海道で捜索せず放置した責任については、中国には国家賠償法がないから日本も賠償責任がない、などの法律論での反論に終始した。強制連行・強制労働の事実があったかどうかということについて国が何らの認否をしないことは、傍聴していた多くの市民の憤りを買った。裁判後の記者会見で劉連仁は、「この裁判の争点ははっきりしている。国が加害の事実を認めるかどうかだ」ときっぱりと述べている。

✴日本各地での提訴と支援の広がり

花岡事件訴訟は一九九五年に始まったが、劉連仁訴訟に続き、二〇〇四年までの間に次々と全国各地で強制連行裁判が提訴された。弁護団が担当した長野、東京、京都、新潟、北海道、福岡、群馬、宮崎、山形の他にも、別の弁護団が広島、長崎、七尾（石川）で訴訟を提起し、たたかいは全国に広がった。日本各地に一三五の事業所があれば、その数だけ痛ましく悲しい被害があり、たたかいが全国に展開したのは当然のことであった。

✴北海道訴訟

各地の裁判にはドラマがある。

北海道では、提訴時の一九九九年における札幌弁護士会の会員は三一七名だったが、その二割以上の実に七〇名の弁護士が訴訟を支えた。また、財団法人札幌法律援護基金から「公益的事件」の指定を受け提訴準備のための八〇万円の援助があり、原告四三名で国のほか、三井鉱山（現、日本コークス工業）、住友石炭鉱業（現、住石マテリアルズ）、熊谷組、地崎組（現、岩田地崎建設）、新日本製鉄（現、日本製鉄）、三菱鉱業（現、三菱マテリアル）の六社を被告とするマンモス訴訟となった。

✴山形訴訟

山形訴訟は、日中友好協会山形県連会員が幻の外務省報告書を手に入れ、酒田港に連行された者のうち本人や遺族一四〇名に手紙を出したことから始まった。二〇〇二年には被害者の檀蔭春及び別の被害者の遺族を招聘し、約七〇〇名の参加を得て証言集会を行い、後に訴訟を提起した。裁判所は判決の「付言」として「本件被害者らは強制労働等により極めて大きな精神的肉体的苦痛を被ったことが明らかになったというべきであるから、その被害者らに対し任意の被害救済が図られることが望ましく、これに向けて関係者らの真摯な努力が強く期待される」と述べ、被告企業の酒田海陸運送は「国が和解に応ずるなら応じても良い」との態度表明まで行った。

山形訴訟

✴群馬訴訟

群馬では、二〇〇二年四月、廣田繁雄弁護士が東京弁護団に連れられて初めて北京に渡ったが、そこには戦時中、群馬県桃野村（当時）に強制連行され強制労働に服した人たち数名が待っていた。皆一様に紺の帽子を被り、紺の服を身にまとっていたのが印象的であった。そうした人たちの中に許志安（河北省出身、当時八〇歳）がいた。日本にもよくいる陽によく焼けた農夫然としたたたずまいの彼は、廣田の傍に寄ってきて、ニコニコしながら「あの医師は元気か。あの医師によろしく」と言う。話を聞くと、彼は、つらい強制労働から解放されて中国へ帰る一九四五年一一月ころ、強制連行されるとき尻に受けた銃弾を高崎駅近くの病院で摘出してもらっており、そのことを感謝して発言したのであった。日本によって筆舌に尽くせない苦難を受けながらも、一方で、日本で受けたささやかな処置を今でも忘れないでいる。そのことも、被害者らの弁護団に対する態度の一面であった。廣田はいたく感動し、群馬弁護団を立ち上げる重要な動機になった。

＊長野訴訟

長野では、一九九七年、強制連行裁判の中では東京以外の地方で最初となる訴訟を提起した。提訴早々、国や被告企業は、原告の中国人は長野県内にはいない、代理人らはほとんど東京に在住しているなどを理由に、東京地裁への移送を申し立ててきた。しかし、作業現場も証人等も長野県内にある。事件の「土着性」の重要性から見れば移送の申立ては不当であり、もちろん却下された。以後、全国各地の裁判は、このような妨害を受けることはなくなり、各地での提訴につながっていった。

＊福岡訴訟

福岡では、第一次提訴（原告一五人）と、第二次提訴（原告四五人）があり、被告は国と三井鉱山（現、日本コークス工業）、三菱鉱業（現、三菱マテリアル）であった。

原告の劉千（リウチエン）は一九四三年、二二歳のとき、日本の三井三池炭鉱の宮浦鉱（大牟田市）に連行され採炭の仕事をさせられたが、日本人の監督から怠けていると言って斧でなぐられ、右大腿骨骨折の重傷を負った。麻酔なしに宿舎で手術を受けたが、手術がうまくいかず三カ月入院し、戦後帰国しても身体障害の状態で、農業もできず困窮を極めた生活を送っていた。法廷で当時八〇歳だった劉は、証言の途中で突然立ち上がり、日本人監督に殴られたときの様子を身体で示すため、証言台の前でばったり倒れて見せた。傍聴席は粛として声もなく、裁判官もさすがに制止することもできず、ただじっと見つめるばかりでその後の証言に聞き入っていた。

原告の髙国棟(ガオグオドン)は（証言時七四歳）は自宅で日本兵に連行されたが、そのとき、泣きすがる母親が髙の目の前で日本兵に刺し殺された。しかし髙は法廷での証言の日まで、日本の弁護士にこのことを一言も話さなかった。まだ日本人が心からは信用できなかったというのだ。六〇年続く深い恐怖と不信感に、あらためて弁護士たちは驚いた。

✴宮崎訴訟

宮崎では、原告からの聞き取りの際、県弁護士会所属の年森俊宏弁護士の叔父で、戦後中国にとどまり中国の再建に貢献した年森義幸氏の協力を得た。これを機に中国語の勉強を始めた弁護士中島多津雄は周囲の心配をものともせず日程などの連絡を行い、日本の弁護士で初めて中国語で話せる人が出てきたと評された。一方、中国で関わった董一鳴(ドンイーミン)弁護士も何度も訪日し、片言の日本語を駆使して「日本通」になったという。訴訟をきっかけに、日中弁護士の熱い交流が生まれた。

原告の中には自分の呼び名はあったが本来あるべき姓名はなかったので、強制連行されて名前を聞かれたときに適当に知っている人の名前を言ったという者もいて、本名ではない氏名が外務省報告書には記載されていた。帰国後に今の名前があり、訴状の原告名はその名前で書かれていたが、外務省報告書に記載された名前とはまったく違ったので混乱するという一幕もあった。一審敗訴判決後、弁護団は訪中して原告に結果を報告した。何人かの原告はすでに死亡しており、ある原告は、勝訴すれば賠償金で薬を買い、医者にかかることにしていたのに、と落胆していた。弁護団にとって辛い思い出である。

輝かしい成果と発展

✴劉連仁訴訟、新潟訴訟、福岡訴訟での勝利

二〇〇一年七月に言い渡された劉連仁訴訟第一審の判決は衝撃だった。判決は、日本国の戦前の加害行為の責任は「国家無答責」を理由に認めなかったが、戦後の捜索義務違反を理由に、戦後補償裁判では初めて二〇〇〇万円もの賠償を命じる勝訴判決となった。西岡誠一郎裁判長は主文からではなく判決の理由から述べ始め、最後に主文として結論を言い渡した。法廷はどよめき、裁判官の退席のあと、大きな拍手が鳴りやまなかった。残念なことに、劉連仁は前年の九月に亡くなっていたが、法廷に長男の劉煥新(リウホアンシン)が風呂敷に包まれた遺影を静かに持ち込み、記者会見では遺影をかざして報告を行った。遺影を手にしての出廷や記者会見は、その後も各地で行われた。

劉連仁さんの遺影を抱き、一審勝訴を喜ぶ息子の劉煥新さん
（2001 年 7 月 12 日）

新潟地裁では原告が、国と強制労働企業のリンコーコーポレーションの両者に対して勝利判決を勝ち取った。それも、国と企業の時効・除斥の主張は正義公平に反すると断じた画期的な勝利判決であった。裁判では、原告の安登山（アンダーシャン）が被告代理人席にまで駆け寄るように迫り、「こん棒で殴られたこの頭の傷跡をみろ」と頭を突き付けた。その気迫に圧倒され、裁判官はもとより国・企業の代理人も、その言動を止めようとはしなかった。

最終弁論で原告代理人の中村洋二郎弁護士は「この裁判だけは絶対に負けられない。裁判官に土下座してもよいから正義の判決を求める」と言ってしまった。裁判官に対し普通は言ってはならない言葉だが、そのときは少しも不自然と感じない心からの訴えであったという。原告も代理人も支援者も同じ気持ちで裁判官に迫った、気迫による勝利であった。

また京都訴訟では大阪高裁で、原告六名と被告日本冶金との間で、一人三五〇万円の支払いを認める和解が成立した。原告に加わらなかった被害者への補償こそなかったものの、画期的な結末であった。

✴歴史的和解の成立

その後も、全国各地の支援者と弁護団の地道なたたかいは続いた。二〇〇九年一〇月、広島安野(広島県安野水力発電所建設工事)の被害者三六〇名と西松建設の和解が成立した。そして、約半年後の二〇一〇年四月には、同じく西松建設と新潟信濃川(発電所建設工事)の被害者一八三名の和解が成立した。いずれも会社は、中国人強制連行・強制労働の事実を認め謝罪の意を表明し、一人当たり約七〇万円弱に相当する和解金を支払うとしたのである。和解金には被害者への補償の他に、未判明者の調査費用、記念碑の建立費用、慰霊のための費用等が含まれていた。

そして、二〇一六年六月一日、三菱マテリアルと被害者の和解が成立した。北京のホテルの会場で、生存者三名と企業の役員、そして日中の支援者と弁護団が一堂に会し、和解の調印式が行われた。会社からは「過ちて改めざる、是(これ)を過ちという」、「過去のことを忘れずに、将来の戒めとする」との和解の趣旨が述べられ、被害者からは会社の英断を歓迎するという言葉が述べられて、一つの歴史的解決が実現したのである。この和解は、調印した生存被害者三名のみならず、

新潟県十日町市の長徳寺で行われた強制連行西松信濃川事件の被害者追悼集会（2020 年 11 月 8 日）

三菱マテリアルの関係事業場で苦役に従事させられた一二の事業所の被害者三七六五人全体についての解決を目的とするものである。会社は人権侵害の事実とその歴史的責任を認め、被害者に対して深く謝罪し、その謝罪の証として、被害者一人当たり一〇万元（約一五〇万円）の金員を支払うこととし、会社の負担で、同社の旧事業場などに記念碑を建立し被害者遺族等による慰霊追悼事業を行うとした。

日本政府や他の多くの加害企業が、いまだ加害の事実さえ明確に認めず謝罪もしていないことからすれば、この和解内容はこれまでの被害者のたたかいの到達点として大きな意味をもっている。三菱マテリアルが、二度と過去の過ちを繰り返さないために記念碑の建立に協力しこの事実を次世代に伝えていくことを約束したことも積極的に評価できる。

日中の真の友好関係樹立への模索はまだ道半ばである。弁護士たちと支援する市民たちのたたかいは、これからも続く。

（森田太三、犀川治）

中国人労工が強制労働させられた135の事業場

×	炭鉱
⚒	鉱山
⊏	製錬所
(造船所記号)	造船所
✸	発電所建設事業場
✈	飛行場建設事業場
I	鉄道港湾建設事業場
(地下工場記号)	地下工場建設事業場
(工場記号)	工場建設事業場
✲	鉄道除雪事業場
⚓	港湾荷役事業場

北炭空知天塩 ×
北炭空知志間 鉄工神威 ×
三井砂川 地崎上砂川 川口上砂川 伊藤上砂川 ×
三菱美唄 三井美唄 鉄工美唄 ×
土屋岩見沢 ✲
港運小樽 ⚓
菅原小樽 ✲
日鉱大江 ⚒
日鉄北海道 川口脇方 ⚒
鹿島玉川 ⚒
荒井国縫 ⚒
荒井落部 地崎落部 I
鉄工鹿部 I
地崎大野 I
荒井峠下 I
瀬崎有川 I
同和花岡 鹿島花岡 ⚒
同和小坂 ⚒
三菱尾去沢 ⚒
港運船川 ⚓
港運酒田 ⚓
日鉄赤谷 ⚒
⚓ 港運函館 地崎函館 菅原函館
⚒ 日鉄釜石
⚒ 土屋天塩
× 明治昭和
✸ 地崎東川
× 井華赤平 川口赤平 川口豊里
⚒ 地崎イトムカ 土屋イトムカ 地崎北海道
⚒ 野村置戸 地崎置戸 伊藤置戸
✈ 鉄工計根別
✈ 菅原門静
× 土屋雄別
× 三井芦別 川口芦別
⊏ 地崎平岸
× 井華奔別 土屋幾春別 菅原幌内
× 三菱大夕張 地崎大夕張
× 北炭平和マヤチ
× 北炭平和カクタ
⚓ 鉄工室蘭 港運室蘭(3) 川口室蘭
(地下工場記号) 東日本造船

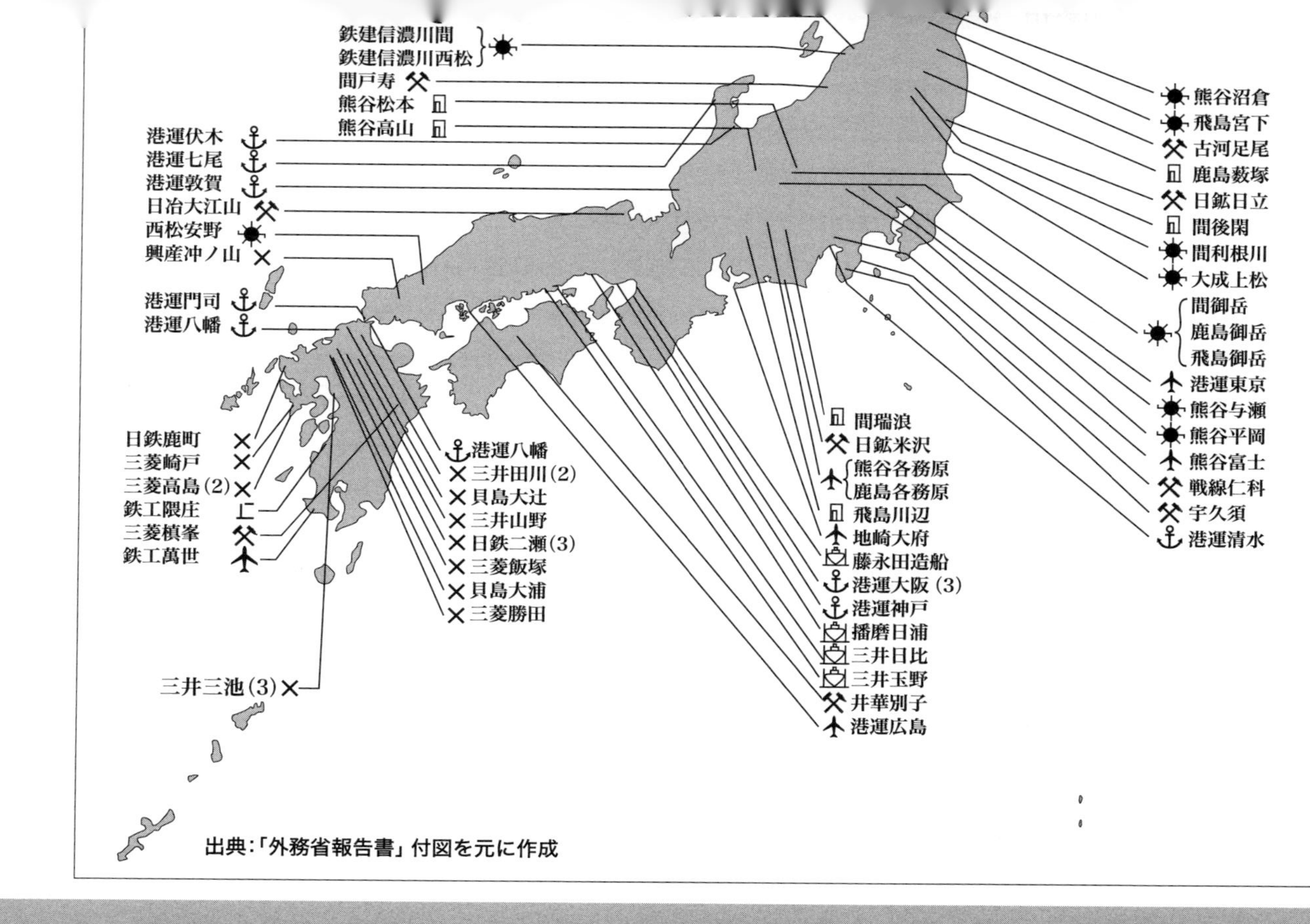

出典:「外務省報告書」付図を元に作成

鉱業	戦線鉱業	静岡	1	200	104	53,990
	宇久須鉱業	静岡	1	199	14	73,212
	日本冶金工業	東京	1	200	12	771,000
	宇部興産	山口	1	291	98	28,599
	貝島炭鉱	福岡	2	499	30	267,226
	三菱鉱業	埼玉	9	2,709	468	2,869,060
	三井鉱山	東京	10	5,517	1,073	7,745,206
小計	15		47	16,368	3,189	22,880,983
造船	三井造船	東京	1	133		
	播磨造船	兵庫	1	490	28	
	藤永田造船所	大阪	1	161	6	
	東日本造船	札幌	1	431	4	
小計	4		4	1,215	38	78,220
港運	日本港運業界	東京	21	6,099	766	5,340,445
合計	35		135	38,935	6,830	56,725,474

〈注〉企業名は当時の名称。資料の計数に若干の違いがあるが資料記載のままとした。

※1：地崎組の直轄事業場は5であるが、送り込んだ事業場を入れると11、労工数も1,741人となっており、その他の事業場で働かせた労工数（同一人が違う現場で働く）は3,633人である。

※2：鉄道建設興業には受け入れ労工数がない資料もある。これは直受した事業場がないからで「名目上の管理企業」である。

※3：間組も資料によって受け入れ労工数が異なる。

※4：西松建設は2カ所の現場で使役した労工数は543人だが、うち183人はその後間組に移されている。そのため、資料の取り方によってどちらに計上されるかで違いが出る。

出典：外務省報告書を元に作成

中国人を働かせた企業一覧

業種	名称	本社所在地	事業場数	労工数(人)	死亡数(人)	国家補償金(円)
土建	地崎組※1	札幌	11	1,741	330	3,443,502
	川口組	東京	6	2,660	787	4,319,889
	土屋組	札幌	5	900	71	1,828,525
	菅原組	札幌	4	784	55	1,629,435
	荒井組	旭川	3	573	57	1,190,783
	伊藤組	札幌	2	497	123	803,397
	瀬崎組	函館	1	299	20	603,380
	鉄道工業	東京	7	1,608	364	2,803,745
	鹿島組	東京	5	1,888	539	3,461,544
	鉄道建設興業※2	東京	2		18	
	間組※3	東京	5	1,172	194	2,775,887
	飛島組	東京	3	584	40	1,291,256
	大成建設	東京	1	299	23	644,374
	西松組※4	東京	1	543	29	757,151
	熊谷組	福井	7	1,705	187	2,872,958
小計	15		63	15,253	2,837	28,425,826
鉱業	野村鉱業	東京	1	195	24	1,247,818
	明治鉱業	福岡	1	200	9	92,322
	北海道炭鉱汽船	東京	4	1,311	314	4,500,871
	井華(住友)鉱業	大阪	3	1,194	272	86,888
	日本鉱業	東京	3	1,305	329	2,264,685
	日鉄鉱業	東京	7	1,793	260	2,179,222
	同和鉱業	東京	2	498	73	672,269
	古河鉱業	東京	1	257	109	28,615

【追記】

本章で取り上げた強制連行・強制労働事件は日本国内に連行された中国人の戦争被害であるが、日本軍が戦時中、中国国内において行った強制連行・強制労働は規模においてこれをはるかに上回る。日本軍部隊は抗日根拠地や抗日ゲリラ地区の村落を包囲襲撃し、村の広場に成年男子を連行し、日本の占領地などへ連行した。

以下、笠原十九司著『日中戦争全史』下巻（二五八〜二五九ページ）から引用する。

「日本は華北の各地二〇カ所に監獄式の集中営すなわち収容所を設置して、規模の大きなところは四、五万人、比較的規模の小さい所には一千、二千人を押しこんだ。一九三四年から四五年の間、華北から華北以外へ送られた労工は一千万人に達した（内訳は、「満州国」へ約七八〇万人、蒙疆地区〈引用者注・現在の内モンゴル自治区の一部〉へ約三二万人、華中へ約六万人、日本本土へ三万八九三五人、朝鮮へ一八一五人）。一九三七年から四五年の間、華北で強制労働された労工は二千万人以上であった。日本へ強制連行させられた労工のうち、六八三〇人が死亡した」

Ⅵ

裁判を支えた市民の活動

一教師の体験

中国人戦争被害賠償請求訴訟は、広範な市民の支援なしには成り立たない裁判だった。その中心にいたのが、後に「中国人戦争被害者の要求を支える会」(以下、「支える会」)の事務局長となる東京都の中学社会科教師・大谷猛夫である。

大谷は一九七三年に教師になるとき、「私は日本国憲法を遵守する」と誓約書を書いた。当時、東京の下町では、生徒に対して「お父さんお母さんに東京大空襲のことを聞いて来なさい」と言うと、たくさんの教材が集まった。教科書でも戦争のことは、日本国民の被害のことが中心に書かれている。しかし、日本の戦争加害のことはほとんど触れられていない。「おじいさんに中国で何をしてきたか聞いてきなさい」と言っても、何も集まらない。中国や東南アジアでの戦争の事実を教えようにも、教材がそもそもない。それならば直接アジア各地に行って聞くしかないと、大谷の教材集めが始まった。

その後、中国人の戦争被害者たちが日本政府を提訴する裁判が始まり、市民による支援運動も始まった。一九九五年八月には「支える会」が発足した。翌年夏、大谷は撫順で平頂山事件の生き残り、楊宝山(ヤンバオシャン)に出会う。楊の話を授業で話し、中国で日本軍のやったことを取り上げると、

生徒は真剣に考え、今何をしなければならないかを大谷と話し合った。

一九九〇年代後半、「新しい歴史教科書をつくる会」が発足し、日本の戦争はアジア解放のためだった、日本軍の戦闘行為は正当である、という歴史観が立ち現れていた。一九九六年夏、「支える会」は裁判で来日中の山西省「慰安婦」を招き、東京・青山の日本青年館で集会を開催した。四〇〇人以上が詰めかける中、李秀梅（リシウメイ）、劉面換（リウミエンホワン）が自分の身の上に起こったことを淡々と話す。会場の外では、右翼の宣伝カーが大音響でがなりたてていた。会場の中に潜りこんだ「新しい歴史教科書をつくる会」系の人物が「ウソツキ」とヤジをとばし、壇上に駆け上がろうとする。司会を務める大谷らが何とかこの人物を撃退したが、当の劉面換は「いろいろな人がいるのネ」と涼しい顔をしていた。「慰安婦は金をもらっていた」、「強制連行の証拠はない」などと右翼は叫ぶが、中国人慰安婦の場合、ほとんどすべて軍隊による強制連行である。山西省では、拉致された女性の家族が、日本軍に金を払って女性を帰してもらおうとさえしていたのだから。

メーデー会場で宣伝する「支える会」
（代々木公園、1995年5月1日）

二〇〇〇年の秋、突然ネット上で大谷に対する個人攻撃が始まった。「公立学校の教師が平日の昼間子どもを放りだして裁判傍聴に行っている」と。たまたま定期テストが終わった午後で、裁判傍聴に出かけても何も問題のない日であった。そのうち、南京事件被害者の李秀英（リシュウイン）の証言をもとに授業を組み立てていた大谷に対し、「南京虐殺であることないこと教えている」という書き込みがネット上で続いた。「国賊・非国民・売国奴大谷」という書き込みもされるようになった。嫌がらせはさらにエスカレートし、「抗議先」として大谷の自宅の電話・ファクス番号までネット上で公開されてしまった。大谷が朝起きると、罵倒が記載されたファクス用紙がとぐろをまいていたこともある。果ては区教育委員会にまで押しかけて「大谷を免職させろ」とわめき立てる人物まで現れた。しかし当時の区教育委員会は、「大谷先生のやっていることは学習指導要領の範囲内です」と一蹴した。

裁判の盛り上がり

二〇〇二年の冬、大谷はハルビンへ毒ガス被害者の聞き取りに行く弁護団に同行した。それまで「支える会」の事務局長は弁護士が担っていた。夜ホテルで「支える会の事務局長が弁護士というのはおかしいだろう？」と言われ、事務局長を引き受けろと迫られた。外は氷点下三〇度という極寒の地である。まともな思考回路が働かなかったのかもしれない。大谷はうっかり引き受けてしまった。しかし、被害者の声を聞けば聞くほどこの運動はどうしてもやらなければ、と思うようになったことも事実である。

　このころ、裁判は大きく盛り上がっていた。二〇〇一年には東京地裁で劉連仁（リウリエンレン）が勝訴判決を得た。裁判で原告が来日すると傍聴の呼びかけをしたり、各地での集会の段取りを進める。このころ「支える会」には、全国に三〇〇〇人ほどの会員がいた。各地の支援者たちが会場を手配し、集会の準備を進める。通訳や交通機関も手配し、中国人戦争被害者の証言集会が持たれる。各地で頑張った支援者が被害者の証言を聞き、それを周りに広げる。地方では、それぞれの地元のメディアが大きく取り上げ、日本軍の残虐行為の実態が次第に広まっていった。

劉敏さんの証言を聴く中学生たち

　二〇〇三年九月、遺棄毒ガス・砲弾事件先行訴訟の一審判決で勝訴したが、この判決に立ち会った被害者遺族の劉敏（リウミン）（二二五ページ参照）は判決の翌日、大谷の学校を訪れ、子どもたちの前で体験を語った。まだ二〇代の劉敏の証言を、子どもたちは真剣に聞いていた。日本軍のやったことで被害に遭った人が目の前にいる。生徒の感想は以下のとおりである。

「今日は、戦争の後のことについて詳しく教えていただいて、考えなければならないことがたくさんあるとわかりました。まず、将来戦争なんてしてはいけないということです。たくさんの人が死ぬし、その後のこともいろいろあるので、いけないと思います。私もがんばるので、劉敏さんもがんばってください」

「この事件はやっぱり日本が絶対に悪いと思います。これはすべて日本が負担する必要があるし、まだ中国に兵器が残っているということを聞き、早く撤去してほしいと思います。これ以上被害を拡大させるわけにはいきません。僕たちには何ができるかわかりませんが、被害者の方たちを応援したいです」

「私は今日劉敏さんの話を聞いて、日本軍が戦争の後に放置した砲弾や毒ガスのせいで、中国の方々が多くの被害にあったということをくわしく聞くことができました。もし、日本と中国の間に戦争がなければこんなことがなくてすんだと思いました。このことで中国の人の生活が一変してしまったと思うと、すごいことを日本軍はしてしまったと思いました。最後に私が思うのは、これ以上『戦争がおきない』ということです」

真実に触れれば、子どもたちは健全な判断をする、というのが大谷の実感である。

強制連行・強制労働事件

強制連行・強制労働裁判は、被害者が実際に連行された各地の裁判所でたたかわれることになり、それぞれの地元での支援の動きが大きく盛り上がった。山形・群馬・新潟・京都・福岡・宮崎には「支える会」の支部が結成された。二審がたたかわれる宮城・大阪にも支部が作られ、大きな支援運動の輪が広がった。「支える会」の総会は年一回東京で開催され、経験を紹介し参加者が交流を深めるとともに、運動方針を話し合った。被害者が強制連行された現場を抱える地域では、被害者の証言を裏付ける日本側の資料発掘にも力を入れた。

宮崎では、支援者が被害者氏名を特定して連絡を取り、訪中して被害者の思いを聞き取り、交流を続けていた。山形在住の高橋幸喜は、被害者名簿をたどり、一四〇名の被害者に手紙を送り、三二名の被害者及びその遺族から返信をもらった。「酒田港中国人強制連行を考える会」が作られ、弁護士と連携して提訴となった。

支部が作れない地方に強制連行された被害者はまとめて、中国人強制連行事件東京第二次訴訟としてたたかった。第一次訴訟は劉連仁裁判である。東京二次訴訟は栃木の足尾、新潟の十日町、山口の宇部、長崎の端島（はしま）（軍艦島）などへの強制連行被害者の訴訟が含まれている。

強制連行訴訟は日本政府と同時に、企業も被告とした。日本に強制連行された中国人の現場は全国で三五企業一三五事業所にのぼっている。これらの企業の本社に対する謝罪・賠償要請も続けられた。軍からの要請で中島飛行機の地下工場の建設を請け負い、群馬県の藪塚（やぶづか）に中国人を強制連行したのは鹿島建設（当時は鹿島組）であった。鹿島建設の本社は東京港区にある。群馬の支援者たちは東京高裁での裁判があるたび、鹿島の本社に抗議に駆けつけた。原告となった被害者や遺族も来日した折り、鹿島建設本社に行き面会を求めた。原告が来たときには鹿島建設の担当者が社内で面会したときもあったが、支援者だけのときの多くは面会拒否であった。群馬の支援者の上京行動は、合計五〇回に及んだ。

二〇〇七年四月、最高裁判所が西松強制連行事件で判決を下した。原告の請求は棄却したが、原告等の請求権は残っているとし、関係者間で解決を求めるという付言付きの判決であった。この判決に基づき、西松建設が和解に応じた。事実を認め、謝罪し、被害者に償い金を支払うという和解が成立したのである。原告のみ対象の和解としては、日本冶金が京都大江山に連行した被害者と大阪高裁で和解している。しかし西松建設の場合は、原告だけでなく、被害者全員を対象とした和解であった。

西松建設は、新潟県十日町を流れる信濃川のダム建設現場に連行された一八三人と和解し、記念碑建立が和解条項に書き込まれ、強制連行現場近くのお寺の境内に記念碑が建てられた。二〇一六年に除幕式を行い、以来毎年追悼式典が行われている（二七一ページ参照）。石碑には強制連行被害者全員の氏名が刻まれ、追悼式典で来日した遺族はこの氏名を確認し、宿舎跡や信濃川の堰堤（えんてい）工事の現場を訪ね、父あるいは祖父がここで味わったつらい思いをかみしめた。

海南島「慰安婦」事件

海南島「慰安婦」裁判の支援は、「ハイナンネット」という青年たちのグループが支援の中心になった。裁判中は来日した被害者たちの世話をし、証言集会もこの青年たちが取り仕切った。

海南島の南岸は「中国のハワイ」といわれるリゾート地であるが、一歩内陸に入ると貧しい農村が広がっている。今は島を一周する高速鉄道も建設されたが、内陸部は開発から取り残されている。漢民族による少数民族への蔑視もある。

二〇一〇年、最高裁判決を報告する弁護団にハイナンネットの若者も同行した。海南島の原告たちはみな少数民族でほとんどが黎（リ）族であり、苗（ミャオ）族のおばあさんもいた。彼女たちは民族語を話すため、中国の標準語との二重通訳になる。それでも若者たちは、エネルギッシュなボディランゲージで黎族のおばあさんと交流していた。やしの葉が茂る山奥の村の家まで苗族のおばあさんを訪ねたが、この家には「貧困老人医療支援の家」という札が張ってあった。被害者はみな高齢で体調は必ずしも良くない人もいたが、弁護士や青年たちを暖かく迎えてくれた。

ハイナンネットの裁判後の活動も積極的で、原告にならなかったアポ（黎語で親しみをこめて、「おばあさん」という意味）を探し当て、今も交流を続けている。

平頂山事件

平頂山事件で裁判の原告となった生存者三人をはじめ、被害者の要求は「日本政府の誠意ある謝罪、死亡者追悼のための陵苑の建設、事件を後世に伝える」の三点である。支援者たちは「撫順から未来を語る実行委員会」を作り、被害者やその遺族と交流を続け、三要求の実現のための活動を続けている。

平頂山事件は、日中戦争の初期である一九三二年に起きた。事件当時の中華民国政府は、この事件を国際連盟に提訴している。ところがこれに対して、当時の日本政府は「匪賊討伐のための戦闘行為中に住民が巻き込まれたもの」という驚くべき答弁をし、現在に至るも政府はこれを訂正していない。「政府の公式見解のあるものはこれを記述する」という教科書検定基準により、平頂山事件は教科書に載らないのが現状である。

事件の最後の生存者であった楊玉芬（ヤンユウフエン）は、二〇一七年三月に九三歳で亡くなった。被害者はすべて死亡し、もはやその生の証言を聴くことはできない。しかし、裁判を通じ、また今も続く現地との交流を通じ、被害者の証言や映像が継承されている。事実を歴史のかなたに消えさせてはならない。

731部隊事件

731部隊の人体実験の被害者は、誰一人生き残らなかった。解剖実験と証拠隠滅のために殺されてしまったからである。それでも憲兵隊の記録の中には、捕えた中国人などを「特移送（特別移送）」と記されたものがある。「特移扱（とくいあつかい）」として731部隊に送られた記録である。戦後何年もたって、中国の研究者などがこの記録を発見して遺族に伝え、遺族は突然帰ってこなくなった父や夫の行方を知ることとなった。「支える会」は、これら被害者遺族との交流を続けている。

一九八九年、東京・新宿の国立医療センターの敷地で人骨が掘り出された。ここは戦前陸軍の防疫研究所があったところである。人骨の中には、人為的に加工された不自然な骨が見つかり、731部隊との関連が指摘された。敗戦で逃げ帰った元部隊員が、標本として持ち帰った可能性がある。当時の厚生省は埋葬してしまおうとしたが、市民の反対運動により、この人骨は今も保管されている。被害者遺族は、自分の父親かもしれないとDNA鑑定を要求しているが、いまだ厚生労働省はこれらの声に応じていない。

李鳳琴（リフェンチン）の父親は、黒竜江省牡丹江の駅で働いていた鉄道労働者であった。一九四一年五月のある日、仕事にでかけたまま家にもどらなかった。李のお母さんが駅に尋ねたところ日本の憲兵隊に連行された、という。以来六〇年以上行方不明だったが、731部隊陳列館の金成民（ジンチャンミン）館長の著書の中に父の名前を見つけ、関東軍憲兵隊の資料の中に「特移送」として載っていたことが判明した。二〇一〇年、「支える会」は李鳳琴と金成民館長を日本に呼んで大掛かりな証言集会を開き、二人は731部隊による被害の実態を証言した。

南京虐殺事件

日本国内には「南京虐殺はなかった」とする歴史改ざん派がいる。被害者の中には、日本の右翼から「ニセの被害者」と名指しされた人もいる。本書に登場する李秀英（リシュウイン）は、彼女を名指しでニセの被害者であると書いた著者と出版社を相手どり、名誉毀損の裁判を起こした。さらにもう一人の被害者夏淑琴（シアシュウチン）も同様の名誉毀損訴訟を提起した。両訴訟はともに被害者側の勝利となり、南京虐殺の事実が裁判所でも認定された。

李と夏の要求は、日本政府は事実を認めて謝罪しろというものであり、裁判を支援していた若者グループが「南京への道・史実を守る会」を結成した。「守る会」は、孫とともに来日した夏淑琴の証言集会を企画した。また南京を訪問し、夏が被害にあった現場を訪ね、史実を確認している。

同時に「守る会」は、日本国内で南京事件の史実を広める活動を続けている。二〇〇九年一二月には、中国でつくられた映画「南京！　南京！」の上映運動に取り組み、東京での上映の際、中国人監督陸川（リュチュアン）を呼んでトークショーも行った。二〇一四年には、ドイツのガレンベルガー監督による映画「ジョン・ラーベ」の上映運動にも取り組み、監督と連絡を取って日本での上映権を取得し、各地での上映を成功させた。ジョン・ラーベは、ドイツ・シーメンス社の派遣で南京に駐在していたが、日本軍の南京侵攻の際の蛮行を目撃し、自分の土地に多くの中国人を匿ってその命を救った人物である。

遺棄毒ガス事件

遺棄毒ガス被害者については、チチハル訴訟、敦化訴訟と続き、それぞれの裁判支援をしていた二つのグループが統合して「遺棄毒ガス中国人被害者を支援する会」となった。さらに、遺棄毒ガス被害者の医療支援を中心に活動していた「化学兵器CAREみらい基金」は、全日本民医連の協力も得て、中国での検診活動を継続してきた。これを二〇一六年にNPO（非営利団体）に発展させ、特定非営利法人「化学兵器被害者支援日中未来平和基金」として東京都に認可された。さらに二〇二〇年三月、東京都により「認定NPO」となった。

中国側でも、被害者を支援する民間の動きが起こっている。現在日本のNPOの活動は、重篤な被害者への治療支援にまで発展してきている。本来これら被害者の医療支援は日本政府の責任であるが、これを待てない日中の市民が支援の手を差し伸べ、日本の支援者と被害者との交流は今も続いている。敦化事件の被害者劉浩（リウハオ）（一五八ページ参照）は二〇〇四年の事故当時八歳であったが、高校卒業後は介護職員として施設で働いている。

私たち日本国民の責務とは

日本の司法は政府を免罪してしまったが、裁判で日中戦争における被害の実態はほとんど事実として認定されている。被害者の多くは「自分たちの要求は実現するまで子孫代々続く」と言っている。日本政府が、戦争の事実と向き合い誠実に対応することが、アジア諸国との外交関係をスムーズに進めるうえでの第一歩である。「支える会」は構成員の高齢化などのために解散し、より緩やかな形で「中国人戦争被害者の要求を実現するネットワーク」に移行した。戦争被害者にきちんと謝罪する政府を作り上げることは、私たち日本国民の責務である。これが実現されるまで、中国人被害者への支援活動は続く。

（大谷猛夫）

Ⅶ 壮大なオーラルヒストリー

一九八〇年代後半から日本軍の毒ガス兵器問題をライフワークと位置づけ、日本で提起された中国人戦争被害者による損害賠償請求訴訟にも大きな関心を寄せてきた。通信社記者として一九九七年から三年間北京に駐在したのを皮切りにワシントン、上海、そして再び北京でそれぞれ約三年の任期で特派員生活を送ってきた。中国関連のニュースが仕事の中心を占めていたこともあり、中国人戦争被害者の損害賠償請求訴訟に関連するニュースや関係者に接することも多かった。戦争犯罪の被害者を償い、必要な生活・医療支援の仕組みづくりを願う声を結集させ、被害者一人一人の筆舌に尽くしがたい惨劇を現代社会に提示した裁判の成果を体系的にまとめてはどうかと考えていたところ、今回、出版の運びとなったのは、とても喜ばしいことである。

中国人戦争被害者が日本政府や加害企業に対し謝罪と賠償を求めた裁判をめぐる活動の記録は、平和を願う人々による歴史への貢献である。

壮大なオーラルヒストリー

戦争賠償訴訟を通じて日本の裁判所が認定した事実は、日中戦争時の日本軍による加害行為の壮大かつ精度の高いオーラルヒストリーである。日本の弁護士が中国の現場に赴き、中国の弁護士や研究者、住民らと協力して歴史事実を掘り起こし、事実の積み重ねによって当時の日本軍や日本政府の不法行為を暴き、中国人被害者に対する謝罪や賠償を求める。一連の裁判に提出した日本軍による加害事実は多くは日本の裁判所に認められたが、損害賠償請求は不法行為から二〇年で賠償請求権が消滅する「除斥期間」や国家賠償法施行前の不法行為は賠償責任を負わないとする「国家無答責」などの法律論で退けられた。

しかし、認定された加害事実の意義は極めて重い。例えば遺棄毒ガス兵器問題は、被害者を少しでも救済したいと日本国内で支援の輪が広がり、活動は続いている。強制連行裁判では、加害側の日本企業が被害者や遺族に謝罪と補償を柱とした和解に応じた。戦争賠償請求訴訟での敗訴確定後も日本の加害責任を問い、中国人被害者を支援する動きが脈々と続いている。戦争加害に関する事実は、歴史上の犯罪性を確認すると同時に、被害者に思いをはせることの重要性を教えている。

中国人の戦争被害者が一九九〇年代に日本で戦争賠償訴訟を相次いで提起した際、この動きを警戒し反対する勢力から「何で寝た子を起こすのだ」と批判の声が上がった。だが、中国人被害者は自らが被った惨劇を封印したりしていない。一連の裁判は、中国人被害者の謝罪・救済を求める強い思いを訴える場ともなった。私は中国に駐在していた際に戦争被害者に会う機会を幾度となく得たが、被害者の多くは日本の弁護士の献身的な活動に「良心」「正義」を感じていることを目撃した。山西省の「慰安婦」訴訟では、被害者の老女たちが日本の弁護士による調査活動を、目を細めながら嬉しそうに振り返っていたのが印象的だった。かつての加害国の弁護士が過去を反省する立場から戦争被害を自らの手で調査し、日本での提訴に結びつけた行動により被害者がどれほど報われたことか。原告となった「慰安婦」被害者は、調査に入った弁護士の様子を我が子のことのように語り、その姿に日本の弁護士の「良心」「正義」は確実に伝わっていると感じた。

本稿では、中国人の戦争被害と私を結びつけた日本軍の毒ガス兵器問題との関わりを紹介し、戦争賠償訴訟の意義などについて考えを述べたい。

毒ガス兵器問題との遭遇

私は一九八七年春に共同通信に記者として入社し水戸支局に配属された。その年に日本軍の毒ガス兵器問題と遭遇した。

入社前、北京の大学に留学していた経験などから中国に関心を持っていた私は、日中戦争の発端となった盧溝橋事件から五〇年になるのを機に水戸市内の茨城大学で開催された小規模なシンポジウムに顔を出した。当時、立教大学講師だった小田部雄次氏から日本陸軍の毒ガス戦教育に関する資料が民家から見つかったとの話を聞き、取材機会を得たことが、毒ガス兵器問題がライフワークとなるきっかけとなった。

資料は陸軍教育総監部が一九三八年一二月に作成し、演習用として第一四師団が複写した「対ガス教育指導ノ著眼」と題する通達書や演習記録などの極秘文書。茨城県龍ケ崎市の市史編纂作業で収集した資料の中から小田部氏が見つけた。当時水戸にあった歩兵第二連隊の下士官の遺族が自宅に保存していた。毒ガスに関する教育に当たっていた下士官は出兵の際に資料を自宅に持ち帰り、外地で戦死したという。敗戦時、使用が国際法違反だった毒ガス兵器に関する資料は大部分が焼却処分されたが、下士官の資料は自宅で保管されていたため奇跡的に処分を免れたのであった。

通達書は、当時のソ連との国境をめぐる軍事衝突となった一九三八年七月の張鼓峰事件を機に日本軍は対ソ戦準備が必要と判断したことを記載。ソ連軍の「戦法ノ趨勢ハ開戦劈頭ヨリ化学戦ノ敢行スルコトアルベキヲ教示」とし「全軍的化学戦教育緊切ナル多言ヲ要セザル所」と対ソ戦に備えた毒ガス戦教育の必要性を強調していた。日本軍の化学戦重視のきっかけが非交戦国であったソ連と明記された文書が見つかったのは初めてで、共同通信から配信された記事は地元紙の茨城新聞が一面トップで扱ったのをはじめ全国の多くの新聞に掲載された。

記事を執筆した一九八七年当時は、戦後長い間秘密のベールに包まれていた日本軍の毒ガス兵器の実態が少しずつわかり始めていた時期だった。小田部氏が立教大で師事していた粟屋憲太郎教授が前の年に日本軍が日中戦争時に中国で毒ガス戦を大々的に展開していたことを記した陸軍習志野学校の「支那事変ニ於ケル化学戦例証集」を米国の公文書館で発見し、八六年六月に朝日新聞が大きく報道した。

国際法で使用が禁じられていた毒ガス兵器が日中戦争で大規模に使われていた実態が初めて白日の下にさらされたことに対する衝撃は大きく、日本の国会でも取り上げられた。粟屋氏の研究によれば、東京裁判（極東国際軍事法廷）で毒ガス戦の実態は起訴状に記載されたにもかかわらず、法廷で追及されることはなかった。日中戦争時に中国東北部ハルビンで生物兵器の研究・開発のため人体実験を繰り返した関東軍防疫給水部（通称731部隊）と同様に米国の戦略的思惑から日本軍の毒ガス兵器問題は免責された。日本軍は関連の資料の多くを敗戦の際に証拠隠滅を目的に焼却処分していた。日本軍の生物・化学兵器に関する実態は、戦後長い間にわたって歴史から消し去られたが、一部関連資料は米側に没収され、その後、米公文書館で保管されていたものが機密解除されたのであった。

戦後、日本政府や日本軍関係者は戦争における国際法違反行為である生物・化学兵器について一貫して口をつぐんできた。隠蔽された歴史は、主に研究者によって掘り起こされ、現代によみがえった。小田部氏による茨城県での陸軍極秘文書発見は、日本国内の民家で発掘された極めてまれなケースだった。

大久野島（おおくのしま）へ

日本軍の毒ガス兵器問題は中国での使用の一端が明らかになったが、全体像を知るにはほど遠い状況で、私にとって空白の歴史を埋めることが研究テーマだった。近代における毒ガス兵器は、第一次大戦でドイツ軍が塩素ガスを使用したのが最初だった。人類に「大量破壊兵器」との概念をもたらした毒ガス兵器は、殺傷力の高さや残虐性から「悪魔の兵器」などと呼ばれた。第一次大戦での毒ガス兵器による死傷者は一〇〇万人に上った。これを教訓に、化学兵器の使用に縛りをかけたのが一九二五年に締結された国際法ジュネーブ議定書である。日本は議定書に署名したが、批准はしなかった。

日本軍は使用が国際法で禁止されていることを承知で毒ガス兵器の開発に手を染めていく。その実態をさらに知りたいと水戸の次の任地に広島を希望した。陸軍の毒ガス兵器製造拠点だった大久野島を取材したいと思ったからだ。大久野島は、日本軍の毒ガス兵器が戦後「隠された歴史」を辿ったことを浮き彫りにするだけではなく、製造に従事したことによる毒ガス障害の後遺症が現代まで身体を蝕んでいる現在進行形の問題であることも示した。さらに「現在進行形の問題」が中国にまで広がっていくとは、一九九〇年春に広島に赴任した当初は予想だにしていなかった。

「島に行かなあよかった」

風光明媚な瀬戸内海にある大久野島は、広島県竹原市忠海（ただのうみ）の沖合約三キロに位置する周囲約四キロの小さな島。現在は国民休暇村として多くの観光客が訪れるリゾート地だが、戦時中は、日本陸軍の大規模な秘密工場があり、毒ガス兵器を大量に製造していた。毒ガスの種類は色で識別され、「あか」はおう吐性ガスのジフェニールシアンアルシンで、目や鼻などの粘膜を強く刺激し、吸い込むと肺障害を引き起こす。致死性のイペリットとルイサイトは「きい」、「ちゃ」は猛毒の青酸ガス、「みどり」は催涙ガスを指した。

毒ガス工場は、高度の機密扱いとなっており、海岸線に沿った呉線の列車の車内では、大久野島付近に差し掛かると車窓の風景を遮断するためよろい戸を下ろすように指示され、当時の地図からは島の存在が消された。「東京第二陸軍造兵廠（ぞうへいしょう）忠海製造所」と名付けられた毒ガス製造の大規模工場群は当時の科学技術の粋を集めた最新鋭軍事施設だった。この島に通った少なくとも六七〇〇人のうち、私が広島支局に在籍した一九九〇年から九三年当時、約一九〇〇人がすでに死亡しており、がんの罹患率が異常に高かった。多くの元従事者は慢性気管支炎などの後遺症に苦しみ、自分たちを「毒ガス障害者」「被毒者」と呼んでいた。毒ガス工場に関する資料はこの場所でもほとんどが処分され、製造施設も取り壊された。元従事者らは毒ガス工場のことを口外しないよう誓約させられたが、激しい後遺症が、毒ガス製造の事実を歴史の闇に葬り去ることを許さなかった。

「苦しいよ。島に行かなあよかった」。イラクによる毒ガス兵器使用が懸念された一九九一年の湾岸戦争時に多くの被毒者の診療に当たっている忠海病院を訪れた。当時、院長を務めていた行武正刀氏から取材許可をもらい、入院中の当時七九歳の患者と面会すると、節くれ立った手を私の方に伸ばし、激しくせき込みながら涙を流した。患者は、一九三七年から日本軍の毒ガス兵器の中で最も毒性が強い致死性のイペリットの製造に従事した後、四〇年に中国に出兵した。戦後、家業の農業を営んでいたが「慢性気管支炎の中でも最も激しい症状」(行武氏)に苦しめられ、一九八二年以降、計一八回にわたり入院を余儀なくされ、湾岸戦争終結から約半年後に息を引き取った。

忠海病院は、大久野島での元従事者を救済することを目的にした「ガス障害者救済のための特別措置要綱」が制定されたことを受け、一九五四年に指定医療機関となった。少なくとも四二〇〇人の被毒者が入・通院し、臨床被毒治療の中心病院の役割を担った。病院の病歴室の資料ラックには四二〇〇人分のカルテがびっしりと収められていた。診療データだけではなく、患者一人一人が大久野島の毒ガス工場でどのような作業に従事したかを詳細に記録しており、病状だけではなく背景も重視する行武氏の職業意識の高さを物語る。「毒ガスの影響は核兵器とそっくりで、しかも、核兵器より格段に安く生産できる。大久野島で被毒した患者たちは人類に対する警鐘なのです」。行武氏は力を込めて語った。

行武氏の出身大学である広島大学医学部には、忠海病院や広島大医学部付属病院の患者のほか、大久野島での作業に従事した全国の被毒者のデータが集約され、一九九〇年代初期当時、約六六〇〇人の記録が保存されていた。大学関係者によると、致死性のイペリットは、核兵器と同様に染色体異常を引き起こし、がん発症との間に因果関係が認められることがわかったという。一度損傷した染色体は二度と元には戻らず、発がんのリスクをもたらし続けている。「大量破壊兵器」でくくられる核兵器、化学兵器の悪魔性は「原爆による放射線は物理的な、イペリットは化学的な染色体毒」（広島大学医学部教授）である点でも十分に説明されていた。

もう一つの現在進行形

大久野島には、毒ガス資料館がある。初代館長だった村上初一氏は戦時中、養成工として大久野島で毒ガス兵器づくりを学んだ当事者で、戦後は竹原市役所に勤務していた経験がある。自らも毒ガス障害を抱える村上氏は、「資料館は当初、後遺症の恐ろしさを伝えることに重きが置かれていた」としたうえで「来館した子どもに『何のためにつくったの』と聞かれ言葉に窮したことがあった。このとき、資料館の意義は後遺症の恐ろしさとともに毒ガス兵器が使われた実態を伝えることだとわかった」と、加害事実についても資料展示するようになった経緯を説明した。折に触れ、養成工時代のことを振り返り「毒ガス兵器は人道的兵器」との教官の説明を信じ込み、大久野島で学ぶことに何の疑いもなかった過去を悔やんだ。この後悔の念が村上氏の活動のバネになった。

大久野島の現実は、隠蔽された歴史と後遺症という二つの問題を映し出していた。さらに広島支局在任中の一九九一年に中国で毒ガス兵器の潜在的な脅威が残っているとの驚くべき情報が伝えられた。日本軍の大量の毒ガス兵器が中国で遺棄されたままになっていることがわかったのである。村上氏は「戦後処理が終わっていないことを実感する」と指摘し「後遺症が恐ろしいだけに、住民被害の早急な調査が必要だ」と訴えた。翌九二年のジュネーブ軍縮会議では、中国政府高官が推定二〇〇万発の毒ガス兵器が処理されずに残されていると述べ、すでに二〇〇〇人が犠牲になったことを明らかにした。中国にもう一つの「現在進行形の問題」が隠れていたのである。

防衛研究所に新資料

広島支局での三年の任期を終え一九九三年春に仙台支社編集部に異動となった。引っ越しの際、転勤休暇を使って東京に滞在し、当時の防衛庁防衛研究所図書館に通った。中国政府が「推定二〇〇万発」とした遺棄毒ガス兵器の数がとてつもなく大量であった。大久野島で製造した毒ガスのうち、砲弾などに詰め込む「てん実（じつ）」は一九三三年に造兵廠が福岡県に設置した曽根派出所（三七年から曽根兵器製造所）でも行われたが、兵器数を明確に示す資料は大久野島や曽根などの関係地からも出てこなかった。

毒ガス兵器の実戦使用に関する資料はほとんどが処分されたため防衛研究所で所蔵・公開されている可能性は低いだろうが、陸軍が科学技術の粋を結集して建造した兵器工場の記録は残っているかもしれない。広島支局時代に二〇回以上にわたって大久野島を訪れた経験から軍の組織・編成の角度からならば期待できると考え、資料をあさった。結果は当たりだった。陸軍が製造した毒ガス兵器の種類と数量を年度ごとにまとめた新資料が見つかったのである。

新資料は「陸軍造兵廠歴史」（昭和七～一四年度）、「陸軍兵器廠歴史」（昭和一六年度）と題した文書の綴りで、その中に「主要ナル兵器其ノ他物品ノ竣工数量」との一覧があった。例えばイペリットを指す「きい」に関しては一六年度に「改造三八式野砲九二式きい弾弾薬筒五五、三一〇」などと記載され、毒ガス兵器の竣工数量を足し上げると計二〇七万発となった。

新資料は昭和六年以前と昭和一五年、昭和一七年以降が欠落していたため、実際は二〇七万発以上であることは間違いなく、中国政府が示した「推定二〇〇万発」は可能性としてあり得ることを初めて裏付けた。新資料は共同通信の記事として全国の新聞に配信し反響を呼んだ。新資料の内容を詳述し、大久野島での取材記も盛り込んだ著作『隠されてきた「ヒロシマ」―毒ガス島からの告発』を日本評論社から一九九三年夏に出版した。

「毒ガスで青春は終わった」

私は共同通信の記者であるため、地方職場では事件・事故や選挙を含む行政などを通常の取材業務として行っていた。仙台支社編集部に異動して間もない一九九三年六月に東京地検特捜部がゼネコン汚職の強制捜査に乗り出し、仙台市長と宮城県知事が汚職容疑で逮捕される巨大事件の担当となり、多忙を極めた。一九九五年三月にはオウム真理教による地下鉄サリン事件が発生し、毒ガス兵器に詳しいということから東京本社に呼ばれ二カ月余り専従取材に当たった。こうした事件取材の合間を縫い、一九九四年夏に日本軍の毒ガス兵器製造に関する米軍の新資料を報道する機会を得た。

懇意にしていただいている中央大学教授の吉見義明氏が米国での研究を終えて帰国したので会いにいったところ、大量の米軍資料を入手していた。吉見氏の自宅で資料を見せてもらったところ、米軍極秘調査文書と米太平洋陸軍参謀第二部の報告書などに日本の陸軍と海軍が製造した毒ガス兵器の種類と数量に関する克明な記録があった。総数は七四六万発。毒ガス製造の全容がわかり、共同通信の記事として報じたところ非常に大きな反響があり、中国での遺棄毒ガス兵器の実態解明を進めている日本政府関係者も「毒ガス兵器遺棄の状況を知る有力な手掛かり」と強い関心を寄せた。

戦後五〇年となった一九九五年はとりわけ心に刻まれる年となった。細菌戦部隊として知られる７３１部隊をテーマにした国際シンポジウムが中国黒竜江省ハルビン市で七月三一日から三日間の日程で開かれ、私も仙台から現地を訪れた。この際に黒竜江省牡丹江市で遺棄毒ガス兵器の被害に遭った仲江（ジョンジャン）さんの話を初めて聞いた。

仲江さんは一九六〇年生まれの私より一つ年下の同年代。一人娘がいるのも同じ。一九八二年に土木工事の監督役として作業に従事していたときに地中からたまたま掘り出されたドラム缶のような容器から噴き出したガスを浴び、瀕死の重症を負った。致死性ガスのイペリットだった。長期入院の後、命は助かったものの重度の後遺症を負い、仕事を続けられなくなったことが原因で妻と娘は仲江さんのもとを去った。大久野島の毒ガスによる中国での戦後の被害者を目の前にして私自身、激しく動揺し狼狽したことを今でもはっきり記憶している。とっさに思い出したのは大久野島での取材経験。毒ガス製造に従事した多くの患者が後遺症に苦しむ姿である。大久野島の従事者は通常は専用マスクなどの防護装備をして作業に当たっており、微量のガスを長期にわたって吸引することで障害を負ったが、仲江さんは無防備の状態で一度に大量に浴びたため皮膚がやけただれたような状態になる「びらん」の程度も激しかった。

仲江さんと初めて会ったその日、夜更けまで中国酒を飲みながら、「悪魔の兵器」の煙にさらされ、何度も入退院を繰り返し、自殺まで考え想像を絶する苦難を強いられた仲江さんの話を聞いた。戦争遂行のために製造された日本軍の毒ガス兵器が中国で今も牙をむき、戦後生まれの世代にまで災厄をもたらしている現実を目の当たりにして「こんなことが許されていいはずがない」との怒りが募った。「日本の毒ガスで私の青春は終わった」。仲江さんの言葉が胸に突き刺さった。

提訴は一筋の光

ハルビンから日本に戻った後、戦後五〇年のシンポジウムでスピーチするよう求められ、仲江さんをはじめとする遺棄毒ガス兵器の「戦後の被害者」について報告した。その後も講演依頼があった際には「遺棄毒ガス兵器の戦後の被害者」について語り、知り合いの医療関係者にも被害者の惨状を直接伝えるなどして、補償や医療支援への参考意見を聞いた。「こんなことが許されていいはずがない」との思いは募る一方だったが、実効性のある方策が生み出せるわけでもなく、自らの非力さを感じていた。一筋の光が差し込んできたのは、仲江さんを含む黒竜江省の被害者と遺族計一三人が一九九六年一二月、日本政府に総額約二億円の損害賠償を求める訴訟を東京地裁に起こしたとのニュースだった。

訴訟の詳細は第Ⅲ章「遺棄毒ガス・砲弾被害事件」に譲るが、画期的だったのは二〇〇三年九月に原告が全面的に勝訴する判決を勝ち取ったことである。東京地裁の片山良広裁判長は、遺棄毒ガス兵器について「中国国内で毒ガス兵器を配備して使用していたことにつき国際的非難を避けるため、日本軍の組織的な行為として実行された」と認定した。一九七二年九月の日中共同声明が「中華人民共和国政府は、中日両国民の友好のために、日本国に対する戦争賠償の請求を放棄することを宣言する」と規定したことなどに基づき「中国およびその国民の請求権は放棄されている」との国の主張を退け、逆に国には危険な状態を解消する義務があると指摘。日中共同声明による国交正常化以降もその義務が履行されなかった不作為を違法とし、ほぼ請求通り約一億九千万円の支払いを命じた。国側が控訴したため、審理の場は東京高裁に移った。二〇〇七年七月に判決があり、逆転敗訴となり、二〇〇九年に最高裁で上告が棄却され敗訴が確定した。

画期的勝利判決が出た二〇〇三年九月に先立ち、この年の三月に東京都内で国際シンポジウム「毒ガスの完全廃絶を求めて―悪魔の連鎖を断ち切ろう」が開催され、私も裏方で手伝った。毒ガスの歴史や遺棄問題に詳しい日中の専門家のほか、仲江さん、大久野島毒ガス資料館の元館長の村上初一氏も招き議論を深めた。仲江さんは、大久野島で毒ガス兵器の製造に従事した人々の多くが後遺症に苦しんでいる実態を踏まえ「日中双方の毒ガス被害者が団結して日本政府の責任を追及し、正義を求めようではないか」と発言すると、会場を埋めた一五〇人の参加者から大きな拍手が起きた。自ら瀕死の重症を負いながらも、原因となる毒ガス兵器を製造した大久野島の被毒者を思いやる言葉に感銘を受けたのだ。寛大で芯の強い人だとつくづく思った。

事実の重み

中国人「慰安婦」訴訟では、裁判を通じて明らかになった事実の重み、重要性を再認識した。二〇一三年夏、私は山西省を訪れ、被害者に会った。当時大阪市長だった橋下徹氏が二〇一二年夏に「慰安婦が軍に暴行、脅迫を受けて連れてこられた証拠はない」と述べ、翌年には慰安婦制度は軍の規律を維持するために「必要だった」とも語り、日本の内外から強い批判を浴びていた。

事前に弁護団から裁判資料の提供を受け、陳述内容を読み込んだうえで現地に向かった。元原告の一人、李秀梅（リシウメイ）さんは山西省の省都太原市から約八〇キロの農村地帯に住んでいた。自宅で李さんは「赤ら顔の隊長のことは今も覚えている」と厳しい表情で語った。そのときの話や陳述記録によると山西省に進駐した日本軍の隊長らは一九四二年夏、当時一五歳の李さんを盂県の自宅から連れ去り監禁、毎日のように性的暴行を加えたという。約五カ月後、「死んだ方がましだ」

と思い、抵抗を試みたが、隊長は怒って革ベルトで顔を殴ったうえ、左の太ももを長靴で蹴り上げ、頭もこん棒で殴り付けた。大けがを負って意識を失い、自宅に搬送された。自宅に戻り娘の不幸を悲観した母親の自殺を知った。

東京高裁は二〇〇四年一二月、請求を棄却したものの、日本軍兵士による「拉致」「連行」「監禁」「約五カ月間繰り返された性的暴行」との被害事実を認定した。李さんは橋下氏の発言について「でたらめだ」と激しく非難した。

三年前から寝たきりとなっていた郭喜翠(グオシツイ)さんは、「日本側の私たちに対する態度は公正ではない」と力なく語った。話をうかがった約一カ月後にこの世を去った。

戦時中の残虐行為や惨劇を十分な想像力を持って理解するのは非常に難しいことだ。社会状況は戦争と平和で全く異なり、経済の発達状況も異なる。さらに残虐行為や惨劇の一つ一つの場面が現代の日常からは全くかけ離れたものであり、ましてや自分が生まれ育った国の負の歴史であれば目をそむけたいとの心理も働く。しかし、そこに被害者の顔があり、声があり、涙があれば戦時中の惨劇を理解し、真実に迫ることができる。山西省の「慰安婦」に関する裁判記録を読み、被害者に直接お会いして、事実の重みを強く感じた。戦争のない平和な世界を守り、隣国との友好関係を保っていくには、自国の負の歴史を知り、理解しなければならない。私は山西省を訪問し、そのことを改めて思い知らされた。

裁判は敗訴したが、現代社会に残した功績は大きい。太原市内の病院に入院していた万愛花（ワンアイホア）さんは、日本の状況について「歴史を正視していない」と批判し、「だからこそ裁判を何度でも打たなければならない」と強調した。日本政府が責任を認め賠償するまで諦めないとの気持ちは、日本の弁護団に対する信頼の厚さを物語った。

戦後補償のモデル

私が報道で関わりを持った戦争賠償訴訟の中で、中国人強制連行・強制労働をめぐる三菱マテリアルと中国側被害者の和解は強く印象に残るニュースの一つとなった。二〇一六年六月一日、計三七六五人の被害者と遺族を対象にした終局的・包括的解決を目的とする和解で三菱側は痛切な反省と深甚なる謝罪の意を表明し、基金に資金を拠出し、一人当たり一〇万元（約一五〇万円）を支払うとし、記念碑建立費一億円、調査費二億円の拠出も約束した。対象者三七六五人は過去最多で、民間企業が負の歴史に自主的に区切りをつける戦後補償のモデルケースとして日中だけではなく国際的に大きな注目を浴びた。

戦後、計約三万九千人を強制連行し、全国で三五社、計一三五カ所の炭鉱や建設現場などの事業所で労働させたことを記載した外務省報告書が発見された。これを基礎資料に一九九〇年代後半から中国人被害者を原告とした訴訟が日本各地で相次いで提起された。原告らは、警察に強制連行され日本に連れてこられたり、だまされて日本に送られたりして炭鉱などで強制的に働かされたことなどを陳述した。外務省報告書によると、日本で死亡した中国人は六八〇〇人余りに上った。この惨劇を暴き、加害企業や国に謝罪や損害賠償を求めた訴訟に日本各地で支援の輪が広がり、メディアも大きく取り上げた。

各地の裁判では地裁、高裁レベルで原告勝訴の判決も出たが、二〇〇七年四月、最高裁は「一九七二年の日中共同声明で中国人個人の賠償請求権は放棄され、裁判で行使できない」と初の判断を示した。請求権が否定されたことで、日本の裁判所で中国人被害者が戦争賠償請求する道は閉ざされた。ただ、最高裁は、請求権は消滅したのではなく、裁判上の権利喪失にとどまるとの解釈を示し、「自発的対応は妨げられず、被害救済に向けた関係者の努力が期待される」との異例の付言を表明した。

報道によると、三菱マテリアルの広報・IR部は中国人被害者との和解について「五件提起された国内での裁判ではいずれも請求が棄却されたが、労働を強いたとの事実は認定された」と述べ、「解決するよう努力すべしとの付言も示された判決があった」ことも考慮したとコメントした。地道に積み上げた裁判所による事実認定のうえに最高裁の「自発的対応への期待」を示す付言が加わり、三菱マテリアル側を動かした。原告、弁護士、日中の支援者の努力が結実した一つの到達点となった。

遺棄毒ガス兵器により瀕死の重症を負った仲江さんが原告の一人となった裁判でも、原告敗訴の高裁判決に次の付言があった。

化学兵器が人類の良心に反し、文明世界の世論の正当な非難に耐えないものであることを考慮すると本件毒ガス事故の被害者が被った被害をおよそ補償の埒外に置くことが正義にかなったものとは考えられない。

遺棄毒ガス兵器による中国での被害は二一世紀に入っても続き、子どもたちが巻き込まれるケースが出ている。裁判を支えた弁護士、支援者は二〇一六年に「NPO法人　化学兵器被害者支援日中未来平和基金」を立ち上げた。裁判は終わったが、中国人被害者を支える動きは着実に根付いている。設立趣意では「被害者たちは、生活苦のため適切な治療を受けることができません。癌などの病気を発病しながら十分な治療を受けられずに命を落とす被害者たちは後を絶ちません。そのような被害者たちに、今までの検診活動にとどまらず、一刻も早く、具体的な医療支援・生活支援を行うことが必要です」と訴えた。

二〇一八年秋、安倍晋三首相の中国訪問を前に黒竜江省牡丹江市で仲江さんに会った。「労災認定により月額約一五〇〇元（約二万三〇〇〇円）の手当を受け取っているが、薬はおろか食事代も十分に賄えない」と現状の厳しい生活を嘆いた。安倍首相に言いたいことは何かと尋ねると、日本では大久野島など日本軍の毒ガス製造施設で働いた元従事者らに医療手当などが支給される救済制度があることを念頭に「せめて日本並みの医療救済を求めたい」と語った。中国人戦争被害者に対する息の長い支援は始まったばかりかもしれない。

（辰巳知二）

あとがき

単行本出版の話が最初に持ち上がったのはもう三年前、二〇一八年一月に東京で行われた中国人戦争被害賠償請求事件弁護団の全体会議においてであった。全国から弁護団のメンバーが集まるなか、「これまでの裁判の記録、特に被害者の証言を歴史的資料として日中同時出版できないか」という話が持ち上がった。まずは日本語版からということで編集担当に指名されたのが、弁護士になってひと月ほどしか経っていない私である。「証言記録なんてすぐ集められるから」と先輩は言っていたが、話はそう簡単には進まなかった。

弁護団による最初の提訴は一九九五年、すべての裁判終結が二〇一四年。約二〇年に及ぶ記録の多くは全国の弁護士事務所の奥の部屋あるいは倉庫に埋まり、簡単には出てこない。各地から記録を少しずつ取り寄せ、証言を載せる原告を絞り込みようやく証言編がまとまったが、今度は担当弁護士の執筆による「裁判の経過」編の原稿がなかなか集まらない。十何年も前の記憶を呼び起こし、記録と照らし合わせながら原稿を書くのだから、当たり前といえば当たり前である。ようやく全体像が見えてきたときに、今度は新型コロナウイルス禍が発生し、編集作業はさらに遅れた。今回ようやく出版の運びとなり、ほっとしているのが正直なところである。

私と弁護団、特に小野寺利孝弁護士との出会いは、一九九四年八月にさかのぼる。写真記者（報道カメラマン）として共同通信北京支局（当時）に赴任した当時三四歳の私は、北京に到着して一週間くらいのある日、前任者から小野寺弁護士を紹介された。聞けば中国人戦争被害者救済の裁判を始めたいと言う。途方もない話に唖然とした。日本の侵略で始まった日中戦争の被害者は、中国全土で何千万人にも上ると言われる。私は韓国で在韓被爆者や「慰安婦」の取材をしたことはあったが、被害者の数の桁が違う。しかも五〇年以上も前の出来事である。裁判で勝てるのか、そもそも被害者をどうやって発掘するのか、中国政府が被害者の活動を許容するのか、どこから費用は出てくるのか。裁判のことはよくわからないが、中国国内の事情ならそれなりに私でも知っている。数々の疑問をよそに、弁護団の調査活動は滑り出した。

当時（今でもそうだが）、中国政府は国民の政治活動に敏感であり、日中戦争被害者といえどもその例外ではなかった。遠い田舎から被害者が北京にやっとたどり着いても、公安（警察）によって追い返されるということもある。忘れられない被害者がいる。一九九四年に行われた弁護団の第一回調査のとき、本書に登場する童増（トンザン）氏の紹介で北京にやって来て、後に強制連行事件訴訟の原告の一人となる李万忠（リワンジョン）さんだ。日本の弁護団訪中を前に続々と北京に戦争被害者が集まる気配があったため、童増氏は調査が始まる三日前から自宅軟禁され、連絡が取れなくなった。李さんは公衆電話で私を呼び出し、他の二人の被害者らとともに北京の街外れで私と合流した。彼らを中国人しか泊まれない安宿に落ち着けた私は、翌日の夜、もう一度彼らが安全にそこにとどまっていることを確認し、翌々日の朝、小野寺弁護士らを連れてその宿を訪れた。なんと、宿はもぬけの殻で、調査は空振りに終わった。後日李さんからの手紙で知った。私が訪ねた日の夜遅く、公安の手で故郷に追い返されたのであった。どうやって公安が李さんらの宿泊先を知ったのか、いまだにわからない。

しかし弁護団はあきらめることなく、調査を続行した。当局による介入を避けるためには、できるだけ秘密裡に被害者と連絡を取らなければならない。しかし、支局や私のアパートの電話はすべて盗聴され、日本とのファクスも当然モニターされている。私が日本や童増氏の使者を通じて被害者と連絡を取るときは、公衆電話や外部のホテルのファクスを使って行った。通訳は、知り合いの日本人留学生とさらにその知り合いをかき集めた。北京に来る弁護士の数はどんどん増えていく。翌年夏、南京虐殺・無差別爆撃・731部隊事件の被害者を原告として最初の訴訟が始まったときには、進展の速さに感嘆せざるを得なかった。調査対象も北京近郊のみならず、中国全土の被害者に及んでいった。

中国人被害者はほとんどが貧しい農村に暮らしており、お金に余裕のある人などまずいない。

弁護士が日本と中国を往復する費用や宿泊費などは、当然に弁護士たちの持ち出しになる。裁判で勝てる保障もない。いったい何がこの何十人もの弁護士たちを突き動かしているのか、私には不思議でならなかった。

今にして思う。弁護団の活動を精神的に支えた理由の一つには、調査活動を通じ中国人被害者と交わる未知の体験、半世紀以上前の記憶を追体験する不思議な驚きと共感がそこにあったのではないだろうか、と。「慰安婦」事件などの性被害に遭った女性たちを除き、中国のお年寄りは日本とは違って、よく戦争のときの体験を家族や知り合いに話す。だから被害者だけでなく、家族や村の人たちみんながそのお年寄りの被害の体験を知っている。日中戦争時の記憶は中国人にとって、個人の記憶ではなく民族的記憶、国家的記憶と言ってもよい。加害の記憶は薄れるものなのかもしれないが、被害の記憶は数十年を経ても薄れない。その重い体験を語る被害者の存在こそ、弁護士たちを突き動かした原動力だったのではないだろうか。

一九九八年春に日本へ帰国した私は、直接に弁護団とかかわる機会は少なくなった。時を経て、二〇一六年に共同通信を退社し、その年に司法試験に合格して翌年に弁護士となった私は、十数年ぶりに弁護団と再会した。この本の出版に関わることになったのも、何かの縁であろう。私が編集した被害者の証言編は、裁判所における尋問調書を基にした。尋問は質問者と証言者が交互にやり取りをして行うため調書自体は会話体であるが、証言にできる限り忠実に、独白体に直して掲載した。その編集の全責任は私にある。

最後になるが、原稿執筆や写真提供にご協力いただいた関係各位、遅々として進まぬ編集作業に辛抱強くお付き合いくださった高文研・真鍋かおる氏に深く感謝したい。

また、裁判を支えてくださった多くの市民の方々に、心からの敬意を表する。

本書を、亡くなった数えきれない中国人戦争被害者に捧げる。

二〇二〇年一二月一三日

坂(さか) 仁根(ひとね)

筆者略歴（執筆順）

小野寺　利孝（おのでら・としたか）
1941年福島県いわき市生まれ。1967年弁護士登録。青年法律家協会議長・事務局長、日本民主法律家協会事務局長を歴任。関わった主な事件に全国トンネルじん肺根絶訴訟、首都圏建設アスベスト訴訟、福島原発被害訴訟、ふるさとを返せ津島原発訴訟など。

大江　京子（おおえ・きょうこ）
1996年弁護士登録。改憲問題対策法律家6団体連絡会事務局長、日本民主法律家協会憲法対策本部事務局長、日本弁護士連合会憲法問題対策本部幹事。

山田　勝彦（やまだ・かつひこ）
1964年生まれ、1996年弁護士登録。最高裁判所司法研修所刑事弁護教官、司法試験考査委員を歴任。筑波大学法科大学院非常勤講師、千葉商科大学大学院特命教授。著書に『医療事故の法律相談』（共著・学陽書房）、『まんがと図解でわかる裁判の本』（監修・岩崎書店）など。

南　典男（みなみ・のりお）
1991年弁護士登録。認定NPO化学兵器被害者支援日中未来平和基金事務局長、日本民主法律家協会副理事長、日本弁護士連合会憲法問題対策本部幹事、東京都人権擁護委員。

富永　由紀子（とみなが・ゆきこ）
1966年東京都生まれ、1994年弁護士登録、三多摩法律事務所所属。主な弁護団活動にチチハル遺棄毒ガス被害事件弁護団、えひめ丸事件被害者弁護団、過労死弁護団、全日本教職員組合弁護団など。

菅本　麻衣子（すがもと・まいこ）
1976年生まれ、2005年弁護士登録。直後より敦化遺棄毒ガス被害事件弁護団、化学兵器CAREみらい基金で遺棄化学兵器被害者支援に携わる。2016年ＮＰＯ化学兵器被害者支援日中未来平和基金設立をサポートし、2017年より同基金理事として活動中。

大森　典子（おおもり・のりこ）
1943年京都市生まれ、1968年弁護士登録。関与した主な事件に家永教科書訴訟、長沼ミサイル基地訴訟、堀木訴訟など。1995年以降は中国人「慰安婦」訴訟とこの問題に関するＮＧＯに関与。

坂口　禎彦（さかぐち・さだひこ）
1958年和歌山市生まれ、1994年弁護士登録。関東弁護士会連合会常務理事、東京弁護士会副会長を歴任。主な弁護団活動に公団建替訴訟事件、中国残留孤児国家賠償請求事件、福島原発被害賠償請求事件など。

森田　太三（もりた・たいぞう）
1954年島根県大田市生まれ、1982年弁護士登録。日本弁護士連合会理事、東京弁護士会副会長を歴任。主な弁護団活動に横田基地騒音公害事件など。

犀川　治（さいかわ・おさむ）
1967年東京都生まれ、1998年弁護士登録。主な弁護団事件活動としては本書の中国人戦争被害賠償請求事件など。

大谷　猛夫（おおたに・たけお）
1946年生まれ。1973年から2007年まで東京都内で中学社会科教員。2002年から中国人戦争被害者の要求を支える会（現・中国人戦争被害者の要求を実現するネットワーク）事務局長。

辰巳　知二（たつみ・ともじ）
1960年生まれ。1987年共同通信入社。1997-2000年北京特派員、2004-2007年ワシントン特派員、2010-2013年上海支局長、2016-2020年3月中国総局長。共同通信国際局編集委員兼多言語サービス室長。著書に『隠されてきた「ヒロシマ」—毒ガス島からの告発』（日本評論社）。

中国人戦争被害賠償請求事件弁護団

1995年8月7日の南京虐殺・無差別爆撃・731部隊事件提訴を皮切りに、日中戦争の中国人被害者救済を目的として結成された。扱った事件は平頂山事件、遺棄毒ガス・砲弾被害事件、中国人「慰安婦」事件、強制連行事件など戦争被害全般に及び、参加した弁護士は述べ500人を超える。特に強制連行事件は北海道から宮崎まで9つの弁護団が結成され、訴訟活動は全国に及んだ。

一連の訴訟は2014年10月28日、遺棄毒ガスのチチハル事件・敦化事件の上告棄却をもって終了したが、弁護団と中国人原告ら及びその遺族らとの交流は今も続く。強制連行事件については三菱マテリアルとの間で歴史的和解が成立し、被害者及びその遺族への補償が進行中である。

JUSTICE

◆中国人戦後補償裁判の記録

●二〇二一年一月一八日――第一刷発行

編著者／中国人戦争被害賠償請求事件弁護団

発行所／株式会社 高文研
東京都千代田区神田猿楽町二―一―八
三恵ビル（〒一〇一―〇〇六四）
電話03＝3295＝3415
http://www.koubunken.co.jp

印刷・製本／シナノ印刷株式会社

★万一、乱丁・落丁があったときは、送料当方負担でお取りかえいたします。

ISBN978-4-87498-747-6 C0021